表谢忱，并希望通过共同努力，逐步完善，做得更好，探索出一条充分挖掘好、宣传好人民法院案例库案例和其他典型案例价值的新路，为广大法律工作者和社会公众提供权威、鲜活、精准的办案参考、研究素材，更好地服务司法审判实践、服务法学教育研究、服务法治中国建设。

“中国法院年度案例系列”丛书既是法官、检察官、律师等法律工作者的办案参考和司法人员培训辅助教材，也是社会大众学法用法的经典案例读本，同时也为教学科研机构开展案例研究提供了良好的系列素材。当然，编者们在编写过程中也难以一步到位实现最初的编写愿望，客观上会存在各种不足甚至错误，欢迎读者批评指正。我们诚心听取各方建议，立足提质增效，不断拓宽司法案例研究领域，创新司法案例研究方法，助推实现中国特色司法案例研究事业的高质量发展。

国家法官学院　最高人民法院司法案例研究院

2024 年 5 月

中国法院2024年度案例

国家法官学院 最高人民法院司法案例研究院 /编

刑事案例四

（妨害社会管理秩序罪、贪污贿赂罪、渎职罪）

中国法制出版社
CHINA LEGAL PUBLISHING HOUSE

《中国法院2024年度案例》通讯编辑名单

序

党的二十大擘画了全面建成社会主义现代化强国、以中国式现代化全面推进中华民族伟大复兴的宏伟蓝图，强调全面依法治国是国家治理的一场深刻革命，必须更好发挥法治固根本、稳预期、利长远的保障作用，在法治轨道上全面建设社会主义现代化国家。为落实习近平总书记“一个案例胜过一打文件”的重要指示精神，人民法院始终把完善中国特色案例制度，加强司法案例研究作为推进全面依法治国、支撑和服务中国式现代化的重要途径，通过发布具有普遍指导意义的典型案例，统一法律适用、提高审判质效，提升司法公信力，努力让人民群众在每一个司法案件中感受到公平正义。为更好满足社会各界和人民群众多元化司法需求，把习近平法治思想落实到人民法院审判工作全过程各方面，人民法院案例库于2024年2月27日正式上线并向社会开放，这是进一步完善中国特色案例制度的重要举措，是最高人民法院推出的新的“公共法律服务产品”。

“中国法院年度案例系列”丛书以及时记录人民法院司法审判工作新发展、新成就为己任，通过总结提炼典型案例的裁判规则、裁判方法和裁判理念，发挥案例鲜活生动、针对性强的优势，以案释法，以点带面，有针对性地阐释法律条文和立法精神，促进社会公众通过案例更加方便地学习法律，领悟法治精神，发挥司法规范、指导、评价、引领的重要作用，大力弘扬社会主义核心价值观，积极服务人民法院案例库建设，加强案例库案例研究，促进统一法律适用、提升审判质效，丰富实践法学研究，增强全民法治意识和法治素养，展现新时代我国法治建设新成就。

“中国法院年度案例系列”丛书自2012年编辑出版以来，已连续出版13年，受到读者广泛好评。为更加全面地反映我国司法审判执行工作的发展进程，顺应审判执行实践需要，响应读者需求，丛书于2014年度新增金融纠纷、行政纠纷、刑事案例3个分册，2015年度将刑事案例调整为刑法总则案例、刑法分则案例2个分册，2016年度新增知识产权纠纷分册，2017年度新增执行案例分册，2018年度将刑事案例扩充为4个分册，2022年度将土地纠纷（含林地纠纷）分册改为土地纠纷（含环境资源纠纷）分册。自2020年起，丛书由国家法官学院与最高人民法院司法案例研究院共同编辑，每年年初定期出版。在全国各级人民法院的大力支持下，丛书编委会现编辑出版《中国法院2024年度案例系列》丛书，共23册。

“中国法院年度案例系列”丛书以开放务实的态度、简洁明快的风格，在编辑过程中坚持以下方法，努力让案例书籍“好读有用”：一是高度提炼案例内容，控制案例篇幅，每个案例字数基本在3000字左右；二是突出争议焦点，尽可能在有限的篇幅内为读者提供更多有效、有益的信息；三是注重释法说理，大多数案例由法官撰写“法官后语”，高度提炼、总结案例的指导价值，力求引发读者思考，为司法审判提供借鉴，为法学研究提供启迪。

“中国法院年度案例系列”丛书编辑工作坚持以下原则：一是以研究案例库案例为首要任务。自今年起，“中国法院年度案例系列”丛书优先选用人民法院案例库案例作为研究对象，力求对案例库案例裁判要旨的基本内涵、价值导向、法理基础、适用要点等进行深入分析，增强丛书的权威性、参考性。二是广泛选编案例。国家法官学院和最高人民法院司法案例研究院每年通过各高级人民法院从全国各地法院汇集上一年度审结的典型案例近万件，使该丛书有广泛的精选基础，通过优中选优，可提供给读者新近发生的全国各地多种类型的典型性、疑难性案例。三是方便读者检索。丛书坚持以读者为本，做到分卷细化，每卷案例主要根据案由（罪名）分类编排，每个案例用一句话概括裁判规则、裁判思路、裁判理念、裁判方法或焦点问题作为主标题，让读者一目了然，迅速找到目标案例。

中国法制出版社始终全力支持“中国法院年度案例系列”丛书的出版，给了编者们巨大的鼓励。2024年，丛书将继续提供数据库增值服务。购买本书，扫描前勒口二维码，即可在本年度免费查阅往年同类案例数据库。我们在此谨

目　录

Contents

一、妨害社会管理秩序罪

（一）扰乱公共秩序罪

三、渎职罪

一、妨害社会管理秩序罪

（一）扰乱公共秩序罪

1

从行为对象方面把握袭警罪与妨害公务罪的适用

——李某等妨害公务案

【案件基本信息】

1. 裁判书字号

广西壮族自治区灵山县人民法院（2022）桂 0721 刑初 306 号刑事判决书

2. 案由：妨害公务罪

【基本案情】

2022 年 5 月 9 日晚，某派出所副所长梁某带领民警劳某某、辅警李某某等分两组在某村委会对涉嫌非法捕捞水产品情况进行巡查。至 22 时许，李某某、劳某 1、卢某某等辅警在某村委会某江边发现有涉嫌非法捕捞人员，并依法将相关人员控制，被闻讯赶到现场的被告人李某、李某 1、李某 2 等人阻拦。在李某某等表明属于正在依法执行警务身份后，李某、李某 1、李某 2 等人仍然谩骂、阻拦、殴打、威胁执法人员，并要求执法人员解开手铐放走被查处人员。

李某等人的暴力行为导致在该处参与执法的四名辅警皆不同程度受伤。

2022年5月9日，被告人李某当场被公安机关抓获。次日凌晨，被告人李某1、李某2到派出所自首。

【案件焦点】

行为人以暴力、威胁方法阻碍辅警依法执行职务的行为，应该以袭警罪定罪还是妨害公务罪定罪。

【法院裁判要旨】①

广西壮族自治区灵山县人民法院经审理认为：被告人李某、李某1、李某2以暴力、威胁方法阻碍辅警依法执行职务，其行为构成妨害公务罪，依法应以妨害公务罪追究其刑事责任。公诉机关指控三被告人构成袭警罪，因袭警罪的行为对象是人民警察，而本案的犯罪行为对象是辅警，故本案不符合袭警罪的构成要件，公诉机关的定性不准，予以纠正。在妨害公务的共同犯罪中，被告人李某、李某1、李某2均起主要作用，均是主犯，依法应当按照其所参与的全部犯罪处罚。被告人李某有犯罪前科，应从严处罚。被告人李某1、李某2自动投案，到案后如实供述其罪行，构成自首，依法可从轻或减轻处罚。被告人李某到案后如实供述其罪行，依法可从轻处罚。被告人李某、李某1、李某2均认罪认罚，依法可从宽处理。根据被告人李某、李某1、李某2的犯罪事实、性质、情节和对社会的危害程度，本院决定对三被告人从轻处罚。依照《中华人民共和国刑法》第二百七十七条第一款、第二十五条第一款、第二十六条第一款和第四款、第六十七条第一款和第三款及《中华人民共和国刑事诉讼法》第二百零一条之规定，并经本院审判委员会讨论决定，判决如下：

一、被告人李某犯妨害公务罪，判处有期徒刑一年二个月；

二、被告人李某1犯妨害公务罪，判处有期徒刑十一个月；

三、被告人李某2犯妨害公务罪，判处有期徒刑十一个月。

---

① 本书【法院裁判要旨】适用的法律法规等条文均为案件裁判当时有效，下文不再对此进行提示。

一审判决后，被告未提起上诉，检察机关未提起抗诉，该判决已发生法律效力。

【法官后语】[①]

本案争议的焦点在于行为人以暴力、威胁方法阻碍辅警依法执行职务的行为，应该以袭警罪定罪还是以妨害公务罪定罪。《中华人民共和国刑法修正案（十一）》将袭警罪作为单独罪名予以确认，该罪是从妨害公务罪中独立出来的一项新罪，暴力袭警行为不再是妨害公务罪的从重处罚情节。本案中对行为对象的把握与理解，是区分认定袭警罪或妨害公务罪的关键。

袭警罪保护的是正在依法执行职务的人民警察，根据《中华人民共和国人民警察法》的规定，人民警察包括公安机关、国家安全机关、监狱的人民警察和人民法院、人民检察院的司法警察。而妨害公务罪保护的是人民警察之外的其他依法执行职务的国家机关工作人员、人大代表等。袭警罪与妨害公务罪在行为对象上相比较，后者的行为对象更为宽泛。而司法实践中，办案人员主要对警务辅助人员是否属于袭警罪行为对象存在不同的意见。有观点认为，辅警没有独立执法权，不能单独执法，不属于人民警察的范围，不能成为袭警罪的行为对象。另有观点认为，辅警虽然不具有人民警察身份，但其在配合执法时是在辅助行使人民警察的职权，同样需要保护，应当将辅助行使人民警察职责的辅警比照人民警察，允许将辅警认定为袭警罪的行为对象。

针对以上的两种观点，笔者认为不应该将辅警解释为袭警罪的行为对象，辅警也不能成为袭警罪的行为对象。首先，从立法的立意出发。立法倾向上，辅警应该在公安机关及其他人民警察的管理、指挥和监督下开展警务辅助工作，进一步厘清职责权限，避免辅警直接参与执法工作。而若将辅警纳入袭警罪的规制范围，极可能对辅警参与人民警察执法的合法性默许，有违体系解释的协调性。其次，从概念辨析。《中华人民共和国人民警察法》第二条第二款规定，

① 本书【法官后语】对此类法律问题涉及的法律法规等内容进行了时效性更新，下文不再对此进行提示。

人民警察包括公安机关、国家安全机关、监狱的人民警察和人民法院、人民检察院的司法警察。条文中，明确列举了人民警察的范围，且无其他参见的条款规定。如果将辅警纳入人民警察的范围，则赋予了辅警执法权，有违法律的规定。人民警察与警务辅助人员这两个概念有各自语义范围，二者为互斥关系，若扩大袭警罪中人民警察的内涵，将辅警也纳入人民警察范围中，则会违反法律解释的原则。最后，从罪名适用上来说。维护人民警察、辅警的法益，并非一律以袭警罪、妨害公务罪定罪处罚，袭警罪与妨害公务罪、故意杀人或伤害等罪名构成了法益体系化保护。对于使用暴力、以威胁等方式阻碍人民警察、辅警执法执勤的，可以适用妨害公务罪或袭警罪进行处罚；对于打击报复、故意杀害人民警察、辅警的，可以适用故意伤害、故意杀人等罪名进行处罚。而同时对人民警察和辅警使用暴力袭击的行为的处断问题，如果人民警察在场，辅警是配合警察依法执行职务的，对辅警进行袭击的，符合《中华人民共和国刑法》第二百七十七条第一款规定的，可以认定为妨害公务罪。如果警察不在场，因辅警不具有执法主体资格，也不属于妨害公务罪的行为对象，对辅警袭击造成伤害结果的，可以适用《中华人民共和国刑法》第二百三十四条的规定，认定为故意伤害罪。如果行为人在执法现场既对依法执行职务的警察袭击，又对辅警袭击的，可以按照吸收犯原理，作为一罪处理，不实行数罪并罚。①

综上所述，笔者认为，使用暴力袭击正在依法执行职务的辅警的，应构成妨害公务罪，不构成袭警罪。回归到本案中，行为人以暴力、威胁方法阻碍辅警依法执行职务，由于辅警并非人民警察，没有单独执法权，行为人对辅警进行袭击，符合《中华人民共和国刑法》第二百七十七条第一款规定的，可以认定为妨害公务罪。

编写人：广西壮族自治区灵山县人民法院　梁基祥

---

① 杨万明主编：《〈刑法修正案（十一）〉条文及配套〈罪名补充规定（七）〉理解与适用》，人民法院出版社2021年版，第280页。

2

袭警罪与妨害公务罪如何区分界定

——丁某袭警案

【案件基本信息】

1. 裁判书字号

黑龙江省鹤岗市东山区人民法院（2021）黑 0406 刑初 47 号刑事判决书

2. 案由：袭警罪

【基本案情】

2021 年 3 月 9 日 22 时 50 分许，被告人丁某驾驶黑 D4×××× 货车超载运输行驶至某 1 路与某 2 路交会处南侧遇到执行检查任务的市公安局交通警察支队执勤民警付某某，付某某示意丁某停车接受检查，丁某驾驶车辆逃跑，付某某驾驶警车跟随，同时使用车载设备喊话要求丁某停车接受检查，丁某不听警察命令继续驾车逃跑，当晚 23 时 20 分许，丁某驾驶车辆逃跑至某服务站时，发现堵截的交警及警车，交警任某某使用手势示意丁某停车，丁某驾驶车辆冲撞交警任某某后闯卡逃跑，严重危及任某某生命安全。23 时 50 分许，丁某驾车逃跑至某监狱西南方向一铁道口处时，因有火车通过，铁道口封闭，丁某被迫将车辆停下，追击民警任某某、付某某先后驾驶警车赶到，任某某多次口头命令丁某将车辆熄火下车接受检查，丁某拒不配合民警执法，任某某使用警棍破窗，同时对丁某实施控制性制服，丁某使用车内暖水壶对任某某实施攻击，造成任某某头部受伤，后丁某逃离现场。经鉴定，任某某伤情为轻微伤。

【案件焦点】

如何区分界定袭警罪与妨害公务罪。

【法院裁判要旨】

黑龙江省鹤岗市东山区人民法院经审理认为：被告人丁某明知人民警察对其进行设卡拦截，拒不配合人民警察依法执行职务，驾驶严重超载大货车冲撞人民警察后闯卡逃跑，严重威胁人民警察生命安全，在人民警察对其实施制服过程中暴力袭击依法执行职务的人民警察，其行为已构成袭警罪。公诉机关指控被告人犯袭警罪的事实清楚，证据确实、充分，指控罪名成立，应予支持。被告人丁某主动投案并如实供述犯罪，系自首，可减轻处罚；被告人到案后认罪认罚，并取得被害人谅解，有悔罪表现，可从轻处罚。公诉机关对被告人的量刑建议予以采纳。被告人丁某提出的其没有暴力袭警的辩解，与查明的事实不符，不予采纳。丁某系自首，认罪认罚，取得被害人谅解，没有前科劣迹，系初犯，可减轻处罚的辩护意见予以采纳。

根据被告人丁某犯罪的事实、性质、社会危害后果以及自首、认罪认罚、取得谅解等情节，依据《中华人民共和国刑法》第二百七十七条第五款、第六十七条第一款，《中华人民共和国刑事诉讼法》第十五条的规定，作出如下判决：

被告人丁某犯袭警罪，判处有期徒刑二年。

一审判决后，被告未提起上诉，检察机关未提起抗诉，该判决已发生法律效力。

【法官后语】

《中华人民共和国刑法修正案（十一）》增设的袭警罪，从刑事政策的角度来看，增强了条款的平衡性与协调性，有利于实现“轻轻重重”的刑事政策价值取向。在司法适用上应该对其作体系性的审视，其保护的法益是执法权，不应包括警察的人身权。并非暴力袭击警察的行为一律以袭警罪定罪处罚。袭警罪中的“暴力”“袭击”“正在依法执行职务”“人民警察”“严重危及其人身安全”等内涵和外延都需要做体系性的解释。在适用袭警罪时，还需要兼顾《最高人民法院、最高人民检察院、公安部关于依法惩治袭警违法犯罪行为的指导意见》及妨害公务罪立法目的，并充分注意袭警罪与故意杀人罪、故意伤害罪等之间的关系。特别是袭警罪与妨害公务罪之间并不是对立关系，而是一般法条与特殊法条的关系。既然刑法已经单独规定了袭警罪，那么司法实践中针对人民警察实施暴力的行为是否理所应当排除妨害公务罪的适用，按照袭警罪处理呢？首先需要明确的是，妨害公务罪与袭警罪并非互斥关系而是法条竞合关系，《中华人民共和国刑法修正案（十一）》实施之前，袭警行为作为妨害公务罪的加重构成要件被规定在刑法之中，在此种情形下，可以承认袭警行为与妨害公务行为所侵害的法益具有一致性。两罪在构成要件上具有包容关系：(1) 袭警罪的暴力袭击行为仅包括对人民警察实施暴力，不包含对物抑或行为人自身实施暴力的情况。而妨害公务罪的暴力范畴较为广泛，不仅包括对人暴力，还包括对物施加暴力的情况。(2) 袭警罪的行为对象仅限于正在执行职务的人民警察，妨害公务罪的行为对象是依法执行职务的国家机关工作人员，包括人民警察在内。(3) 法律虽然没有明确界定袭警罪的行为后果，但是依照法定刑设置来看，应当以造成行为对象轻微伤以上为限度。妨害公务罪的行为后果主要表现为妨害国家机关工作人员正常执行职务，使用暴力的，并不需要对行为对象造成人身伤害。综前所述，可以得出这样一个结论：袭警罪与妨害公务罪并非互相排斥的关系，在成立袭警罪的场合，必然符合妨害公务罪的构成要件。

本罪可以说是妨害公务的特殊罪名。与妨害公务罪相比，袭警罪的行为对象和手段行为具有特殊性，行为对象必须是正在依法执行职务的人民警察，手段行为具有特殊性是指妨害公务的手段必须具有暴力性质，并对使用枪支、管制刀具或者驾驶机动车撞击等手段从严处罚。按照上述规定，对于妨害人民警察依法执行职务的，并非一律认定为本罪，而应当根据具体情形进行确定。其一，对于以威胁的方法妨害人民警察依法执行公务的，应认定为妨害公务罪，威胁一般是指以告知对他人人身、财产等进行侵害或不利后果为手段，让人心理产生恐惧或者畏惧感。对于以威胁手段而非暴力妨害人民警察依法执行职务的，适用《中华人民共和国刑法》第二百七十七条第一款的规定。其二，对于故意阻碍公安机关依法执行国家安全工作任务，未使用暴力、威胁方法，造成严重后果的，适用《中华人民共和国刑法》第二百七十七条第三款的规定，认定为妨害公务罪。暴力、威胁之外的其他方法，主要表现为对于公安机关依法执行国家安全工作任务中应该予以配合的而不予配合，如拒绝提供应提供的证据、查阅的资料等情形。具体到本案中，被告人丁某明知人民警察对其进行设卡拦截，拒不配合人民警察依法执行职务，还驾驶严重超载大货车冲撞人民警察后闯卡逃跑，严重威胁人民警察生命安全，在人民警察对其实施制服过程中暴力袭击依法执行职务的人民警察，其行为已构成袭警罪。

编写人：黑龙江省鹤岗市东山区人民法院　时文凯

3

买卖居住证行为的刑法评价及解释路径

——林某某买卖国家机关证件案

【案件基本信息】

1. 裁判书字号

广东省广州市天河区人民法院（2022）粤01刑初1019号刑事判决书

2. 案由：买卖国家机关证件罪

【基本案情】

同案人许某甲、许某乙（均另案处理）等人成立某旅行社，专营旅游兼帮客户办理港澳出入境签注业务。许某甲、许某乙为了让外省客户符合在广州办理签注的条件，与被告人林某某共谋通过办理广州居住证牟取非法利益。许某甲、许某乙等人先收集客户的办证资料，然后向每个办证客户收取办证费用，将办证资料转发给被告人林某某，并向其支付中介费用。被告人林某某收到客户资料后，继续找同案人黄某甲、黄某乙、何某某、彭某某等中介人员（均另案处理）办理居住证，并支付中介费用。上述中介人员再找对应的街道协管员登录来穗人员系统，虚构信息录入客户资料，然后由同案人朱某、苏某某等人（均另案处理），利用系统漏洞篡改客户的暂住登记时间（一般提前半年以上），使之符合广州市办理居住证要实际居住半年以上的条件，最后由街道协管员为客户非法办出居住证。2021 年 4 月至 2021 年 9 月，被告人林某某通过上述方式，共非法买卖 310 张广东省居住证，非法获利人民币 124000 元。2021 年 12 月 2 日，民警将被告人林某某抓获归案。

另查明，被告人林某某在案件审理期间主动退出全部违法所得人民币 124000 元。

【案件焦点】

1. 广东省居住证属于身份证件还是国家机关证件，林某某的行为定性是买卖国家机关证件罪还是买卖身份证件罪；2. 林某某的行为是否达到买卖国家机关证件罪或买卖身份证件罪“情节严重”的程度。

【法院裁判要旨】

广州市天河区人民法院经审理认为：（1）广东省居住证应认定为国家机关证件而非身份证件。被告人林某某的行为已构成买卖国家机关证件罪。首先，广东省居住证是由国家机关制发的用于办理公共事务的凭证，具备一定公信力，显然具备国家机关证件的形式要件。其次，根据《居住证暂行条例》的规定，居住证是持证人在居住地居住、作为常住人口享受基本公共服务和便利、申请登记常住户口的证明。《居住证暂行条例》第十二条、第十三条进一步规定了居住证持证人在居住地享有的公共服务类型和便利，包括义务教育、公共就业、公共文化体育、卫生、生育服务、法律援助、办理出入境证件、换领补领居民身份证、机动车登记、申领机动车驾驶证、报名参加职业资格考试、申请授予职业资格等。从上述规定可知，虽然居住证上载明了公民的姓名、身份证号码、户籍地址等身份信息，但居住证有效适用的空间范围仅限于居住地，应用场景仅限于部分基本公共服务和便利。而根据《中华人民共和国刑法》第二百八十条关于买卖身份证件罪的规定，身份证件是指居民身份证、护照、社会保障卡、驾驶证等依法可以用于证明身份的证件。从生活常识可知，居民身份证、护照、社会保障卡、驾驶证等证件可以在全国范围内的任何场景下证明持证人的身份。因此，在目前的生活实践中，居住证在可以证明身份的空间范围及应用场景上，均无法达到与《中华人民共和国刑法》规定的居民身份证、护照、社会保障卡、驾驶证相当的程度。综上，被告人林某某买卖广东省居住证的行为应当认定为买卖国家机关证件罪。

（2）林某某的行为已达到买卖国家机关证件罪“情节严重”的程度。首先，根据《居住证暂行条例》第十二条、第十三条的规定，居住证是流动人口在常住地享受基本公共服务和便利的重要凭证，对城市中的非户籍人口的日常生活和政府社会治理体系中发挥重要作用，系具有重要价值和功能的国家机关证件。其次，被告人林某某与上下游不法分子长期勾结，从事本案犯罪行为，形成了一条犯罪产业链，并先后经手办理居住证300余张，其办理的证件数量较多，足以让不法分子利用，给国家和社会带来严重的隐患，严重破坏社会管理秩序。最后，被告人林某某在本案中非法获利达到10余万元，远超普通的买卖国家机关证件的犯罪所得。综上所述，本案被告人林某某买卖国家机关证件的行为应认定为“情节严重”。

广州市天河区人民法院依照《中华人民共和国刑法》第二百八十条第一款、第五十二条、第五十三条、第七十二条、第七十三条、第六十四条之规定，判决如下：

一、被告人林某某犯买卖国家机关证件罪，判处有期徒刑三年，缓刑四年，并处罚金人民币1万元；

二、被告人林某某退出的违法所得人民币124000元，予以没收，上缴国库；

三、缴获的作案工具手机1部，予以没收。

一审判决后，被告未提起上诉，检察机关未提起抗诉，该判决已发生法律效力。

【法官后语】

随着城市化的发展，流动人口大量涌入城市工作、生活，居住证制度已成为政府对流动人口进行管理、服务的重要手段。居住证承载了大量的公共服务职能，其重要性日益凸显，部分不法分子以此为契机，从事买卖、伪造、变造居住证的行为，非法获利，甚至形成了犯罪产业链，有必要进行严厉打击。而居住证在形式上兼具国家机关证件和身份证件的部分特征，从文义解释角度，似乎将其解释为国家机关证件或者身份证件均具有一定合理性。《中华人民共和国刑法》第二百八十条关于"可以用于证明身份的证件"采取的是"列举式+等"的描述，但是该条规定是"完全列举"还是"不完全列举"，是"等内等"还是"等外等"，有待明确。司法实践中，各地法院既有判决认定居住证为国家机关证件，也有判决认定居住证为身份证件，标准不一，但均未进行充分说理论证。此外，现行法律条文及司法解释并未规定《中华人民共和国刑法》第二百八十条第一款、第三款罪名的情节严重的情形，导致司法机关在判断行为是否达到情节严重时必须结合具体案情进行解释。因此，有必要通过法律解释的方法，厘清居住证的刑法属性，并在此基础上准确适用法律，对涉居住证犯罪行为做到准确评价，罚当其罪。

1. 法律解释的尺度不仅要契合刑法理论，还要符合生活经验法则，才能被认可，继而指导司法实践。本案不应作扩大解释将居住证认定为刑法条文中的"依法可以用于证明身份的证件"。

关于居住证的刑法属性，存在两种分歧观点。第一种观点认为，居住证应属于《中华人民共和国刑法》第二百八十条第三款的"身份证件"，理由在于：(1) 从形式上看，居住证载明了公民的姓名、身份证号码、居住地址、居住期限等信息，具有表明身份的功能；(2) 从历史沿革来看，居住证的前身暂住证是我国城乡二元户籍体系下的产物，是流动人口进入城市暂时生活、工作的合法身份证明，随着户籍制度的改革，暂住证制度被废止，居住证沿袭、承继了暂住证的功能，故居住证的政策背景决定了其身份证件属性；（3）从现实功能来看，居住证的持证人可以享受诸多基本公共服务和便利，公民办理居住证也需要提供身份证，因此居住证的公信力一定程度上有身份证的背书，具备“准身份证”的性质。第二种观点认为，居住证属于“国家机关证件”，而非“身份证件”，理由在于：（1）居住证载明的居住地址和居住期限具有可变性，不一定与实际情况相符，载明姓名、身份证号码的证件不一定属于身份证件，例如房产证、律师执业资格证等；（2）暂住证是特殊时代背景下的产物，主要在于证实流动人口在城市工作、生活的“合法性”而非身份的“真实性”，随着我国户籍制度的不断改革，流动人口进入城市生活、工作已无需特别登记或授权，暂住证政策使命已经完成，居住证不能继承其身份证明的属性；（3）居住证是由国家机关为城市居民提供基本公共服务和便利而制发，是国家机关行使管理服务职能的工具载体，并非用于让公民证明身份；（4）居住证的使用场景和证明能力有限，无法达到和身份证、驾驶证、社保卡、护照等法律明文规定的身份证件相当的程度。

本案中，法院最终采纳第二种观点，认定居住证属于“国家机关证件”而非“身份证件”，理由如下。

（1）从应然层面看，解释某一证件的刑法属性不仅要看其证件内容能否显示公民的姓名、身份证号码，还要看其制发机关的属性、制发的目的、主要的应用场景。例如，户口本、房产证、法律职业资格证书，虽然都载明了公民的姓名、身份证号码、户籍地址等信息，但究其本质而言，户口本仍然是国家实行人口户籍管理的工具，房产证仍是国家不动产登记管理制度的载体，法律职业资格证书仍是国家实行法律职业准入制度的表现。故上述证件主要应用场景是对应国家机关的政治、经济、文化等管理服务场景，而非身份证明场景，相比于身份证、护照等主要应用于身份证明场所的证件，仍应认定为国家机关证件。同理，居住证的制发目的在于确认外来人口在本地城市居住，继而为外来人口提供义务教育、公共就业、公共文化体育、卫生、生育服务、法律援助、办理出入境证件、换领补领居民身份证、机动车登记、申领机动车驾驶证、报名参加职业资格考试、申请授予职业资格等便利，确保外来人口与户籍人口享受均等的公共服务，而非核实证明身份，不应认定为身份证件。

（2）从实然层面看，居住证尚不具备纳入身份证件管理的现实可能性。首先，相比于刑法明文规定的身份证、驾驶证、社保卡、护照身份证件有居民身份证法、护照法、社会保险法、道路交通安全法的统一法律规定，居住证仅有《居住证暂行条例》这一行政法规及各地的地方性规范，法律位阶较低。其次，居住证也不具备上述四类证件统一的制式标准、防伪手段。最后，居住证不具备上述四类证件的全国统一联网查询、互认互通的数据基础和技术条件，限制了其使用范围。举例而言，北京市民若遗失了身份证，其仍然可以借助全国统一联网的驾驶证信息，通过出示驾驶证登记入住广州的酒店，但居住证显然不具备上述功能。因此，将居住证与其他四类证件并列认定为身份证件，应当慎重。

（3）对法律条文中出现的“等”“其他”等文字进行解释时，应当遵循同类解释的规则，即概括规定的内容必须与刑法明文列举的内容具有同质性、相当性或对等性，唯有如此，法律解释才能保持体系性与一致性。例如，根据学术界的通说观点，《中华人民共和国刑法》第一百一十四条“以危险方法危害公共安全罪”中对“其他方法”的解释，“其他危险方法”带来的危险应当和放火、决水、爆炸、投放危险物质具有相当性。此外，即使将《中华人民共和国刑法》第二百八十条中的“身份证、护照、社会保障卡、驾驶证等”中的“等”理解为不完全列举的“等外等”，其他证件也只有在可以证明身份的空间范围及应用场景上，达到与刑法明文规定的居民身份证、护照、社会保障卡、驾驶证相当的程度，才能被认定为身份证件。但除《居住证暂行条例》规定的情形外，社会生活中的大量场合，居住证均无法达到身份证、护照、社保卡、驾驶证的普适性。例如，酒店入住、银行交易、不动产登记、公务员招考等。故将居住证解释为身份证件，有违法律解释的体系性与一致性。

2. 法律理解适用问题不适用“疑点利益归于被告人原则”，司法机关应通过解释予以明确，并作出裁判。本案被告人林某某的行为是否构成“情节严重”属于法律理解适用问题，而非事实认定问题，不应径行在量刑幅度第一档判处刑罚。

法学理论和司法实践均认可在事实认定层面适用“疑点利益归于被告人原则”。但在实践中，上述原则有被滥用的倾向。具体到本案而言，有观点认为：由于目前对买卖国家机关证件罪“情节严重”的条文应当如何理解，尚无司法解释作出规定，林某某的行为是否属于“情节严重”存疑，故应根据“疑点利益归于被告人原则”对林某某在第一档量刑幅度判处刑罚。法院最终未采纳上述观点。

（1）刑法即犯罪人的大宪章，也是善良人的大宪章，刑事司法既要维护被告人的合法权益，也要维护社会公共利益和被害人的合法权益。实际上，法律具有滞后性，立法者不可能预先通过刑法条文对每个犯罪的情节严重、情节特别严重等情形作出规定。法官不是办案机器，不能机械司法，也不能因为法律没有明文规定和司法解释而拒绝裁判。对法律空白进行解释、弥补，实现法律效果与社会效果的统一，才是法官的智慧所在。在没有明文规定的情况下，“法律适用的疑点释明责任归于法院”。法官应当根据具体的案件情况，衡平不同价值取舍，合理运用法律解释方法，作出公正的裁判，而非直接适用“疑点利益归于被告人原则”。

（2）犯罪的本质是其社会危害性，“情节严重”即是社会危害性的从量变到质变的评价。就本案而言，完全可以依据影响买卖国家机关证件罪社会危害性大小的因素，综合考虑林某某买卖居住证的数量、居住证本身的重要程度、林某某的违法所得数额、是否造成严重后果来判断其行为是否属于“情节严重”。从数量而言，法律对于大部分的国家机关证件没有规定入罪标准，司法实践中，伪造、买卖大部分国家机关证件1本即可入罪的观念，得到普遍认可。即使参照《最高人民法院、最高人民检察院关于办理与盗窃、抢劫、诈骗、抢夺机动车相关刑事案件具体应用法律若干问题的解释》第二条的规定，买卖机动车行驶证3本以上构成买卖国家机关证件罪，达到上述数量标准5倍以上

（即 15 本）即属于买卖国家机关证件情节严重。本案中，林某某买卖居住证 300 余张，其社会危害性远超买卖 15 本机动车行驶证，依据当然解释的方法，举轻以明重，可以认定其行为属于“情节严重”。从居住证的重要性而言，居住证是流动人口在常住地享受基本公共服务和便利的重要凭证，对于城市中的非户籍人口的日常生活和政府社会治理体系中发挥重要作用，系具有重要价值和功能的国家机关证件。林某某买卖如此多的居住证，足以给不法分子利用，给国家和社会带来严重的隐患，严重破坏社会管理秩序。从违法所得数额而言，被告人林某某与上下游不法分子长期勾结，从事本案犯罪行为，形成了一条犯罪产业链，非法获利达到 10 余万元，远超一般小规模的“单打独斗”“散兵游勇”式的买卖国家机关证件的犯罪所得。综上，本案不适用“疑点利益归于被告人原则”，应认定林某某的行为属于买卖国家机关证件罪情节严重的情形，从而在第二档进行量刑。

编写人：广东省广州市天河区人民法院　张凯

4

网络黑灰产犯罪中同时收售对公账户套件、个人银行卡套件行为的定性分析

——余某某等买卖国家机关证件案

【案件基本信息】

1. 裁判书字号

福建省南平市中级人民法院（2021）闽 07 刑终 128 号刑事裁定书

2. 案由：买卖国家机关证件罪

【基本案情】

2018 年底，被告人余某某与王某（另案处理）商定，由余某某负责收购银行对公账户（含工商营业执照正副本、公司及法人代表印章、法人代表身份证正反面照片、基本存款账户信息、手机电话卡、U 盾）和个人银行卡（含个人身份证正反面照片、手机卡、U 盾），以每套银行对公账户人民币 4800 元左右的价格、每套个人银行卡人民币 1800 元左右的价格出售给王某。这些银行对公账户和个人银行卡最终被用于非法用途。2019 年 5 月，余某某在某区注册了“投资咨询公司”，同年 9 月在某区注册了分公司。并雇用被告人林某某、张某某、荣某某及黄某某、陈某、廖某某（均另案处理）等人专门从事收购银行对公账户、个人银行卡业务。至 2020 年 1 月初，余某某共收购对公账户及营业执照 80 余套、个人银行卡 20 余套并出售给王某，共计获利人民币 18 万元。

【案件焦点】

同时收、售对公账户套件、个人银行卡套件行为如何定性。

【法院裁判要旨】

福建省南平市延平区人民法院经审理认为：余某某等四被告人实际上收买、出售的是作为载体使用的对公账户等证件资料，并非针对该证件资料中所包含的个人信息，且被告人的行为不符合侵犯公民个人信息罪的构成要件，不应认定为侵犯公民个人信息罪。本案被告人余某某、林某某、张某某、荣某某共同以非法获利为目的，向他人收购营业执照等证件资料并出售的行为符合买卖国家机关证件罪的构成要件，应认定为买卖国家机关证件罪。

福建省南平市延平区人民法院依法判决：

一、被告人余某某犯买卖国家机关证件罪，判处有期徒刑二年十一个月，并处罚金人民币 20000 元；

二、被告人林某某犯买卖国家机关证件罪，判处有期徒刑一年五个月，并处罚金人民币 8000 元；

三、被告人张某某犯买卖国家机关证件罪，判处有期徒刑一年二个月，并处罚金人民币6000元；

四、被告人荣某某犯买卖国家机关证件罪，判处有期徒刑一年，并处罚金人民币5000元；

五、被告人荣某某已退出的违法所得人民币5000元予以没收，上缴国库；被告人林某某尚未退出的违法所得人民币20000元、被告人张某某尚未退出的违法所得人民币20000元继续予以追缴，上缴国库；被告人余某某实际占有并支配共同违法所得的剩余部分人民币135000元继续予以追缴，上缴国库。

福建省南平市延平区人民检察院不服一审判决，提起抗诉。福建省南平市人民检察院变更理由后支持抗诉。福建省南平市中级人民法院经审理，同意一审法院裁判意见，故裁定：

驳回抗诉，维持原判。

【法官后语】

在网络犯罪黑灰产业链中因对公账户限额高、交易笔数大、难以监控、更易获得被害人信任等原因而备受犯罪分子的“青睐”。同时收售银行对公账户套件及个人银行卡套件的行为，因其中所包含的对象不同，涉及了一罪或数罪、此罪与彼罪的处断问题，在定性上争议较大，本案对该类行为的定性提供了审理思路。

一、应首先排除适用侵犯公民个人信息罪

个人信息的刑法保护是个人信息保护的最后一道防线，即要求使用个人信息不得侵犯他人的人格尊严和个人自由，由于刑法的谦抑性，不能将所有出售或提供公民个人信息的行为视为犯罪行为。

本案中，首先，被告人收售对公账户套件、个人银行卡套件的目的在于直接利用对公账户、个人银行卡接收、转移、转换通过违法犯罪活动获取的非法资金，并非针对所附证件资料中所包含的个人信息；其次，本案被告人收售相关套件的证件资料均由提供者本人自愿提供并办理，在案亦无证据表明被告人的行为给本案证件资料提供者的人身或财产造成侵害。故本案被告人的行为不符合侵犯公民个人信息罪的构成要件，应首先排除适用侵犯公民个人信息罪。

二、本案对被告人余某某等人行为定性的基本思路

从本案的犯罪对象看，除对公账户、个人银行卡外，不可忽视还有收售的对公账户套件内包含的工商营业执照的正、副本。根据分类，对公账户纳入单位银行账户管理；个人银行卡性质上属于信用卡范畴；工商营业执照性质上属于国家机关证件。

（一）被告人的行为同时构成帮助信息网络犯罪活动罪、妨害信用卡管理罪、买卖国家机关证件罪

首先，被告人的行为构成帮助信息网络犯罪活动罪（以下简称帮信罪）。本案中，截至案发前被告人共收售了80余套对公账户、20余套个人银行卡，从中获利18万元，又有网络诈骗款项流向余某某等人收购、出售的账户内，被告人收售对公账户、银行卡的行为客观上为利用网络实施犯罪的人员提供了支付结算帮助，提供支付结算工具的数量、支付结算金额及获利均达到“情节严重”的标准，主观上明知他人利用信息网络实施犯罪。

其次，被告人的行为构成妨害信用卡管理罪。本案所涉非法持有他人信用卡的行为系状态犯，买卖型的持有他人信用卡应对持有的整体状态进行评价，不仅限于行为人将卡隐匿于自己身上，暗藏于家中或者其他地方，委托他人代为保管等，均可成立持有。本案被告人收售个人银行卡的数量已达到非法持有他人信用卡“数量较大”的程度。

再次，被告人的行为构成买卖国家机关证件罪。本案中，被告人以营利为目的收售的80余套对公账户套件内均包含工商营业执照正、副本，如前所述，工商营业执照在性质上属于国家机关证件。买卖国家机关证件罪属于行为犯，任何买卖国家机关证件的行为都会影响国家机关正常管理活动，损害其声誉，从而破坏社会管理秩序，只要行为人着手实施了买卖国家机关证件的行为，犯罪的客观方面即为完备，不需要行为结果的出现即可认定既遂。

（二）出于一个目的实施的行为同时触犯数个罪名，属于实质的一罪，应按“从一重处断原则”处理

本案的争议焦点、难点在于罪数形态的认定，首先应确定被告人等人实施

的行为是一行为还是数行为。从本案被告人的主观目的分析，被告人收售的目的在于利用对公账户、个人银行卡接收、转移、转换非法资金等功能；从收售行为包含的内容分析，本案被告人收售他人个人银行卡和对公账户与用于证明上述银行账户身份信息的相关套件内容存在必然的捆绑关系，为实现银行账户功能，其收售他人银行账户必然要附随收售工商营业执照、印章、电话卡等套件内容。据此，被告人实质上收购、出售的是具有银行支付结算功能的账户，不能因其中所包含的对象不同，而将整个过程拆分成数个行为。故被告人的行为应当评价为刑法意义上的一行为。

本案被告人基于只实施了一个行为同时触犯了妨害信用卡管理罪、买卖国家机关证件罪和帮信罪，属于想象竞合犯，应按照其行为触犯的三个罪名中法定刑较重的犯罪定罪处刑，才能做到既充分评价，又不违反重复评价原则。

（三）此罪与彼罪的处断问题

买卖国家机关证件罪和妨害信用卡管理罪在法定刑配置上基本相当，帮信罪明显较轻于二者，故本案对于被告人应从买卖国家机关证件罪和妨害信用卡管理罪中择一罪处断。在诉讼程序上，由于本案妨害信用卡管理罪系二审期间支持抗诉机关追加的罪名，该罪名在一审期间并未对相关事实进行法庭调查，亦未进行法庭辩论，虽在二审庭审时展开了辩论，但限于我国刑事诉讼实行二审终审制度，二审不能改变原审定罪，否则无疑剥夺了原审被告人的上诉权，不符合注重程序正义、充分保障人权的现代刑事司法理念；在法定刑配置上，虽然买卖国家机关证件罪和妨害信用卡管理罪二者在法定自由刑配置上基本相当，但在罚金刑上，妨害信用卡管理罪有明确的限额，而买卖国家机关证件罪在罚金刑上无上限，相较妨害信用卡管理罪更重，选择以买卖国家机关证件罪对被告人进行处罚更能实现实体正义。

编写人：福建省南平市中级人民法院　罗仁清　黄静静

5

不明知冒用的他人身份证件真伪时的行为定性

——连某盗用身份证件案

【案件基本信息】

1. 裁判书字号

广东省深圳市福田区人民法院（2022）粤 0304 刑初 1028 号刑事判决书

2. 案由：盗用身份证件罪

【基本案情】

2020 年 3 月、4 月，被告人连某、蔡某某商量以蔡某某与其妻子黄某某共有产权的某房产作为抵押，向银行贷款 1500 万元，事成后蔡某某向被告人连某支付贷款总额 6% 作为佣金（即人民币 90 万元）。因蔡某某不能取得妻子黄某某同意，被告人连某遂通过陈某某找到洪某某，由洪某某找到余某某冒充蔡某某的妻子黄某某到银行办理面签贷款手续，并先后通过陈某某、郝某某联系了时任某银行景田支行经理的孙某某予以配合。

2020 年 5 月 8 日，蔡某某、余某某携带虚假的黄某某的身份证到某银行景田支行找到孙某某，孙某某明知余某某假冒黄某某面签，仍违规办理贷款业务。蔡某某后携银行贷款合同和伪造的委托公证书办理了房产抵押登记手续。蔡某某获得银行人民币 1500 万元贷款后，于 2020 年 5 月 28 日通过银行转账人民币 90 万元到被告人连某的账户，连某将其中人民币 60 万元转付给陈某某，陈某某支付给郝某某人民币 40 万元，郝某某支付孙某某人民币 8 万元。另，陈某某支付给洪某某人民币 2 万元，洪某某将其中部分支付给余某某。2021 年 8 月 30 日至 9 月 7 日，公安民警先后将连某、蔡某某、余某某、洪某某抓获归案，电话通知孙某某、郝某某、陈某某到派出所接受调查。案发后，连某退缴了全部违法所得人民币 30 万元。

公诉机关指控被告人连某犯使用虚假身份证件罪。

【案件焦点】

关于被告人连某行为的定性问题。

【法院裁判要旨】

广东省深圳市福田区人民法院经审理认为：被告人连某违反国家法律，在依照国家规定应当提供身份证明的活动中，结伙盗用他人的居民身份证，情节严重，其行为已构成盗用身份证件罪，应依法予以惩罚。对于公诉机关指控被告人连某构成使用虚假身份证件罪，依法予以更正。被告人连某归案后对主要犯罪事实基本能如实供述，属坦白，且自愿认罪认罚，依法可以从轻从宽处罚。被告人连某已退缴全部违法所得，且具有一定悔罪表现，依法可酌情从轻处罚。对于被告人及其辩护人请求对其从轻处罚的意见，酌情予以采纳；公诉机关的量刑建议适当，依法予以采纳。综合考虑被告人连某的犯罪情节、性质、悔罪表现及社会危害性等，宣告缓刑对其所居住社区应无重大不良影响，依法可对其宣告适用缓刑。

广东省深圳市福田区人民法院依照《中华人民共和国刑法》第二百八十条之一、第二十五条、第六十七条第三款、第七十二条、第七十三条、第五十二条、第五十三条、第六十四条之规定，判决如下：

一、被告人连某犯盗用身份证件罪，判处拘役五个月，缓刑一年，并处罚金人民币 1 万元（缓刑考验期限，从判决确定之日起计算，社区矫正执行地为深圳市罗湖区；罚金自判决生效之日起十五日内缴纳完毕）；

二、扣押在案的被告人连某的手机，依法发还被告人连某；被告人连某退缴在案的违法所得人民币 30 万元，依法予以没收，上缴国库。

一审判决后，被告未提起上诉，检察机关未提起抗诉，该判决已发生法律效力。

【法官后语】

《中华人民共和国刑法》第二百八十条之一规定，在依照国家规定应当提供身份证明的活动中，使用伪造、变造的或者盗用他人的居民身份证、护照、社会保障卡、驾驶证等依法可以用于证明身份的证件，情节严重的，处拘役或者管制，并处或者单处罚金。有前款行为，同时构成其他犯罪的，依照处罚较重的规定定罪处罚。该条文对使用虚假身份证件罪、盗用身份证件罪同时作出了规定，对于二者的认定，在入罪方面具有共同要件，同时又存在差异要件。结合本案的争议焦点，评述如下。

1. 在银行办理抵押贷款是否属于依照“国家规定”应当提供身份证件的活动

《中华人民共和国刑法修正案（九）》在《中华人民共和国刑法》第二百八十条后增加一条作为第二百八十条之一，将罪名成立的前提设定为“在依照国家规定应当提供身份证明的活动中”，意味着需要以“国家规定”作为认定本条罪名的首要法定依据。一般来说，《中华人民共和国刑法》中的“国家规定”是指，全国人民代表大会及其常务委员会制定的法律和决定，国务院制定的行政法规、规定的行政措施、发布的决定和命令。可见，对“国家规定”应采用限缩解释的方法，不宜泛化。[①] 根据《中华人民共和国反洗钱法》第十六条的规定：“金融机构应当按照规定建立客户身份识别制度。金融机构在与客户建立业务关系或者为客户提供规定金额以上的现金汇款、现钞兑换、票据兑付等一次性金融服务时，应当要求客户出示真实有效的身份证件或者其他身份证明文件，进行核对并登记……”该规定的效力层级为“法律”，属于《中华人民共和国刑法》中的“国家规定”，本案被告人的同案犯蔡某某向银行申请抵押贷款人民币1500万元，依法应当向银行出示真实有效的身份证件或者其他身份证明文件，而被告人及同案犯均明知其等是通过余某某持黄某某的身份证件冒充黄某某到银行进行贷款身份核实及面签，该行为符合构成《中华人民共

① 魏昌东、张涛：《使用虚假身份证件、盗用身份证件罪法教义学解构》，载《首都师范大学学报（社会科学版）》2018年第6期。

和国刑法》第二百八十条之一规定罪名的犯罪前提要件。

2. 对盗用身份证件罪中“盗用”的理解

实务中对身份证件的盗用行为有两种观点：一种观点认为，根据字面含义解释该罪中的“盗用”，即行为必须违背证件所有人的意愿，才属于盗用行为。得到他人许可后使用，或与他人串通后使用，虽对社会秩序有妨害，但与“盗用”的含义不符，不是盗用。另一种观点认为，“盗用”不是“盗窃后使用”，而是指明知是他人的身份证件而冒用，即“盗用”他人名义。该罪中的盗用是相对于身份证件的查验机关而言的，无论使用行为是否违背证件所有人的意愿，只要行为人使用他人的身份证件，即可成立犯罪，即把“盗用”理解为“冒用”，征得持有人同意或者与持有人串通而冒用持有人的身份证件的，也不能排除在盗用之外。

笔者同意第二种观点。无论是否违背身份证件所有人的意愿，只要行为人使用他人的身份证件，就属于盗用行为。一方面，从犯罪客体的角度来看，无论行为人盗用他人身份证件的行为是否违背证件所有人的意志，都会妨害公共管理机关的管理工作，并侵犯社会公共秩序。因此在解释本罪时，不能片面地进行文义解释。另一方面，从法条规定的法益角度分析，盗用理应指向身份证件的查验机关。对行为人的身份证件进行查验的工作由相关公共部门负责执行，是否违背实际身份证件所有人的意愿，并不影响查验机关对身份信息的查验结果。同时，查验身份信息的目的是检验行为人是否享有特定权利或者具有特定资格，是否违背身份证件所有人的意愿，并不会影响对权利和资格的检验。

3. 是否明知冒用的身份证件真伪不必然阻却盗用身份证件罪的认定

该条规定的“使用伪造、变造的或者盗用他人的居民身份证、护照、社会保障卡、驾驶证等”行为，要求行为人明知其使用的相关身份证件为伪造、变造，或者明知是他人的身份证件而冒用，即“盗用”他人名义。实务中总结了以下几种“盗用”的具体行为：(1) 使用以非法手段获取的他人身份证件的行为；(2) 使用拾得的他人身份证件的行为；(3) 借用他人身份证件并使用的行为。以上几种情形一般基于盗用的是他人真实身份证件，除上述列举的方式外，行为人对于使用的他人身份证件的真伪虽不明知，但明知是他人的身份证件并以持件人的身份从事冒用的行为，也应认定为“盗用”。结合本案，根据同案犯蔡某某等人的供述、被害人黄某某的陈述以及鉴定意见等证据，能够证实被告人连某及同案犯蔡某某、余某某等人用于到银行办理抵押贷款的黄某某的身份证件（该身份证件信息与黄某某的身份证件信息一致）是虚假的，但在案证据尚不足以证实被告人连某明知贷款时所用的黄某某身份证件的真伪，公诉机关据此指控被告人连某构成使用虚假身份证件罪缺乏充分证据，依法不能认定。然而，在案证据足以证实被告人连某明知同案犯余某某持黄某某身份证件冒充黄某某到银行办理贷款的身份核验及面签，其等上述共同犯罪行为属于盗用身份证件持有人黄某某的身份名义，也应认定为盗用身份证件罪。

根据《中华人民共和国刑法》第二百八十条之一的规定，使用虚假身份证件罪、盗用他人身份证件罪的犯罪对象包括居民身份证、护照、社会保障卡、驾驶证等依法可以用于证明身份的证件。一方面该条罪名中的证件必须可用于证明持有人的身份；另一方面该条置于妨害社会管理秩序罪章节中，其侵犯的客体是社会公共管理秩序，社会危害性主要体现在对公共管理秩序的破坏。因此，本条所涉身份证件必须具备两个条件：一是可以用于证明持有人的身份；二是证件具有社会公共管理功能。

身份证件承载的最核心、最重要内容即身份信息，行为人作案时所持身份证件的真伪（是否为相关机关依法办理）并不影响对持有人身份证件盗用的认定，即盗用身份证件罪的构成不以被盗身份证件本身的真伪为必要条件，只要行为人明知冒用的是他人的身份证件即可。换言之，就盗用身份证件罪保护社会公共管理秩序的法益而言，盗用他人真实的身份证件理应入罪，举轻以明重，若盗用以他人身份信息伪造的身份证件反而不入罪，显然与立法本意不符。

编写人：广东省深圳市福田区人民法院　胡许晴　陈健

6

组织他人在考试中作弊，未被查获的作弊考生亦应认定为犯罪既遂

——李某某、张某等组织考试作弊案

【案件基本信息】

1. 裁判书字号

山东省济南市中级人民法院（2022）鲁01刑终246号刑事裁定书

2. 案由：组织考试作弊罪

【基本案情】

2020年下半年，为谋利，被告人李某某、张某预谋组织考生在2021年度全国硕士研究生招生考试中以作弊方式通过考试。李某某给其及张某组织的外省、市考生在济南市缴纳社保，使其可以在济南市参加考试。2020年12月，李某某与尹某某、丁某某（未告知二人购买作弊器材）驾驶李某1的汽车到武汉市，李某某出资，由衣某某出面购买作弊用的发射器、接收器并协助调试。

2020年12月24日，李某某让被告人高某某、丁某某各自驾车载其与尹某某到济南市某区四个全国硕士研究生招生考试考点确定放置发射器的位置。次日晚，李某某、张某组织考生到某肉包店领取接收器，并培训如何使用。李某某向衣某某购买考试答案，并安排李某1在考试过程中接收衣某某提供的答案，编辑后向发射器发送。

2020年12月26日考试当日，被告人李某某驾驶借用的汽车、尹某某驾驶李某1的汽车、丁某某与高某某驾驶各自汽车各载1台发射器至四个考点附近，停放于选定位置。考试开始后，衣某某将试题答案发送给李某1，李某1编辑

后向发射器发送，考生在考场内使用接收器接收。张某获得试题答案后提供给李某某，由李某某向发射器发送。

被告人李某某共组织考生 68 人，实际参加考试 49 人，9 人因考试作弊被查获。被告人张某组织考生 40 人，实际参加考试 31 人，4 人因作弊被查获。

【案件焦点】

1. 未被查获的作弊考生是否应当认定为犯罪未遂；2. 衣某某的帮助行为是否构成组织考试作弊罪。

【法院裁判要旨】

山东省济南市长清区人民法院经审理认为：被告人李某某、张某、衣某某、李某 1、尹某某、丁某某、高某某在法律规定的国家考试中组织作弊，情节严重，其行为构成考试作弊罪。李某某、张某系组织者，衣某某、李某 1 在共同犯罪中起主要作用，系主犯；尹某某、丁某某、高某某在共同犯罪中起辅助作用，系从犯。张某有自首情节，李某某、李某 1 到案后供认其罪行，尹某某、丁某某到案后如实供述其罪行，衣某某庭审中对指控的罪行予以供认，七被告人均认罪认罚。综上，根据各被告人的犯罪情节依法均予以从轻处罚。对被告人李某某、衣某某依照《中华人民共和国刑法》第二百八十四条之一、第二十五条第一款、第二十六条第一款、第六十七条第三款、第六十四条之规定，对被告人张某依照《中华人民共和国刑法》第二百八十四条之一、第二十五条第一款、第二十六条第一款、第六十七条第一款、第六十四条之规定，对被告人李某 1 依照《中华人民共和国刑法》第二百八十四条之一、第二十五条第一款、第二十六条第一款、第六十七条第三款、第七十二条第一款和第三款、第七十三条第二款和第三款、第六十四条之规定，对被告人尹某某依照《中华人民共和国刑法》第二百八十四条之一、第二十五条第一款、第二十七条、第六十七条第三款、第七十二条第一款和第三款、第七十三条第二款和第三款之规定，对被告人丁某某、高某某依照《中华人民共和国刑法》第二百八十四条之一、第二十五条第一款、第二十七条、第六十七条第三款、第七十二条第一款和第三款、第七十三条第二款和第三款、第六十四条之规定，判决如下：

一、被告人李某某犯组织考试作弊罪，判处有期徒刑三年零六个月，并处罚金5万元；被告人张某犯组织考试作弊罪，判处有期徒刑三年，并处罚金3万元；被告人衣某某犯组织考试作弊罪，判处有期徒刑三年，并处罚金1万元；被告人李某1犯组织考试作弊罪，判处有期徒刑三年，缓刑三年，并处罚金1万元；被告人尹某某犯组织考试作弊罪，判处有期徒刑二年零六个月，缓刑三年，并处罚金5000元；被告人丁某某犯组织考试作弊罪，判处有期徒刑二年零六个月，缓刑三年，并处罚金5000元；被告人高某某犯组织考试作弊罪，判处有期徒刑二年，缓刑三年，并处罚金5000元；

二、扣押的被告人李某某非法所得21万元、被告人衣某某退缴的非法所得3万元予以没收；

三、被告人李某某非法所得340290元予以追缴；

四、作案用的被告人李某1的汽车1辆、被告人丁某某的汽车1辆、被告人高某某的轿车1辆、被告人李某某与张某与李某1的手机3部，及作弊器材予以没收。

被告人衣某某、高某某不服提起上诉，衣某某的上诉理由为：原审判决认定衣某某参与组织考试作弊的证据不足，在原审判决中认定衣某某参与购买、调试作弊设备事实不清，证据不足，其在购买作弊设备中只起中介作用；衣某某不属于组织策划或指挥人员，不应认定为起主要作用；衣某某有认罪悔罪、家属代为退赃的情节，可从轻处罚。高某某的上诉理由为：原审判决未认定其自首，其车辆不应认定为作案工具并予以没收。

山东省济南市中级人民法院经审理认为：上诉人衣某某、高某某，原审被告人李某某、张某、李某1、尹某某、丁某某在法律规定的国家考试中组织作弊，情节严重，原审法院认为其行为均构成组织考试作弊罪是正确的。原审法院鉴于衣某某当庭供认其罪行，认罪认罚，已对其从轻处罚，衣某某的辩护人仍以此为由要求从轻处罚的辩护意见不予采纳。原审判决认定的犯罪事实清楚，证据确实、充分，定罪准确，量刑适当，审判程序合法。

山东省济南市中级人民法院依照《中华人民共和国刑事诉讼法》第二百三十六条第一款第一项之规定，裁定如下：

驳回上诉，维持原判。

【法官后语】

本案的争议焦点主要为组织考试作弊罪的完成形态及帮助行为是否应当正犯化。

一、组织考试作弊罪的完成形态

对于组织考试作弊罪而言，首先要明确该罪是行为犯，而非结果犯。《中华人民共和国刑法》第二百八十四条之一明确规定了两种危害行为，即组织考试作弊行为与提供帮助行为。两种行为都能对国家考试管理秩序产生现实侵害，但是该危害行为造成的危害结果都是无形的、非物质的，不符合结果犯中对法定危害结果的要求。在认定行为犯的成立时间上，需要危害行为达到一定程度，发展到一定状态，才能视为犯罪的完成。

关于危害行为实施到何种程度才符合完成形态，《最高人民法院、最高人民检察院关于办理组织考试作弊等刑事案件适用法律若干问题的解释》第四条规定，组织考试作弊，在考试之前被查获，但已经非法获取考试试题、答案或其他严重扰乱考试秩序情形的，应当认定为组织考试作弊罪既遂。即提倡组织行为完成说，行为人只要实施了组织行为就应视为该罪的完成。首先，组织行为和作弊行为之间存在手段行为和目的行为的关系，组织行为的危害性，并不需要通过作弊行为的完成才得以体现。行为人实施了组织行为就能够对国家考试管理秩序产生侵害，而作弊行为只是在组织行为的基础上对国家考试管理秩序的破坏。其次，在组织考试作弊罪中，组织行为与其他行为相比具有严重的危害性，对组织行为的规制不能以行为人作弊目的是否达到作为判断完成形态的标准，而不考虑组织行为对国家考试管理秩序已经造成的危害。实践中存在行为人实施组织考试弊行为，但考生在作弊过程中被发现，这种情形下显然侵害了国家考试管理秩序，且完成了相应的组织行为，但是考生没有作弊成功。如果按照作弊行为的完成说的标准判断，则该组织考试作弊行为不符合组织考试作弊罪的既遂标准。但该行为已经侵害了国家考试管理秩序，不能因为考试作弊未完成而不惩治。

本案张某的辩护人提出除作弊被查获的考生外，无证据证实张某组织参加考试的其他考生均携带作弊设备进入考场并使用，这部分考生应认定为犯罪未遂的辩护意见不能成立，作弊目的是否实现不应当影响犯罪既遂的成立。

二、组织考试作弊罪帮助行为是否应当正犯化

在考试作弊这条产业链中，提供作弊器材处于产业链前端，司法实践中难以查处这条链条的所有环节，可能出现无法查实提供作弊器材者向谁提供作弊器材的情况，以及向多人提供作弊器材，但每个组织作弊者均未达到成立标准的情况，故对提供作弊器材者无法适用组织考试作弊罪的帮助犯追究刑事责任，这明显不符合罪刑相适应原则。

因此，组织考试作弊罪中的帮助行为正犯化是值得肯定的，提供帮助行为符合犯罪成立标准即可构成组织考试作弊罪。提供帮助行为与组织考试作弊行为具有相同的法益侵害性，其适用刑罚应当相同。如果提供帮助行为按照组织考试作弊罪的帮助犯论处，在共同犯罪中应当从轻、减轻或者免除处罚，但提供帮助行为在考试作弊过程中能够起到关键作用，如向考试作弊人员提供的无线电传输装置，该装置是主要作案工具。帮助行为与组织考试作弊行为具有相同的社会危害性，都侵害了国家考试管理秩序。按照罪刑相适应原则，帮助行为正犯化能够使提供帮助行为具有独立的法定刑，避免量刑过轻。

本案衣某某虽不是组织考试作弊的策划、指挥者，但其帮助购买、调试作弊设备，发送试题答案，在组织考试作弊犯罪活动中起重要作用，故应当认定其为组织考试作弊罪的主犯。

编写人：山东省济南市长清区人民法院　石珊珊

7

职员未经公司授权擅自下载信息数据构成非法获取计算机信息系统数据罪的认定标准

——杨某等非法获取计算机信息系统数据案

【案件基本信息】

1. 裁判书字号

江苏省徐州市中级人民法院（2022）苏03刑终67号刑事裁定书

2. 案由：非法获取计算机信息系统数据罪

【基本案情】

2018年10月至2020年5月，被告人杨某本人或伙同被告人焦某按照被告人刘某某、柏某某、周某某的要求，通过超越职权使用账号登录公司计算机服务系统，查询、下载某网站计算机服务系统内储存的买家邮箱、姓名及店铺封存原因等电子数据，再由被告人刘某某、柏某某等人将电子数据向他人出售并非法获利。其中，被告人杨某所参与的违法所得共计人民币40余万元；被告人刘某某所参与的违法所得共计人民币67万余元；被告人柏某某所参与的违法所得共计人民币9万余元；被告人焦某所参与的违法所得共计人民币1万余元；被告人薛某根据被告人焦某的安排，帮助被告人焦某实施上述犯罪行为。

另查明，2019年3月至2020年5月，被告人周某某根据被告人刘某某安排收集、汇总、转发电子数据，其所参与的违法所得共计人民币6万余元。（其他审理查明事实略。）

【案件焦点】

1. 职员未经公司授权擅自下载信息数据的行为是否构成非法获取计算机信息系统数据罪；2. 非法获取计算机信息系统数据罪与侵犯公民个人信息罪的区别。

【法院裁判要旨】

江苏省睢宁县人民法院认为：被告人杨某、刘某某、周某某、柏某某与他人违反国家规定，侵入计算机信息系统，获取计算机信息系统中存储的数据，情节特别严重；被告人焦某、薛某与他人违反国家规定，侵入计算机信息系统，获取计算机信息系统中存储的数据，情节严重；其行为均构成非法获取计算机信息系统数据罪。被告人杨某、刘某某、周某某、柏某某、焦某、薛某、逯某某、王某某、何某某、许某某与他人共同犯罪，应当对其所参与的共同犯罪的结果承担刑事责任。被告人杨某、刘某某、柏某某一人犯数罪，应数罪并罚。被告人杨某、刘某某、胡某某、柏某某、蒋某某、周某某、焦某、王某某经刑事传唤到案后如实供述自己的犯罪事实，系坦白，可以从轻处罚。被告人杨某、逯某某、刘某某、周某某、王某某、蒋某某、柏某某、胡某某、焦某、薛某、何某某、许某某均自愿认罪认罚，依法可以从宽处理。被告人杨某、刘某某、王某某、何某某、周某某、许某某、焦某、薛某、柏某某、逯某某、胡某某、蒋某某自愿退赃，可以酌情从轻处罚。结合被告人杨某、逯某某、刘某某、周某某、王某某、蒋某某、柏某某、胡某某、焦某、薛某、何某某、许某某分别具有的自首、坦白、从犯、认罪认罚、退赃等情节，对被告人杨某、刘某某、逯某某、柏某某、焦某、薛某、王某某、许某某、蒋某某、胡某某均予以从轻处罚，对被告人周某某、何某某予以减轻处罚。各被告人退缴的违法所得，依法上缴国库。

江苏省睢宁县人民法院判决：

被告人杨某犯非法获取计算机信息系统数据罪，判处有期徒刑四年，并处罚金人民币 6 万元。

（其他被告人、罪名等情况略。）

杨某不服，提起上诉。二审法院同意一审法院裁判意见。

江苏省徐州市中级人民法院经审理认为：原判决认定事实和适用法律正确，量刑适当，审判程序合法，应当予以维持。裁定：

驳回上诉，维持原判。

【法官后语】

杨某作为某网站公司职员，在处理公司指派的工作任务时，可以登录公司计算机信息系统，查询与任务相关的数据，但为了保护用户隐私等计算机信息系统数据，公司不允许随意登录查询该系统相关数据并下载出售谋利的行为。本案的争议焦点在于杨某等作为职员未经公司授权擅自下载信息数据的行为是否构成非法获取计算机信息系统数据罪以及非法获取计算机信息系统数据罪与侵犯公民个人信息罪的区别问题。

一、职员未经公司授权擅自下载信息数据是否构成非法获取计算机信息系统数据罪

1. 本案相关事实清楚。上诉人杨某身为某网站公司职员，按照原审被告人刘某某、柏某某等人要求，未经授权超越职权使用账号登录公司计算机服务系统，查询、下载某网站计算机服务系统内储存的买家邮箱、姓名及店铺封存原因等电子数据，由原审被告人刘某某、柏某某等人将电子数据向他人出售并非法获利的犯罪事实，不仅有上诉人杨某关于“其在某网站公司上班，查询买家邮箱和名字信息，每个邮箱都对应一个客户，给刘某某查了十几万条，刘某某给其转了三十几万元，某网站公司发现其系统异常，其被谈话后离职等”的供述，还有证人谭文辉关于“杨某电脑中发现买家信息数据、杨某职权范围”等证言，原审被告人刘某某、柏某某等人关于“卖家发来差评链接，然后找杨某查买家姓名、邮箱信息，大概二十万条”等供述，电子证据、网络聊天记录等证据予以证实。

2. 认定杨某非法侵入公司计算机信息系统的定性准确。根据公司管理规定，公司员工在处理公司指派的工作任务时，可以登录公司计算机信息系统，查询与任务相关的数据，并用于处理公司指派的任务，这是员工合法登录查询

数据的职权范围。在没有相关工作任务时，为了保护用户隐私等计算机信息系统数据，公司不允许随意登录查询该系统相关数据并下载出售谋利的行为，对于随意登录查询等违规行为，系统后台亦予以标注。本案中，杨某作为公司员工，虽然有进入公司计算机信息系统的条件，但并没有随意进入查询数据并出售谋利的职权。杨某主观上为了谋取非法利益而进入该计算机信息系统，目的上具有非法性；客观上在缺少合法事由和许可的情况下实施了大量违规查询并下载出售的行为，违反了公司的规定，应当认定该行为属于侵入公司计算机信息系统行为。

3. 认定情节特别严重适当。杨某不仅实施了非法获取公司计算机信息系统数据的行为，而且其将包含公民个人信息的数据交由他人对外出售，侵犯了公民个人信息，个人违法所得达40余万元，远超相关法律规定的情节特别严重的数额标准。原判决结合杨某的行为和情节，择一重罪以非法获取计算机信息系统数据罪定罪处罚符合法律规定。

二、非法获取计算机信息系统数据罪与侵犯公民个人信息罪的区别

根据《最高人民法院、最高人民检察院关于办理侵犯公民个人信息刑事案件适用法律若干问题的解释》规定，办理侵犯公民个人信息案件，应当特别注意的是第五条第三款的规定，对于违反国家有关规定，采用技术手段非法侵入合法存储公民个人信息的单位数据库窃取公民个人信息的行为，也符合《中华人民共和国刑法》第二百八十五条第二款规定的非法获取计算机信息系统数据罪的客观特征，同时触犯侵犯公民个人信息罪和非法获取计算机信息系统数据罪的，应择一重罪论处。那么侵犯公民个人信息罪和非法获取计算机信息系统数据罪的区别及本案对杨某判定非法获取计算机信息系统数据罪的依据是什么？

非法获取计算机信息系统数据罪属于《中华人民共和国刑法》分则第六章妨害社会管理秩序罪，立法目的是打击窃取计算机信息系统数据犯罪，维护社会信息网络安全管理秩序。侵犯公民个人信息罪属于《中华人民共和国刑法》分则第四章侵犯公民人身权利、民主权利罪。从法益的性质来说，前者侵犯的是公法益，而后者侵犯的是私法益。但网络非法获取的信息中有可能包含公民

个人信息，也就是说非法获取计算机信息系统数据的行为在一些情况下是侵犯公民个人信息罪的手段行为，所以两罪之间有时存在想象竞合关系。因此有必要对两个罪的区别进行分析研究，方便司法实践审判工作的开展。

首先两个犯罪主体和客体不同。非法获取计算机信息系统数据罪的犯罪主体只能是自然人，而侵犯公民个人信息罪的犯罪主体可以是自然人也可以是单位，对单位判处罚金，并对其直接负责的主管人员和其他直接责任人员进行处罚。非法获取计算机信息系统数据罪犯罪对象是计算机信息系统中存储、处理或者传输的数据，包括支付结算、证券交易、期货交易等网络金融服务的身份认证信息（用于确认用户在计算机信息系统上操作权限的数据，包括账号、口令、密码、数字证书等）；而侵犯公民个人信息罪的犯罪对象是公民个人信息，包括姓名、身份证件号码、通信通讯联系方式、住址、账号密码、财产状况、行踪轨迹等以电子或者其他方式记录的能够单独或者与其他信息结合识别特定自然人身份或者反映特定自然人活动情况的各种信息。非法获取计算机信息系统的数据可能包含公民个人信息，而公民个人信息可能也是计算机信息系统中存储传输的数据，但二者间仅是存在一定重合，前者侧重于计算机信息系统操作权限身份认证信息，后者则与自然人身份情况密切相关。对于犯罪对象同时符合两罪的情况，则需对被告人犯罪认知进行考量，如是为了获取网络金融服务的身份认证信息，考虑定非法获取计算机信息系统数据罪；如是为了获取能够识别特定自然人身份或自然人活动情况的公民个人信息，则考虑定非法获取计算机信息系统罪。

其次客观方面不同。非法获取计算机信息系统数据罪的客观方面表现为违反国家规定，侵入国家事务、国防建设、尖端科学技术领域之外的计算机系统或者采用其他技术手段，获取计算机信息系统中存储、处理或者传输的数据。而侵犯公民个人信息罪的客观方面表现为违反国家规定，向他人出售、提供或者通过窃取以及其他方法非法获取公民个人信息。犯罪行为方面，非法获取计算机信息系统数据罪主要表现为侵入计算机系统进而实施获取数据的行为，而侵犯公民个人信息罪犯罪行为有多种手段，包括向他人出售、提供或者窃取等。

最后情节严重认定的侧重点不同。虽然非法获取计算机信息系统数据罪和侵犯公民个人信息罪的法定刑一致，但是在情节严重认定上，非法获取计算机信息系统数据罪标准以获取网络金融服务的身份认证信息数量、违法所得或造成经济损失认定；而侵犯公民个人信息罪除以数量、违法所得来认定情节严重外，还有“出售或者提供行踪轨迹信息，被他人利用犯罪；知道或者应当知道他人利用公民个人信息实施犯罪，向其出售或者提供的；若因侵犯公民个人信息受过刑事处罚或者行政处罚，又再次实施的”等情形，更大力度地保护公民的隐私。本案量刑上，从违法所得金额上判断，无论是侵犯公民个人信息罪还是非法获取计算机信息系统数据罪的量刑均是达到情节严重法定刑的3年至7年。

综上，公司员工为了谋取非法利益违反公司规定进入计算机信息系统实施查询并下载出售行为，应当认定该行为属于侵入公司计算机信息系统行为。非法获取计算机信息系统数据罪与侵犯公民个人信息罪在构成要件及情节严重认定的侧重点等方面均有不同，需要根据案件实际情况加以区别。

编写人：江苏省徐州市中级人民法院　庄彬　曹扬

8

非法制售游戏外挂情节严重的应以提供侵入、非法控制计算机信息系统程序、工具罪定罪处罚

——蔡某某等提供侵入、非法控制计算机信息系统程序、工具案

【案件基本信息】

1. 裁判书字号

广东省佛山市南海区人民法院（2022）粤0605刑初1222号刑事判决书

2. 案由：提供侵入、非法控制计算机信息系统程序、工具罪

【基本案情】

2021年1月，被告人蔡某某与葛某合伙制作网络游戏《游戏A》的外挂程序出售牟利，双方约定由葛某负责研发名为“B”的外挂程序，而蔡某某则利用其某平台网店以月租的形式出售“B”外挂程序，并约好获利分成。蔡某某聘请被告人伍某某为外挂程序写脚本，后通过被告人刘某甲大量对外销售外挂软件；葛某聘请被告人刘某乙编写、更新游戏的外挂程序及源代码，并由被告人郎某某对外销售“B”外挂给游戏玩家。

“B”外挂程序突破了游戏客户端安全防护，对用户游戏内人物进行自动化控制，拥有的自动补血、自动躲避技能等功能进行游戏，对游戏系统造成严重破坏性。截至案发前，蔡某某销售B外挂给60名玩家，销售收入99800元；葛某负责提供源代码并编程，获利29900元；伍某某负责编写B外挂脚本，获利38600元；刘某乙负责编程修改B外挂源代码，获利49300元；刘某甲负责对外销售多款外挂软件，销售收入64650元；郎某某销售B外挂给35名游戏玩家，销售收入46000元。案发后相关被告人对游戏公司高明分公司进行赔偿并取得谅解。

【案件焦点】

制售网络游戏外挂行为的定性。

【法院裁判要旨】

广东省佛山市南海区人民法院经审理认为：被告人蔡某某、葛某、伍某某、刘某乙、刘某甲、郎某某提供专门用于侵入、非法控制计算机信息系统的程序、工具，情节特别严重，其行为已构成提供侵入、非法控制计算机信息系统程序、工具罪。公诉机关所控罪名成立。蔡某某、葛某在共同犯罪中起主要作用，是主犯，依法按照其所参与的全部犯罪处罚；伍某某、刘某乙、刘某甲、郎某某在共同犯罪中起次要作用，是从犯，依法减轻处罚；六被告人归案后如实供述自己的罪行，且大部分被告人积极赔偿被害单位并取得谅解，应依法从轻处罚并适用缓刑。六被告人在本案所起的作用不同，量刑时予以考虑。据此，以提供侵入、非法控制计算机信息系统程序、工具罪分别判处蔡某某有期徒刑三年，缓刑四年，并处罚金人民币 3 万元；葛某有期徒刑三年，缓刑四年，并处罚金人民币 3 万元；伍某某有期徒刑二年，缓刑二年，并处罚金人民币 2 万元；刘某乙有期徒刑二年，缓刑二年，并处罚金人民币 2 万元；刘某甲有期徒刑六个月，缓刑一年，并处罚金人民币 5000 元；郎某某有期徒刑六个月，缓刑一年，并处罚金人民币 5000 元。

一审判决后，被告未提起上诉，检察机关未提起抗诉，该判决已发生法律效力。

【法官后语】

随着游戏产业的迅速发展，这也伴随着制售网络游戏非法外挂案件日益增多。但因该类非法外挂（“私服”不在讨论范围）具有很强的技术性，既涉及互联网技术问题，又涉及法律问题，故该行为应如何定性，司法实践仍有较大的争议，常见的罪名适用有非法经营罪、侵犯著作权罪和提供侵入、非法控制计算机信息系统程序、工具罪。本案行为人制售非法外挂行为属于提供专门用于侵入、非法控制计算机信息系统的程序、工具，应定性为提供侵入、非法控制计算机信息系统程序、工具罪，具体分析如下。

首先，本案不宜定性为非法经营罪。非法经营罪属于破坏社会主义市场经济秩序罪，而本案制售非法外挂的行为与《中华人民共和国刑法》第二百二十五条规定的非法经营专营、专卖物品，非法从事证券、期货、保险业务等经营行为并不具有同质性，该行为的危害性主要体现在妨害社会管理秩序，且制售非法外挂的禁止性规定并不属于国家规定，故本案的行为不构成非法经营罪。

其次，本案不宜定性为侵犯著作权罪。本案若要定侵犯著作权罪，其犯罪对象应为《中华人民共和国著作权法》第三条规定的计算机软件等正规载体，且要有“复制发行”的行为。本案中，蔡某等行为人所编写的针对《游戏 A》的外挂软件和《游戏 A》游戏软件本身是相互独立的软件个体，二者并没有软件代码构造上的依附、重叠、包含关系。虽然行为人所开发的外挂软件可以对

《游戏A》中的数据交互，进而实现自动控制、操作等“额外”功能，但这只是对《游戏A》正常运行过程的一种额外干扰，而没有对构成著作权权利对象的游戏软件本身进行任何版本上的变动和删改。且行为人在制作外挂程序过程中，突破了游戏软件的技术措施，调用了部分数据及图像等行为都是为了实现对游戏软件增加新功能，不是将所调用的数据或图像进行简单的复制。行为人将外挂软件在互联网上出售牟利，是单独销售其外挂软件，而不是将游戏软件整体或部分（客户端）复制后出售牟利。换言之，行为人并不是要复制、传播《游戏A》游戏软件，而是制作了能够增添游戏额外功能的外挂软件，并意图通过对外出售这个外挂软件来获利。综上，行为人制作外挂软件的行为不等同于“复制发行”原有游戏软件，不构成侵犯著作权罪。

最后，行为人制售非法外挂的行为符合“专门用于侵入、非法控制计算机信息系统的程序、工具”的定义，应定性为提供侵入、非法控制计算机信息系统程序、工具罪。提供侵入、非法控制计算机信息系统程序、工具的本质是为计算机犯罪提供作案工具的犯罪行为，是一种“帮助行为”，《中华人民共和国刑法修正案（七）》将此种行为明确规定为独立的犯罪。《最高人民法院、最高人民检察院关于办理危害计算机信息系统安全刑事案件应用法律若干问题的解释》第二条将“专门用于侵入、非法控制计算机信息系统的程序、工具”定义为具有避开或者突破计算机信息系统安全保护措施，未经授权或者超越授权获取计算机信息系统数据的功能或者对计算机信息系统实施控制的功能的程序、工具及其他的兜底条款，即程序、工具本身具有获取数据和控制功能。且“专门”是对程序、工具本身的用途非法性的限定，这就排除了既可用于违法犯罪目的又可用于合法目的的“中性程序”或者游戏中良性辅助外挂“按键精灵”等。本案中，蔡某等行为人制售“B”外挂（程序、工具）突破了游戏客户端安全防护，未经授权可获取涉案网游的交互数据，实现对网游人物自动控制、操作，对游戏系统造成严重破坏性，故符合“专门用于侵入、非法控制计算机信息系统的程序、工具”的要求。

综上，行为人制售非法的外挂软件突破了涉案网络游戏的安全保护措施，获取游戏数据并实施控制、修改功能，完全符合其司法解释之规定，应以提供侵入、非法控制计算机信息系统程序、工具罪论处。

编写人：广东省佛山市南海区人民法院　李翊

9

帮助信息网络犯罪活动行为人挂失银行卡并取现行为的罪名及罪数认定

——李某某帮助信息网络犯罪活动案

【案件基本信息】

1. 裁判书字号

广西壮族自治区兴业县人民法院（2021）桂0924刑初138号刑事判决书

2. 案由：帮助信息网络犯罪活动罪

【基本案情】

2020年12月，被告人李某某在明知银行卡不能出售的情况下，为获取非法利益，仍以自己的身份信息办理了一张某1银行卡、一张某2银行卡，并让同村的李某1办理了一张某3银行卡、一张某4银行卡并交给自己，而后李某某将上述四张银行卡及相应绑定的手机卡以3800元的价格卖给了收卡人员。经查实，2020年12月12日至2021年3月21日，上述4张银行卡转入的流水金额共计3143618.01元，其中有接收被害人石某某被诈骗款10000.13元。2021年3月，李某某应收卡人员的要求，让李某1到某4银行用挂失补办银行卡的方式，将卡内余额共计28200元全部取出并通过微信转给自己，过后李某某并未将该钱款给上家而是占为己有。

【案件焦点】

1. 李某某后续通过指使李某1将银行卡挂失并取现占有的行为是构成盗窃罪，还是构成侵占罪；2. 应定帮助信息网络犯罪活动罪一罪，还是应当数罪并罚。

【法院裁判要旨】

广西壮族自治区兴业县人民法院经审理认为：被告人李某某明知他人利用信息网络实施犯罪，仍为其犯罪提供帮助，金额达到100万元以上，情节严重，其行为已构成帮助信息网络犯罪活动罪。公诉机关指控被告人李某某犯帮助信息网络犯罪活动罪的罪名成立，但指控被告人李某某构成盗窃罪，事实不清、证据不足，不予认定。被告人李某某自动投案并如实供述其犯罪事实，系自首，且自愿认罪认罚，依法予以从轻处罚。

广西壮族自治区兴业县人民法院依照《中华人民共和国刑法》第二百八十七条之二第一款、第五十二条、第六十四条、第六十七条第一款，作出如下判决：

一、被告人李某某犯帮助信息网络犯罪活动罪，判处有期徒刑八个月，并处罚金人民币5700元；

二、被告人李某某退出的违法所得人民币3800元，依法予以没收，上缴国库。

一审判决后，被告未提起上诉，检察机关未提起抗诉，该判决已发生法律效力。

【法官后语】

本案处理重点主要在于李某某出售银行卡后将银行卡挂失并取现占有的行为如何评价。笔者认为，应从以下几个方面进行分析。

1. 帮助信息网络犯罪活动行为人将银行卡出售（出租）给他人后，对卡内的款项是否存在占有？一种观点认为，根据《银行卡业务管理办法》等的规定，银行卡必须由本人持身份证实名登记才能申领，即银行卡申领人被视为银行卡的全部权利所有人，其对银行卡具有法律形式上的完全支配、使用、冻结、挂失、注销等各项权利，无论其将银行卡交由谁实际持有，卡内资金在“法律形式”上仍为出租（出售）方即银行卡的申领人占有。另一种观点认为，非法出售（出租）银行卡属于违法行为，帮助信息网络犯罪活动行为人将银行卡出售（出租）给他人，就意味着放弃了对该银行卡的“事实占有”，所以对于卡中流转钱款的“法律形式上占有”就丧失了合法性，应当认定为实际持卡人占有该银行卡中的款项。笔者同意后一种观点，刑法上的占有不同于民法上的占有，更强调对财物的实际控制和支配关系，实际持卡人对银行卡的控制力高于名义持卡人通过法律规定对银行卡的形式控制，在刑法意义上实际占有优于法律占有，直接占有优于间接占有，故应当认定实际持卡人占有银行卡内资金。

2. 帮助信息网络犯罪活动行为人挂失银行卡并取现的行为如何定性？如前所述，在认定帮助信息网络犯罪活动行为人将银行卡出售（出租）给他人后不占有卡内款项，即认可“事实占有”强于“法律形式上占有”的前提下，判定帮助信息网络犯罪活动行为人挂失银行卡并取现的行为是构成盗窃罪，还是构成侵占罪，关键还需要考察非法占有钱款故意产生的时间是在挂失银行卡前还是挂失银行卡后，如果在挂失前产生，则构成盗窃罪，如果在挂失后产生，则构成侵占罪。刑法侧重维护财产法益的占有秩序，即使是犯罪所得的赃款赃物也不能任意去抢或偷，故此司法实践中对出现的一些“黑吃黑”案件可认定为盗窃罪或抢劫罪等，在电信网络诈骗犯罪案件中同样也不能例外。帮助信息网络犯罪活动行为人明知卡中款项并非自己所有，如果主观上基于通过到银行挂失补办新卡并将钱款取现的非法占有的目的，进而实施上述行为，破坏了他人对该款的事实占有状态，建立了自己支配的新的不法占有，主客观相统一，符合盗窃罪的构成要件。侵占罪本质在于将合法占有变为非法占有，如果帮助信息网络犯罪活动行为人一开始没有非法占有的故意，而是基于实际持卡人的要求或其他合法理由去挂失银行卡，这时帮助信息网络犯罪活动行为人对银行卡内的钱款则存在一定范围内的占有支配权，这种占有支配相对实际持卡人来说就是一种代为保管财物的关系，但由于其占有的钱款所体现的财产性属于实际持卡人所有，其负有归还的义务，如拒不归还，数额较大的，应成立侵占罪。

本案中，根据李某某的供述，其是应收卡人员要求后才让李某1将某4银行卡挂失并将该银行卡内的28200元取出占有，其非法占有该钱款的故意是发生在合法保管财物之后，故应成立侵占罪。因侵占罪属于告诉才处理的，故在本案中不予处理。综上，对于在帮助信息网络犯罪过程中“黑吃黑”行为的定性不能简单而直接地就全部认定为盗窃行为，要具体分析行为人对所使用的银行卡是否有持有的权利、对银行卡内资金是否具有占有的权利以及有无挂失、冻结等主动积极实施的行为，通过对比辩证分析不同情节，真正做到主客观相统一、罪责刑相一致，才能准确打击刑事犯罪，防范冤假错案，维护当事人合法权益。

3. 帮助信息网络犯罪活动行为人挂失银行卡并取现行为如构成盗窃罪或侵占罪，那么应如何认定罪数，是定一罪还是数罪？笔者认为，第一种情形在帮助信息网络犯罪活动行为的同时构成其他犯罪如诈骗罪、开设赌场罪等共犯的场合，该卡中的赃款属于行为人与被帮助对象的共同犯罪所得，行为人挂失并取现的，并没有侵犯新的法益，属于事后不可罚的行为，仅需认定帮助信息网络犯罪活动罪或相关犯罪的共犯即可。第二种情形帮助信息网络犯罪活动行为人以通过“黑吃黑”的方法占有他人财物为目的，再出售（出租）银行卡给他人用于实施信息网络犯罪，此情形中帮助信息网络犯罪活动行为只是手段行为，目的行为是窃取他人财物，此种属于盗窃罪与帮助信息网络犯罪活动罪的牵连犯，按照牵连犯的一般原则，从一重罪，应以盗窃罪一罪处罚。第三种情形帮助信息网络犯罪活动行为人出售（出租）银行卡给他人用于实施信息网络犯罪，已构成帮助信息网络犯罪活动罪，后又另起犯意，通过“黑吃黑”的方法窃取或侵占他人财物，因帮助信息网络犯罪活动行为已属于完成形态，且帮助信息网络犯罪活动行为和盗窃或侵占行为属于两个时间段的完全不同的犯罪行为，应分别评价，当数罪并罚。本案中，李某某的行为即属于上述第三种情形，应当以帮助信息网络犯罪活动罪和侵占罪数罪并罚。

编写人：广西壮族自治区兴业县人民法院　尤佳

10

人工智能（AI）语音客服系统的制造者能否构成帮助信息网络犯罪活动罪

——熊某某等帮助信息网络犯罪活动案

【案件基本信息】

1. 裁判书字号

湖南省岳阳市中级人民法院（2022）湘06刑终126号刑事裁定书

2. 案由：帮助信息网络犯罪活动罪

【基本案情】

被告人熊某某、练某某等为谋求高额利益，分别利用深圳某某网络有限公司、广州某某科技有限公司经营AI智能语音客服系统，通过联系线路商提供拨打电话的线路通道，预先制作、提供含有“某证券、某1证券、某2证券”等单位名称的数十套金融、证券等类型的话术包，给公司客户自由挑选使用，并根据客户的需求随意对话术包进行修改。经营过程中，针对AI智能语音客服系统拨打电话时所使用的电话号码被标记为“诈骗”等电话后，为不影响盈利，熊某某、练某某等人采取更换线路商、更换电话号码等方式逃避监管，继续为相关客户提供系统服务。

熊某某安排被告人刘某某、张某等多名员工办理银行卡收取客户交纳的系统使用费，并取现交给公司。2020年3月，因刘某某提供自己银行卡给他人使用，涉嫌违法犯罪被公安机关取保候审，熊某某要求员工删除与客户微信聊天记录，继续经营至2020年7月案发。

2020年2月至2020年7月，练某某将公司一定比例的盈利分给被告人冯某，冯某负责为AI智能语音客服系统客户充值及系统维护，并对话术包进行调整。

被告人文某、占某某、占某在明知自己代理的AI智能语音客服系统可能被犯罪分子用于实施电信网络犯罪的情况下，仍积极推广该业务，不核实使用人的真实身份及资质，为他人开设账户使用AI智能语音客服系统，从中赚取服务费差价。

至案发时止，熊某某等人经营的AI智能语音客服系统被犯罪分子作为筛选被骗人员的技术工具，最终导致马某某、朱某某等多人在接听到犯罪分子使用该公司AI智能语音客服系统拨打的电话后被骗，涉案金额达13253639.83元。练某某等经营的AI智能语音客服系统被犯罪分子作为筛选被骗人员的技术工具，最终导致徐某、王某某等多人在接听到犯罪分子使用该公司AI智能语音客服系统拨打的电话后被骗，涉案金额达9616780.74元。

【案件焦点】

AI智能语音客服系统的制造者是否构成帮助信息网络犯罪活动罪。

【法院裁判要旨】

湖南省岳阳市岳阳楼区人民法院审理认为：被告人熊某某等人明知他人利用信息网络实施犯罪，仍为犯罪提供通讯传输等技术支持，情节严重，其行为均构成帮助信息网络犯罪活动罪。

湖南省岳阳市岳阳楼区人民法院依照《中华人民共和国刑法》第二百八十七条之二第一款、第二十五条、第二十六条第一款和第四款、第六十四条、第五十二条、第五十三条、第六十七条第一款和第三款、第七十二条第一款和第三款、第七十三条第二款和第三款、第二十七条第一款和第四款，《中华人民共和国刑事诉讼法》第二百零一条之规定，作出如下判决：

一、被告人熊某某犯帮助信息网络犯罪活动罪，判处有期徒刑二年八个月，并处罚金人民币80万元；

……

十、对被告人熊某某违法所得 9314677.99 元；

……

已经查封、扣押、冻结的违法所得购置的资产予以拍卖，抵扣违法所得和罚金，上缴国库。不足部分，继续追缴。

熊某某不服，以其是 AI 智能语音客服系统的制造者并非使用者，不构成犯罪为由，提出上诉。

湖南省岳阳市中级人民法院经审理认为：熊某某编写 AI 智能机器人程序，预先制作、提供含有“某证券”等单位名称金融、证券等类型的话术包，在未审查客户资质的情况下，供客户自由挑选使用，并根据客户的需求随意对话术包进行修改，针对 AI 智能语音客服系统拨打电话时所使用的电话号码被标记为“诈骗”等电话后，采取更换线路商、更换电话号码等方式逃避监管；熊某某安排刘某某、张某等多名员工通过银行卡、网络支付账号收取客户支付的费用，并要求刘某某、张某等多次取现交给自己；在刘某某因涉嫌犯罪被公安机关调查后，熊某某召集员工开会，要求删除与客户的聊天记录、收款记录等信息，继续从事犯罪活动，熊某某的行为构成帮助信息网络犯罪活动罪。熊某某的上诉理由及其辩护人的辩护意见不能成立，予以驳回。

湖南省岳阳市中级人民法院依照《中华人民共和国刑事诉讼法》第二百三十六条第一款第一项之规定，作出如下裁定：

驳回上诉，维持原判。

【法官后语】

信息技术的发展推动了社会的进步，改变了人们的生产、生活方式，提高了人们的生活质量，但利用信息技术不能没有任何限制，否则很可能违法犯罪。依法正确使用 AI 智能语音客服系统能够极大提高效率，行政机关、企事业单位也均有应用。但也有不法分子利用 AI 智能语音客服系统以“投资股票、购买债券、商家售后客服、收购游戏装备”等为由批量大规模对外拨打电话，AI 智能语音客服系统根据接听电话对象的不同回答进行智能筛选、分类，从中挑选出对“有意向”的人群的手机号码反馈不法分子，不法分子再进一步通过人工拨打电话、添加联系方式等方式实施下一步违法犯罪活动，直至达成诈骗等不法目的。司法实践中，有相当大比例的被害人经历过上述过程，造成财产损失。为有效打击电信诈骗网络犯罪，在开展“断卡”行动的同时，高度关注、依法打击提供通讯技术支持类型的帮助信息网络犯罪活动犯罪，同样有必要。

具体到本案：虽然熊某某在侦查阶段一直否认其明知客户实施了违法犯罪活动，但其在经营AI智能语音客服系统过程中，为谋取更大的利益，事先联系线路商提供拨打电话的线路通道，预先制作、提供含有“某证券、某1证券、某2证券”等数十套金融、证券等类型的话术包，不审核客户资质，给客户自由挑选使用，并根据客户的需求随意对话术包进行修改；在该AI智能语音客服系统根据客户提供的电话号码，通过线路商提供的线路号码自动批量拨打电话，播放录制好的话术包过程中，大量号码被标记为“诈骗”等电话后，采取更换线路商、更换电话号码等方式逃避监管，继续为相关客户提供系统服务；其为规避风险，使用公司员工私人银行账号接收客户费用，要求员工取现后交给自己；其在刘某某因涉嫌犯罪被公安机关调查后，召集员工开会，要求删除与客户的聊天记录、收款记录等信息，继续从事犯罪活动。根据《最高人民法院、最高人民检察院关于办理非法利用信息网络、帮助信息网络犯罪活动等刑事案件适用法律若干问题的解释》第十一条的规定，应当推定熊某某明知他人利用信息网络实施犯罪，仍为犯罪提供通讯传输等技术支持。熊某某通过犯罪活动非法获利900余万元，根据上述司法解释第十二条的规定，熊某某的行为应当认定为《中华人民共和国刑法》第二百八十七条之二第一款规定的“情节严重”。综上，熊某某构成帮助信息网络犯罪活动罪。

技术本无罪，但不意味对技术的运用不受任何限制，利用技术从事犯罪活动，同样会受到法律制裁。

编写人：湖南省岳阳市中级人民法院　韩振远

11

为以诈骗罪共犯论的帮助犯提供出售他人手机卡等帮助的，应认定为帮助信息网络犯罪活动罪

——许某某帮助信息网络犯罪活动案

【案件基本信息】

1. 裁判书字号

江苏省宿迁市中级人民法院（2022）苏13刑终29号刑事判决书

2. 案由：帮助信息网络犯罪活动罪

【基本案情】

2020年12月下旬，被告人王某经与王某某（另案处理）商议，由王某某提供插卡机、路由器、网线等设备，由被告人王某利用插卡机为诈骗上线提供通讯帮助。被告人王某即联系同案关系人吉某（未成年人）等人一起从事插卡机帮助活动，其中吉某经王某某指导后负责插卡机运营，被告人王某负责统筹管理。2021年1月，被告人王某经与王某某联系后，伙同吉某等人在江苏省泗阳县、江苏省宝应县、江苏省新沂市、江苏省沭阳县等地宾馆房间内，将从被告人许某某处购买的手机卡插在插卡机上为诈骗上线提供通讯帮助，获利人民币5000元。其中，被告人王某分得2000余元。被告人许某某在明知被告人王某可能从事电信网络诈骗犯罪活动的情况下仍向其出售他人手机卡100余张，违法所得人民币2万余元。诈骗上线使用被告人王某提供的插卡机中的多个手机卡号码诈骗被害人张某、方某、李某、邓某共计135411元，上述多个手机卡号码均为被告人许某某所出售。

【案件焦点】

行为人主观上认为是在帮助他人实施电信网络诈骗犯罪，实际上是为以诈骗罪共犯论的帮助犯提供出售他人手机卡等帮助的，如何认定行为人的行为性质。

【法院裁判要旨】

江苏省沭阳县人民法院经审理认为：被告人王某、许某某为获取非法利益，帮助他人实施电信网络诈骗活动，数额巨大，其行为均已构成诈骗罪。公诉机关指控被告人王某、许某某犯诈骗罪的事实清楚，证据确实、充分，指控罪名成立，予以支持。被告人王某、许某某伙同他人共同实施故意犯罪，系共同犯罪。被告人王某、许某某在共同犯罪中起次要作用，系从犯，依法予以减轻处罚。被告人王某归案后如实供述自己的罪行，依法予以从轻处罚。被告人王某自愿认罪认罚，依法可以从宽处理。据此，判决如下：

一、被告人王某犯诈骗罪，判处有期徒刑一年九个月，并处罚金人民币 1500 元；

二、被告人许某某犯诈骗罪，判处有期徒刑二年二个月，并处罚金人民币 5000 元；

三、依法追缴被告人王某违法所得人民币 2000 元、追缴被告人许某某违法所得人民币 20000 元，上缴国库；

四、公安机关依法扣押的手机、电脑等物品，供犯罪所用的，均予以没收，上缴国库。

案件宣判后，被告人许某某提出上诉。江苏省宿迁市中级人民法院经审理认为：原审被告人王某明知他人实施诈骗犯罪，仍然提供通讯工具、网络技术支持等帮助，其行为应以诈骗罪共同犯罪论处。上诉人许某某明知他人利用信息网络实施犯罪，仍为该犯罪提供出售他人手机卡等帮助或为实现技术支持提供帮助，情节严重，其行为构成帮助信息网络犯罪活动罪。上诉人许某某对于犯帮助信息网络犯罪活动罪认罪认罚，对其从宽处罚。原审判决认定本案的基本事实清楚，证据确实、充分，对原审被告人王某定罪准确，量刑适当，应予维持；对上诉人许某某的定性不当，罪名应予纠正。据此，判决如下：

一、维持江苏省沭阳县人民法院（2021）苏1322刑初423号刑事判决第一项、第三项、第四项；

二、撤销江苏省沭阳县人民法院（2021）苏1322刑初423号刑事判决第二项；

三、上诉人许某某犯帮助信息网络犯罪活动罪，判处有期徒刑一年六个月，并处罚金人民币5000元。

【法官后语】

本案处理的重点主要在于如何准确区分诈骗共同犯罪和帮助信息网络犯罪活动罪。两罪的区分应当根据行为人的主观明知内容和实施的具体犯罪行为，确定行为性质；在司法实践中，应当具体案情具体分析，结合主客观证据，确保准确定性。

这就要求在具体案件的处理中坚持主客观相统一，准确认定犯罪故意认识内容。因故意的认识内容是对构成要件事实的认识，故行为人对事实的认识可能产生错误，即会产生“事实认识错误”。在产生事实认识错误时，要遵循主客观相一致的原则，只有当行为人所认识到的事实与实际发生的事实在某种具体犯罪“构成要件的范围内”相符合、相一致，能够被某种具体犯罪的构成要件事实所涵摄时，才能认定成立该种具体犯罪的故意。本案中，行为人许某某就明知的内容范畴产生了事实认识错误，其“明知”的是被告人王某直接实施电信网络诈骗犯罪活动，其以为王某是诈骗实行犯，但实际上王某是为诈骗实行犯提供插卡机网络通信技术支持的帮助犯，行为人许某某的认识内容产生错误。但行为人许某某所认识到的事实能够归类包含于“王某利用信息网络实施犯罪”，即行为人许某某所认识到的事实与实际发生的事实在帮助信息网络犯罪活动罪构成要件范围内相符合、相一致，上述事实认识错误不影响认定行为人许某某在主观上符合帮助信息网络犯罪活动罪的犯罪故意认识内容。根据主客观相一致的原则，可以认定上诉人许某某明知他人利用信息网络实施犯罪，为其犯罪提供出售他人手机卡的帮助，且情节严重，构成帮助信息网络犯罪活动罪。事实认识错误的产生，也说明了行为人许某某与诈骗帮助犯王某、上线诈骗实行犯之间并无共同犯罪通谋与意思联络，其与王某之间也未形成长期稳定的供卡关系，其仅是希望通过出售手机卡获得非法买卖收益，其在主观上并不在乎王某或者王某上线利用其出售的手机卡实施何种犯罪，如以诈骗共同犯罪论处亦不符合共同犯罪犯意联络理论。

综上，在为以诈骗罪共犯论的帮助犯提供出售他人手机卡等帮助的情形下，上线的诈骗尚处于犯罪预备阶段，行为人提供出售手机卡的帮助属于事前帮助，在无诈骗犯意联络、行为人主观上仅希望获得出售手机卡非法买卖收益的情况下，对行为人不宜以诈骗罪共同犯罪论处；符合帮助信息网络犯罪活动罪主观认识构成要件的，应定性为帮助信息网络犯罪活动罪。

编写人：江苏省宿迁市中级人民法院　殷志浩

12

跨境电信网络犯罪中被告人自辩“境外胁迫”的应综合在案证据从严认定胁从犯

——聂某某帮助信息网络犯罪活动案

【案件基本信息】

1. 裁判书字号

广东省广州市越秀区人民法院（2022）粤0104刑初581号刑事判决书

2. 案由：帮助信息网络犯罪活动罪

【基本案情】

被告人聂某某随身携带以自己身份资料办理的5张银行卡，在未办理出入境手续的情况下，偷渡前往A国。2021年11月，被告人聂某某在A国境内将上述银行账户及手机卡提供给他人，用于电信网络诈骗转账。经计算，转账到被告人聂某某涉案账户的诈骗资金合计580302元。

2021 年 12 月 27 日，被告人聂某某通过某口岸入境。2022 年 1 月 17 日，被告人聂某某在某机场被公安人员抓获归案，当场缴获作案工具手机 1 部、银行卡 5 张。

【案件焦点】

跨境电信网络犯罪中，被告人自辩在境外遭受胁迫而参加犯罪活动，但由于境外取证存在困难，难以提供有效证据，如何根据在案证据认定是否构成胁从犯。

【法院裁判要旨】

广州市越秀区人民法院经审理认为：被告人聂某某明知他人利用信息网络实施犯罪，仍为其犯罪提供支付结算帮助，情节严重，其行为构成帮助信息网络犯罪活动罪。公诉机关的指控事实清楚，证据充分，罪名成立，本院予以支持。被告人聂某某如实供述自己的罪行，可以从轻处罚。被告人聂某某自愿认罪认罚，依法可从宽处理。

被告人聂某某及其辩护人对公诉机关指控的事实及罪名不持异议，且有缴获在案的银行卡等物证，银行转账流水、电信诈骗报案材料等书证及讯问录像视听资料等证据相互印证，足以证实被告人聂某某在偷渡至境外后将银行卡提供给他人用于电信网络诈骗的基本事实。

关于被告人聂某某提出在境外受到人身控制、被迫交出银行卡的问题，为慎重查明被告人是否构成胁从犯，本案从简易程序转为了普通程序审理，为被告人聂某某申请了法律援助律师担任辩护人，给予了充分的举证和答辩时间，并就全面收集证据问题向公诉机关给出补查建议。至宣判前，控辩双方均未有新的相关证据提交。

在境外获取证据确实存在困难的情况下，胁从犯的认定需结合现有在案证据综合认定。第一，应重点审查其有否向国内警方或家人求救、其脱离当地犯罪组织是否系被营救、如何回国、如何到案等关键环节的情况。被告人聂某某在境外曾多次与家人联络，未有证据证明通话通讯具体内容，未发现其向境内发出急迫性、连续性求救。其称入境时接受了一名民警帮助，但未提供相关信息。第二，从被告人出境方式、境外停留时间、被告人称其被胁迫期间及脱离胁迫后的行为表现来看，其携带 5 张银行卡偷渡出境，在境外时间超过七个月，其后自行入境时被警方抓获而非营救回国。其辩称受人诱骗出境打工赚钱，但无法提供此人的具体信息和联系方式。其在境外能够使用手机与家人取得联络，且回国时亦能够将手机和 5 张涉案银行卡随身带回，与其关于手机和银行卡都被人拿走、手机密码被改的说法存在矛盾。此外，涉案银行卡流水显示除电信诈骗资金往来外，还存在多次将银行卡余额转入其本人微信零钱账户、支付宝账户和基金账户的记录以及手机话费充值等其他消费记录。第三，从被告人聂某某供述的一致性及认罪态度和举证积极性来看，其在最初接受讯问时只是称自己在 A 国务工，并未向公安人员提出其在境外遭受了人身控制并被索要赎金、被迫参与犯罪等情况。虽辩称受胁迫但又对指控犯罪表示认罪认罚。对于能够在境内收集的关键性证据，如被告人求救、被解救过程中的相关通信通话或聊天记录，其未积极收集，举证态度消极。

综上，认定被告人聂某某构成胁从犯缺乏直接证据支持，被告人相关供述前后存在矛盾，结合其携带多张银行卡偷渡出境、在境外停留时间较长、手机及银行卡仍在使用等客观情况，不认定构成胁从犯。

广州市越秀区人民法院依照《中华人民共和国刑法》第二百八十七条之二、第五十三条、第六十一条、第六十四条、第六十七条第三款、第七十二条、第七十三条及《中华人民共和国刑事诉讼法》第十五条、第二百零一条之规定，判决如下：

一、被告人聂某某犯帮助信息网络犯罪活动罪，判处有期徒刑七个月，缓刑一年七个月，并处罚金人民币 6000 元；

二、缴获的作案工具手机 1 台、银行卡 5 张由广州市公安局越秀区分局予以没收。

一审判决后，被告未提起上诉，检察机关未提起抗诉，该判决已发生法律效力。

【法官后语】

近年来，随着国内对电信诈骗的重拳打击，犯罪地逐渐转移到境外，一部分上下游关联犯罪人员偷渡至境外继续参与犯罪，也有一部分人员受“高薪招聘”虚假广告诱骗出境后逐渐成为犯罪参与者或被迫卷入犯罪过程。在境外受到胁迫而参加犯罪也已经成为“两卡”犯罪案件被告人常用的辩护意见。由于犯罪过程发生在境外，调查取证存在客观困难，因此“境外胁迫”往往属于既难证实、亦难证伪的情节。

《中华人民共和国刑法》第二十八条规定，对于被胁迫参加犯罪的，应当按照他的犯罪情节减轻处罚或者免除处罚。胁从犯属于法定减轻或免除处罚的情节，而生命受到严重威胁而不得已从事犯罪的则可能不构成犯罪，故应慎重对待。如片面强调要以打击为目的，认为此种辩解没有确凿根据便一律不予采信，容易过枉；反之，如认为无法排除该辩解成立的可能性即采纳，认定构成胁从犯甚至认为不构成犯罪，则会造成过纵。尤其是对于被告人偷渡出境至电信网络犯罪高发地的情况而言，当其提出“境外胁迫”辩解时，不能简单按照“存疑时有利于被告人”的原则直接认定胁从犯，而应将出入境过程作为一个整体，全盘考虑证据情况，兼顾被告人协助提供证据的积极性以及被告人供述的前后一致性予以综合认定，以查明被迫参加犯罪的真实性，以对该犯罪做到依法打击、不纵不枉。该类案件一种较为合理的办案思路如下。

（一）从控方已有证据中判断“境外胁迫”的可能性——对于被告人系偷渡出境的，应从严审核

虽然此类案件实施“两卡”犯罪行为及遭受可能的人身胁迫均发生在境外，收集直接证据确有困难。可在控方提供证据中综合分析各相关因素，必要时可以建议公诉机关就关乎定案的重要证据进行补充。应重点审查的内容有：出境方式是否合法、是否有诱骗或伙同被告人偷渡出境相关人员（同案人）的线索、出国务工的真实性、境外停留时间、自称被境外胁迫期间有否向国内警方或家人求救、如何脱离当地犯罪组织、如何入境、如何到案、在境外能否使用手机、回国时是否携带手机、境外胁迫期间其手机及银行账户有无个人使用

记录等。这些证据应重点审查是否能够支持被告人的辩解或与被告人的辩解存在显著矛盾，如被告人手机可以使用，但从未通过手机向外界求救；又如自称手机和银行卡被收缴扣留，但手机数据及银行卡流水显示存在个人正常使用的情况，且回国时手机和银行卡均是随身携带等。

如本案中，被告人聂某某称有朋友诱骗并伙同其偷渡务工，但并不能提供该人身份信息及通讯方式；被告人聂某某自称在境外曾多次与家人联络，但其本人及家人均未提供通讯内容；其自称通过微信接受国内一位民警帮助指引才得以回国，亦无法提供该公安人员具体信息；根据其银行卡流水显示，其本人微信零钱账户、支付宝账户和基金账户的记录以及手机话费充值等其他消费记录，存在正常生活消费使用痕迹，且在“逃脱”该组织后还能将手机及银行卡完整随身携带回国。综合来看，其在能够正常使用手机的情况下，未向国内发出急迫性、连续性求救，未有其被营救、解救回国的相关证据。加入犯罪团伙本具有相当的危险，作为成年人，携带5张银行卡、与他人一起以偷渡方式出境前往缅北犯罪高发地，即使遭受了一定程度的人身威胁，亦属自甘风险。此种情况与正常到境外出差、经商、旅游的情况相比，更应严格审查证据、从严认定。

可能由侦查机关收集或由被告人自行提供的证据线索如下表：

阶段	待证情况	可能的证据	本案相关情况
出境时的情况	出境方式是否合法	出入境证件及签证、出入境管理机关出具的证明	非法偷渡出境
	出境原因是否合理	务工、旅游、商务活动等提供证明其合理性的书证、证人证言等	自辩受同事米某某诱骗出国务工，无法说明合理性，无证据提交
	如自辩称受到诱骗能否提供相关人员信息	引诱其前往人、同行人员的身份信息、联系方式、既往通讯聊天记录等	无法提供米某某身份信息、联系方式及通讯聊天记录。称电话已经删除；米某某是其前同事，但不能提供可供公安机关进一步查找此人的相关线索

续表

阶段	待证情况	可能的证据	本案相关情况
境外停留期间的情况	是否正常使用手机	手机使用情况的相关记录	境外停留期间手机可以正常使用
	是否求救	报警记录、与国内家人通讯聊天记录、相关证人证言	自称在境外曾多次与家人联络，但其本人及家人均未提供通讯内容；家人未出庭作证
	银行卡使用情况	银行卡流水等	其银行卡流水显示，其本人微信零钱账户、支付宝账户和基金账户的记录以及手机话费充值等其他消费记录，存在正常生活消费使用痕迹，与其称手机、银行卡被拿走的情况相矛盾
	境外停留时间、被拘禁/胁迫的时间与电信网络诈骗时间关系是否紧密	出入境时间与银行卡流水显示的犯罪事件相比对	在境外时间长，自辩受到人身控制为到境外初期，而银行卡流水显示参与犯罪的时间为到境外后期，时间联系不紧密
	如何脱离犯罪组织	营救过程相关证明（通讯情况、转运、临时安置过程的记录等）	自称趁犯罪团伙不备逃出，未提供证据
入境时的情况	是否由警方安排营救回国并安排入境	相关部门协助其入境情况	自称通过微信接受国内一位民警帮助指引才得以回国，未能提供该公安人员单位、姓名等具体信息
	主动报警到案还是被抓获归案	公安机关关于到案情况的证明材料	入境后因非法出境接受行政拘留，后在机场被公安机关抓获
	随身携带物品情况、涉案物品手机及信用卡是否携带回国	扣押物品及搜查笔录、扣押清单	随身携带了涉案手机及5张银行卡回国，与手机、银行卡被犯罪团伙强行拿走的情况不符
……	……	……	……
备注	以上证据并非需要全部收集，但收集的证据应能够相互印证、共同起到证明作用。如多个证据之间存在证明矛盾，则对被告人希望证明的事实起到不利效果。如手机可以使用但未发出连续、急迫的求救；自称手机和银行卡被收走，但手机数据及银行卡流水显示能够正常使用，且回国时手机和银行卡均随身携带等。		

（二）考量被告人的举证意愿——被告人未提供任何线索又未给出合理理由的，应审慎把握

被告人以遭受胁迫不得以参与犯罪，属于积极的抗辩事由，应进行基本举

证，以形成合理怀疑。考虑到被告人在独立举证方面可能存在能力欠缺，故应在程序方面保障其诉权实现。本案中，将简易程序转为普通程序，为无力自行聘请辩护人的被告人申请法律援助律师，延期开庭为被告人收集证据预留必要时间。对认罪认罚的被告人，需要当庭向其释明刑法对于罪名的相关规定及认罪认罚的法律后果，查明认罪认罚意愿是否真实。如此，以确保被告人并非因欠缺法律知识或缺乏举证能力而无法为自己的主张提出任何证明材料或线索。

被告人提供证据或证据线索的积极程度亦反映了该主张的真实性。在证明责任方面，“境外胁迫”辩解属于积极的抗辩事由，公诉机关固然有全面收集有罪或无罪、罪重或罪轻的各种证据的责任，其本人亦承担着重要的举证责任，至少应当证明该抗辩事由存在的合理性和可能性，使之达到形成合理怀疑的程度。

（三）比对被告人前后供述的一致性——尤其在“矛盾式认罪”案件中，应着重审查首堂供述以判断辩解目的

被告人提出“境外胁迫”的辩解意见通常基于两种情况：一种是基于事实提出，确实发生了被胁迫的情况，从而希望被认定为无罪或胁从犯；另一种并非基于事实，而是以申明其参与程度低、主观恶性低为目的，表示自己并非犯罪的积极筹划者和组织者，从而希望获得较轻的判决。这种情况常见于既坚持“境外胁迫”的意见又表示认罪认罚的“矛盾式认罪”的案件中。

对这两种情况的甄别，主要是通过被告人到案后供述是否稳定、一致来判断，尤其应关注首堂供述。对于第一种情况，被告人辩称“境外胁迫”是基于事实，一般会在入境后主动报案，或在被动到案后主动向公安机关讲明相关情况。对于第二种情况，被告人被抓获归案后的供述往往前后存在不一致的情况，本案中，被告人在首次接受讯问时，只是称其在境外务工，未曾犯罪，亦没有提出其遭受了某种胁迫犯罪。在之后的笔录中，其才开始提出“境外胁迫”的情况，但同时又表示认罪认罚。其供述前后不一致，且存在自相矛盾。至庭审时，经讯问其答辩意见前后矛盾的原因，其解释仅是想声明自己主观恶性较低。

在此类“矛盾式认罪”案件中，尤其应注重查明该辩解是否基于罪轻意愿而非基于事实。如被告人坚称是基于事实，则根据其他证据进行进一步审查；

如被告人承认仅是希望进行主观恶性的辩解，则根据其在犯罪中的参与程度在量刑时一并考虑即可。

编写人：广东省广州市越秀区人民法院　郭玉

13

电信网络诈骗“跑分”行为定性、罪数的认定

——吴某某等帮助信息网络犯罪活动，掩饰、隐瞒犯罪所得案

【案件基本信息】

1. 裁判书字号

福建省漳州市中级人民法院（2020）闽 06 刑终 475 号刑事裁定书

2. 案由：帮助信息网络犯罪活动罪，掩饰、隐瞒犯罪所得罪

【基本案情】

2021 年，张某某（另案处理）通过“某 APP”聊天群纠集被告人林某甲与翁某某、黄某某、陈某甲、林某乙（均另案处理）等人租住在某小区×幢×室，为张某某在信息网络犯罪中转移犯罪所得钱款。

2021 年 4 月 17 日，因租住的某小区×幢×室被抢劫。被告人林某甲重新纠集被告人吴某某、陈某乙与翁某某、林某丙、黄某某、陈某甲、林某乙、王某某（均另案处理）等人，转移至某 1 小区×幢×室，在明知转移的钱款系网络犯罪所得的情况下，继续为张某某转移其犯罪所得。

林某甲负责操作转账、日常管理；陈某乙与林某丙、王某某负责看管卡主（提供银行账号的人）；吴某某负责看管卡主、接送卡主以及取钱；陈某甲负责寻找卡主，参与操作转账；黄某某负责操作转账；翁某某负责管理卡主、接送卡主以及取钱；林某乙负责将从卡主银行卡内取出的钱交给张某某。

2021年4月19日至25日，被告人钟某、邱某某、刘某与何某某（另案处理）等多名卡主提供银行卡给林某甲转移犯罪所得钱款。其中，何某某涉案银行卡流水金额共计45750元（人民币，币种下同）、取现45600元；刘某涉案银行卡流水金额共计323051.82元、取现69600元；邱某某涉案银行卡流水金额共计453220.52元、取现230500元；钟某涉案银行卡流水金额共计772306.1元、取现342800元。以上共合计支付结算金额1594328.44元，取现金额688500元。上述银行卡涉及某1市公安局办理的罗某某被诈骗案涉案金额39288元、李某甲被诈骗案涉案金额30000元、某2市公安局办理的李某乙被诈骗案涉案金额6889元、某3市公安局办理的熊某被诈骗案涉案金额97588元、某4市公安局办理的蔡某某被诈骗案涉案金额9900元，涉案金额共计183665元。林某甲获利60000元，吴某某获利900元，陈某乙获利900元，钟某获利1700元，邱某某获利2300元，刘某获利800元，均被用于个人挥霍。

【案件焦点】

1. 对电信网络诈骗“跑分”行为是定性为帮助信息网络犯罪活动罪还是掩饰、隐瞒犯罪所得罪；2. 本案是择一重处还是数罪并罚。

【法院裁判要旨】

福建省东山县人民法院经审理认为：被告人林某甲、吴某某、陈某乙、钟某、邱某某、刘某明知他人利用信息网络实施犯罪，仍提供支付结算等帮助，情节严重，六被告人的行为均已构成帮助信息网络犯罪活动罪；林某甲、吴某某、陈某乙、邱某某明知是犯罪所得而予以转移，其中林某甲、吴某某、陈某乙涉案金额183665元，情节严重；邱某某涉案金额40000元，四被告人的行为均已构成掩饰、隐瞒犯罪所得罪。据此，判决如下：

一、被告人林某甲犯帮助信息网络犯罪活动罪、掩饰、隐瞒犯罪所得罪，决定执行有期徒刑三年三个月，并处罚金人民币16000元；

二、被告人吴某某犯帮助信息网络犯罪活动罪、掩饰、隐瞒犯罪所得罪，决定执行有期徒刑二年十一个月，并处罚金人民币1万元；

三、被告人陈某乙犯帮助信息网络犯罪活动罪、掩饰、隐瞒犯罪所得罪，决定执行有期徒刑二年七个月，并处罚金人民币1万元；

四、被告人邱某某犯帮助信息网络犯罪活动罪、掩饰、隐瞒犯罪所得罪，决定执行有期徒刑一年三个月，并处罚金人民币7000元；

五、被告人钟某犯帮助信息网络犯罪活动罪，判处有期徒刑十个月十五日，并处罚金人民币5000元；

六、被告人刘某犯帮助信息网络犯罪活动罪，判处有期徒刑八个月，并处罚金人民币2000元；

七、追缴被告人林某甲、吴某某、陈某乙、钟某、邱某某、刘某违法所得；

八、扣押在案的手机等予以没收。

吴某某、陈某乙不服判决，提起上诉。

福建省漳州市中级人民法院经审理认为：根据钟某、邱某某、刘某的供述，该窝点的行为人知道所从事的是拿银行卡帮他人犯罪活动进行洗钱的行为，且行为手段隐蔽，即要求卡主提供银行卡并上交手机，并在短时间内给予高额的报酬，结合上述事实和证据足以认定吴某某、陈某乙主观上明知他人实施网络犯罪活动，仍为其提供支付结算帮助，并对犯罪所得予以转移。吴某某负责看管卡主、发放工作人员报酬、为转账提供帮助，陈某乙负责看管卡主、为转账提供帮助，证据间可以相互印证。遂作出如下裁定：

驳回上诉，维持原判。

【法官后语】

在具体司法实践中，对电信网络诈骗“跑分”行为的定性和罪数存在不同观点，尤其对帮助信息网络犯罪活动罪与掩饰、隐瞒犯罪所得、犯罪所得收益罪的定性界分争议较大。究其原因，主要是帮助信息网络犯罪活动罪中的提供“支付结算”帮助，与掩饰、隐瞒犯罪所得、犯罪所得收益罪的犯罪手段存在相似、重合之处，加上电信网络诈骗犯罪不断发展、变化，侦查机关较难全面收集证据，导致“跑分”行为应认定此罪还是彼罪，择一重处还是数罪并罚，公诉机关与审判机关、一审法院与二审法院之间，还有不同县区之间在适用法律时存在不同观点。

第一种观点认为，“跑分”行为人仅构成帮助信息网络犯罪活动罪。理由是此类行为人对他人利用信息网络实施犯罪至少具有概括性的“明知”，仍提供自己或他人的银行卡、账户给上游行为人使用，还根据上游行为人的指示，实施代为转账的行为。该行为本质是为他人实施信息网络犯罪提供帮助，侵犯的法益是妨害信息网络管理秩序，仍在帮助信息网络犯罪活动罪的规制范围内。

第二种观点认为，“跑分”行为人已构成掩饰、隐瞒犯罪所得罪。理由是行为人不仅为上游行为人实施信息网络犯罪提供“支付结算”等帮助，而且在明知是上游信息网络犯罪所得的情况下，仍为其将涉案款项分解转移到不同账户，通过“跑分”将赃款“洗白”甚至让这些非法资金流向境外，从中收取好处费。该行为所提供的帮助已经隶属于上游犯罪既遂后的后续阶段，属于掩饰、隐瞒犯罪所得，本质上妨害了司法机关追查犯罪和犯罪所得的活动，已超出了帮助信息网络犯罪活动罪的范畴。

第三种观点认为，“跑分”行为人既有为他人实施信息网络犯罪提供自己或他人的银行卡、账户，提供人脸识别、发送手机验证码等帮助，还有根据上游行为人的指示代为转账的行为，故既符合帮助信息网络犯罪活动罪的构成要件，又符合掩饰、隐瞒犯罪所得罪的构成要件。其中，提供银行卡、账户是手段行为，实施转账是目的行为，属法条竞合，按照择一重处的原则，应以掩饰、隐瞒犯罪所得罪定罪量刑。

第四种观点认为，“跑分”行为人提供银行卡、账户、收款码等属于在上游信息网络犯罪实施过程中为其提供帮助，同时还按照上游行为人的指令协助转移资金，属于在上游犯罪既遂后的事后行为。这两个行为是相互独立的，侵犯的也是不同的法益，分别符合帮助信息网络犯罪活动罪和掩饰、隐瞒犯罪所得罪的构成要件。且在案发后，对于行为人协助转移的款项，往往只有一部分所涉上游犯罪能查证，未查证的部分则不宜认定为“犯罪所得”。因此要根据案件事实和证据分别认定，并予以数罪并罚。

相比较而言，在定性方面笔者倾向于第四种观点，认为应结合行为人的主观明知范畴（是否明知犯罪所得）、行为方式（是否协助转移资金）、介入上游犯罪的时间不同（事先、事中提供帮助还是参与事后“洗钱”环节）、上游犯罪情况（是否查证属实）等方面综合评判。在罪数问题上，笔者认为，应以侵犯的法益为标准界分一罪还是数罪，并以全面评判主要犯罪事实为标准，以实现量刑合理化为取向，决定是否数罪并罚。

本案中，吴某某、陈某乙等人既在上游犯罪实施过程中提供帮助，也在上游犯罪既遂或阶段性终结之后协助转移赃款。吴某某、陈某乙等人的行为同时符合两罪的构成要件，若仅以帮助信息网络犯罪活动罪认定，则对“明知犯罪所得”“转移犯罪所得”的主客观事实无法全面评判；若择一重罪，仅以掩饰、隐瞒犯罪所得罪论处，则面临一个现实困境：在案证据无法印证转移的每一笔款项均能对应存在上游犯罪，在认定犯罪数额时仅能认定有证据证明是“犯罪所得”的部分，但对于行为人转移的其他款项（均超过100万元）有遗漏评价之嫌。因此，本案以两罪定罪科刑，才能全面评判主要犯罪事实。

编写人：福建省漳州市中级人民法院　陈雅璇　林杜明

14

被告人近亲属及其特定关系人的涉案财产可以适用“高度可能性”证明标准予以追缴、没收

——魏某参加黑社会性质组织案

【案件基本信息】

1. 裁判书字号

江西省南昌市西湖区人民法院（2022）赣0103刑初47号刑事判决书

2. 案由：参加黑社会性质组织罪

【基本案情】

被告人魏某原系某局干部（副处级，已退休），在受拉拢后加入以严某为首的黑社会性质组织，负责或参与内外协调、为组织攫取经济利益、管理组织财产，用于维系组织发展壮大和实施违法犯罪活动。魏某利用公职人员身份，多次出面替该组织“说情抹案”，协调关系，多次直接帮助组织者、领导者严某及其他黑社会性质组织成员逃避法律制裁，使该组织得以长年盘踞于某地区，并不断发展壮大。魏某替该组织拉拢、腐蚀该市多个部门的国家工作人员，为组织发展、壮大保驾护航，严重损害了当地党员干部形象，破坏了当地政治生态。魏某自2004年起在该组织的过驳及采砂业务中占有股份，非法获利达6000余万元，并借助该黑社会性质组织的势力及非法影响，用违法所得先后投资、入股了多家公司、项目营利。数年来，魏某将大量房屋、现金、股权等资产放在其儿子魏某1、同居女友张某某及张某某女儿陈某某名下，并通过为魏某1办理移民，将巨额财物转移出境。

【案件焦点】

被告人魏某近亲属及其特定关系人的涉案财产，能否依据《中华人民共和国反有组织犯罪法》（以下简称《反有组织犯罪法》）第四十五条第三款的规定，适用“高度可能性”证明标准予以追缴、没收。

【法院裁判要旨】

江西省南昌市西湖区人民法院经审理认为：被告人魏某积极参加具有黑社会性质的组织，直接听命于组织者、领导者严某，并长时间在犯罪组织中起重要作用，其行为已构成参加黑社会性质组织罪，系该黑社会性质组织的骨干成员。关于涉案财物的处置，魏某供述其女友张某某于2000年进入金威典当行工作，后因表现出色获赠股份，二人于2010年同居，此后由张某某打理其资产。魏某从黑社会性质组织获取的“分红”会投入典当行及其他公司，张某某女儿陈某某签署的某小区十二套房屋的购房合同系魏某在某公司的分红所得。证人张某某证实其从轻机厂下岗后于2000年进入典当行担任会计，后经魏某安排成为法人，2010 年开始与魏某共同生活，负责对外放贷、收账并打理相关资产，典当行没有借出去的部分资金会用于购置资产放在其与女儿陈某某名下。魏某还供述，其子魏某 1 名下房产大部分系魏某出资购买，魏某在相关企业的股份也放在魏某 1 名下。证人张某某证实魏某的股份由魏某 1 代持，魏某会用放贷资金购买资产放在魏某 1 名下。从张某某处扣押的境外开户、置业资料则证实魏某为魏某 1 在我国香港特别行政区购置房产并开设了巨额资金账户。根据在案证据、相关人员既往经历及家庭情况，魏某近亲属魏某 1 名下的财产及其密切关系人张某某、陈某某于 2010 年以后所获取的财产，高度可能属于魏某参加黑社会性质组织犯罪的违法所得及其孳息、收益，且不能说明合法来源，应依法予以没收、追缴。据此，判决如下：

被告人魏某犯参加黑社会性质组织罪，判处有期徒刑四年四个月，并处没收个人全部财产；对被告人魏某的违法所得人民币 6000 万元及孳息、收益予以没收，未查扣的依法继续追缴或者没收其等值财产。

一审判决后，被告未提起上诉，检察机关未提起抗诉，该判决已发生法律效力。

【法官后语】

被告人魏某参加黑社会性质组织时间较长，从组织获取的违法所得以现金居多，且其多年来从事高利放贷并入股了多个项目，资金流水难以估量，加之时间久远、部分证据灭失、相关人员账户资金往来复杂等，难以准确查清每一宗涉案财物的来源、性质。本案涉案财物大多在魏某的近亲属及其特定关系人名下，适用“高度可能性”证明标准对魏某近亲属及其特定关系人涉案财产予以追缴、没收，有利于精准甄别黑财，实现打财断血。在适用“高度可能性”证明标准时，应把握以下方面：

1. 限定前提：黑社会性质组织犯罪的定罪量刑事实已经查清。被告人黑社会性质组织犯罪成立是适用“高度可能性”证明标准的基本前提。根据先前生效判决及在案证据足以认定，魏某系以严某为首的黑社会性质组织的骨干成员。

2. 限缩范围：被告人实施黑社会性质组织犯罪期间获取的财产。适用“高度可能性”标准予以追缴、没收的财产，只能是被告人组织、领导、参加黑社会性质组织期间因实施黑社会性质组织犯罪而获取的财产。本案中，魏某至晚2002年后加入案涉黑社会性质组织，直至2020年5月被抓获，其间其在该组织中获取的财产均为涉案财产。

3. 扩张内涵：涵盖被告人及其近亲属、特定关系人控制和持有的财产。《反有组织犯罪法》第四十五条第三款规定的“在犯罪期间获得的财产”，应作扩张其涵义的理解，既包括被告人在黑社会性质组织犯罪期间获得并由其本人持有和控制的财产，也包括期间由被告人的近亲属及特定关系人持有和控制的财产，是符合立法目的解释的合理延伸，有利于落实“打财断血”，铲除黑恶犯罪的经济基础。

4. 严格责任：检察机关承担“高度可能性”证明标准的举证责任。黑社会性质组织获利的多样性、长期性、复杂性、隐蔽性，使得涉黑财产的证据难以收集、固定，对涉黑财产适用“确实、充分”并“排除合理怀疑”的证明标准有些严苛，可以适当低于（或曰接近）定罪量刑标准，即检察机关承担“高度可能”属于黑社会性质组织犯罪的违法所得及孳息、收益的举证责任。但此种可能性不是较大可能性，而是从证据数量、种类、证明程度及排除合理怀疑等方面来看，已十分接近“证据确实、充分”的证明标准。

5. 反向验证：被告人及利害关系人对所获得财产的合法性负举证责任。通过检察机关完成“高度可能性”举证责任后，将涉案财产来源合法性的举证责任分配给被告人及利害关系人，既是为了增强内心确信，也是给予他们异议、救济的权利。如果被告人及利害关系人不能对涉案财产的来源及合法性作出说明，检察机关提交的证据不存在矛盾，遂作为“黑财”予以没收、追缴。本案中，法院综合在案证据，依据该条判决对魏某及其近亲属、特定关系人名下的财产予以追缴、没收，魏某及其近亲属、特定关系人未提出异议，实现了政治效果、法律效果和社会效果的统一。

编写人：江西省高级人民法院　詹兆园

江西省南昌市中级人民法院　李俊文

15

聚众斗殴时抢夺对方刀具用于斗殴应当认定为持械聚众斗殴

——游某某等聚众斗殴案

【案件基本信息】

1. 裁判书字号

重庆市第三中级人民法院（2022）渝03刑终127号刑事裁定书

2. 案由：聚众斗殴罪

【基本案情】

2021年8月27日，被告人游某某与胡某（16周岁，另案处理）在网络聊天群中发生口角，双方约定在某酒店见面。胡某邀约陈某甲、谭某甲（16周岁）。游某某邀约王某某（17周岁）、谢某某（17周岁）等人。双方见面后，因陈某甲与游某某相识，经陈某甲劝说，由胡某向游某某道歉后双方各自离开。胡某回到酒店将其被游某某欺负的事情告知蒋某某（16周岁，另案处理）、张某甲（15周岁）等人后，众人相互商议通过打架的方式帮助胡某找回面子。其间，江某某（15周岁）、张某甲前往铁索桥附近，取回藏匿在草丛中的四把砍刀、一根甩棍。胡某通过电话与游某某约架，胡某邀约了蒋某某、陈某某、张某甲、江某某等人帮忙，游某某邀约谢某某、王某某、刘某某、张某乙、董某某等人帮忙。双方来到建材市场门口处协商未果，胡某上前脚踹游某某，并使用刀鞘砍打游某某，二人扭打在一起。游某某一方的其他人员见对方持有砍刀、甩棍而未敢上前帮忙。打斗过程中，游某某抢过胡某手中的砍刀乱舞，致张某甲左手臂受伤。蒋某某、江某某、张某甲分别持装有砍刀的刀鞘和甩棍砍打游某某，致游某某头部、手部、背部多处受伤。经物证鉴定室鉴定，游某某及张某甲的人体损伤程度均为轻微伤。2021年10月28日，游某某经民警电话通知后主动到案，其到案后如实供述了上述犯罪事实。

【案件焦点】

聚众斗殴中，抢夺对方刀具用于斗殴是否认定为持械聚众斗殴。

【法院裁判要旨】

重庆市垫江县人民法院经审理认为：游某某纠集他人在公共场所聚众斗殴，其行为已构成聚众斗殴罪。游某某主动投案，并如实供述其犯罪事实，系自首，可减轻处罚；其自愿认罪认罚，可依法从宽处理。依照《中华人民共和国刑法》第二百九十二条第一款第四项、第六十七条第一款、第六十四条，《中华人民共和国刑事诉讼法》第十五条、第二百零一条之规定，作出如下判决：

一、游某某犯聚众斗殴罪，判处有期徒刑二年四个月；

二、公安机关在案扣押的刀具一把予以没收。

游某某不服一审判决，提出上诉，诉称原判量刑过重，请求改判并对游某某适用缓刑。其辩护人还提出游某某在打架斗殴中夺刀乱舞是为了自保和防卫，对其不应认定系持械聚众斗殴。

重庆市第三中级人民法院经审理认为：游某某、胡某等人聚众斗殴，主观上均具有加害对方的故意，其行为不具有防卫的主观要件。游某某使用刀具用于了斗殴，原判认定中游某某持械聚众斗殴，定性是准确的。原判在量刑时，已经综合考虑游某某犯罪的情节、后果及所具有的自首、认罪认罚表现，量刑并无不当。原判认定游某某持械聚众斗殴，认定事实和适用法律正确，量刑适当，审判程序合法，依法应予维持。

重庆市第三中级人民法院依照《中华人民共和国刑事诉讼法》第二百三十六条第一款第一项、第二百四十四条之规定，作出如下裁定：

驳回上诉，维持原判。

【法官后语】

聚众斗殴罪是指出于私仇、争斗或其他不正当目的，纠集多人进行打架斗殴的行为，该类案件参与人员众多，打斗场面激烈，且常常造成他人伤亡的严重后果，其侵犯的法益是社会公共秩序，惩治的是首要分子和积极参加者。

持械聚众斗殴是适用三年以上法定刑的一种加重刑罚情形，持械之所以要加重处罚，是因为持械斗殴容易激化情绪，升级矛盾，更容易造成人员伤亡的严重后果，也容易使得社会公众感到不安与恐惧，造成恐慌，使社会公共秩序遭到更严重的破坏。正确认定聚众斗殴中的持械情节尤为重要。

首先，对持械的认定应当坚持罪刑法定原则，不能超出其文义解释或者可能具有的含义。如果行为人用于斗殴的工具是管制刀具、枪支、棍棒或者在用法上是具有致人伤亡的高度盖然性危险的工具等，则当然成立持械的聚众斗殴。聚众斗殴侵犯的法益是社会公共秩序，而不是参与斗殴者的人身权利，只要参加斗殴者主观上具有持械的故意，且积极着手准备并持有了足以致人伤亡、足以造成对方乃至公众产生恐慌的器械，即使是斗殴中抢夺对方的凶器并使用的也应认定为持械，适用法定刑升格的加重情形。

其次，斗殴与防卫的区分。根据刑法理论，正当防卫的成立要具备一定的主观要件。在相互斗殴中，双方都是以侵害对方为目的，实施积极的侵害行为，不存在正当防卫的前提条件和合法目的。在聚众斗殴中，互殴与防卫的行为在外观上具有一定的相似性，应坚持主观故意与客观行为相统一的原则进行区分，综合考量事件的起因经过，主观意图，是否使用足以致人伤亡的凶器，是否纠集他人参与打斗等客观情节，避免出现弱势一方还击就是正当防卫。如一方明确表示了停止斗殴的意思，并已经停止斗殴，做出避免矛盾升级的实际行为，另一方继续实施侵害行为，则停止斗殴一方在生命安全受到威胁时应享有正当防卫的权利，具备成立正当防卫的成立要件。需要说明的是，双方互殴中一方主动放弃或退出斗殴应具有明显性、彻底性，而非在打斗中出现的实力悬殊、强弱转换的情形。斗殴双方具有明显的斗殴意图，实施斗殴的行为，双方均具有加害对方的故意，则不存在正当防卫的前提条件和合法目的。

具体到本案中，游某某一方在双方动手之前一直在寻找用于斗殴的器械，具有提前准备器械的主观故意，游某某纠集他人与胡某在公共场所聚众斗殴，斗殴双方主观上均具有加害对方的故意，其行为不具有防卫的主观要件。游某某使用刀具用于了斗殴，该情形既包括为斗殴而准备器械并持械参与斗殴，也包括在实施过程中临时获得器械进行斗殴。游某某抢夺对方刀具致人受伤，应当认定为持械聚众斗殴。

编写人：重庆市第三中级人民法院　雷雨

16

先明确犯罪嫌疑人后立案的漏罪“发现”时间的认定

——窦某某等寻衅滋事案

【案件基本信息】

1. 裁判书字号

山东省济南市中级人民法院（2022）鲁01刑终402号刑事判决书

2. 案由：寻衅滋事罪

【基本案情】

窦某某于2018年12月25日因犯寻衅滋事罪被山东省广饶县人民法院判处有期徒刑四年，2021年8月24日被刑满释放。张某某于2018年12月25日因犯寻衅滋事罪被山东省广饶县人民法院判处有期徒刑二年，2020年7月11日被刑满释放。

经审查，宋某某（另案处理）、被告人窦某某、张某某及孙某（另案处理）参与的组织犯罪尚有以下遗漏犯罪事实：

2017年6月、7月，宋某某接受山东某通融资担保有限公司的委托，将鲁×××202号轿车追回。宋某某获取了鲁×××202号轿车位置信息后，与被告人窦某某、张某某及孙某到达济南市钢城区，后在钢城区某商城东侧的某银行附近找到该车辆，被害人刘某某打开车门时，被告人窦某某、张某某与孙某随即跟随被害人刘某某上车，并控制其人身自由，强行将鲁×××202号轿车开走，经鉴定，该车辆价值为160000元。另查明，被告人窦某某、张某某与被害人刘某某达成赔偿协议，赔偿被害人16000元并取得谅解。

【案件焦点】

明确犯罪嫌疑人在前，刑事立案在后漏罪“发现”时间的认定。

【法院裁判要旨】

山东省济南市钢城区人民法院经审理认为：被告人窦某某、张某某强拿硬要公私财物，情节严重，其行为均已构成寻衅滋事罪。公诉机关指控的犯罪事实和罪名成立，本院予以确认。依照《中华人民共和国刑法》第二百九十三条第一款第三项、第六十七条第一款之规定，判决如下：

一、被告人窦某某犯寻衅滋事罪，判处有期徒刑一年三个月；

二、被告人张某某犯寻衅滋事罪，判处有期徒刑一年一个月。

张某某不服一审判决，提起上诉。山东省济南市中级人民法院经审理认为：判决宣告以后，刑罚执行完毕以前，发现原审被告人窦某某、上诉人张某某在判决宣告以前还有其他罪没有判决的，应当依法数罪并罚。原审判决认定的犯罪事实清楚，证据确实、充分，定罪准确，审判程序合法，量刑适当但未依法数罪并罚，系法律适用错误，应予纠正。依照《中华人民共和国刑法》第二百九十三条第一款第三项、第六十七条第一款、第六十九条、第七十条，《中华人民共和国刑事诉讼法》第二百三十三条、第二百三十六条第一款第二项，《最高人民法院关于办理减刑、假释案件具体应用法律的规定》第三十四条之规定，判决如下：

一、维持山东省济南市钢城区人民法院（2022）鲁0117刑初110号刑事判决对窦某某、张某某的定罪部分，即被告人窦某某、张某某犯寻衅滋事罪；

二、撤销山东省济南市钢城区人民法院（2022）鲁0117刑初110号刑事判决对窦某某、张某某的量刑部分，即判处被告人窦某某有期徒刑一年三个月；判处被告人张某某有期徒刑一年一个月；

三、原审被告人窦某某犯寻衅滋事罪，判处有期徒刑一年三个月，与前犯寻衅滋事罪判处有期徒刑四年，数罪并罚，决定执行有期徒刑五年。

四、上诉人张某某犯寻衅滋事罪，判处有期徒刑一年一个月，与前犯寻衅滋事罪判处有期徒刑二年，数罪并罚，决定执行有期徒刑二年十个月。

【法官后语】

《中华人民共和国刑法》第七十条规定，判决宣告以后，刑罚执行完毕以前，发现被判刑的犯罪分子在判决宣告以前还有其他罪没有判决的，应当对新发现的罪作出判决，把前后两个判决所判处的刑罚，实行数罪并罚。也就是说，在“判决宣告以后，刑罚执行完毕以前”发现漏罪的，应当适用该条规定的数罪并罚，如果在“判决宣告以前”或者“刑罚执行完毕以后”发现漏罪的，则不适用该条规定。因此，漏罪“发现”的时间界定，对于是否实行数罪并罚至关重要。

目前对于先明确犯罪嫌疑人后刑事立案的，漏罪“发现”时间的认定争议较大。一种意见认为，侦查机关进行刑事立案才标志着刑事案件正式进入诉讼程序，应当以侦查机关刑事立案时间作为漏罪“发现”时间；另一种意见认为，漏罪“发现”强调“找到”“存在”，应当以明确犯罪嫌疑人的时间作为漏罪“发现”时间。经审查认为，先明确犯罪嫌疑人后刑事立案的案件，应当以明确犯罪嫌疑人的时间作为漏罪“发现”时间。

主要理由如下：（1）从立法的本意层面。该制度的立法本意是解决案件发现时间不一致的实际问题，保证罪犯能够及时、迅速地得到审判，同时，将漏罪与新罪的处罚予以区分。这就决定了漏罪“发现”强调事实上的发现，即能够明确特定服刑人员还有其他罪行，该明确特定服刑人员的时间节点即可作为漏罪的“发现”时间，无需以规范意义上的刑事立案为准。具体到个案中，侦查机关可以通过被害人的揭发、同案犯的供述、群众举报以及技术侦查等多种方式明确特定服刑人员存在其他罪行，让该服刑人员和犯罪事实之间存在一种明确的联系即可。且若将“发现”简单机械等同于“刑事立案”，则会大大压缩《中华人民共和国刑法》第七十条所规定的数罪并罚的适用空间，与立法本意有所冲突。因此，将明确犯罪嫌疑人的时间作为漏罪“发现”的时间，这种理解更有助于司法实践中准确适用《中华人民共和国刑法》第七十条规定的数罪并罚制度。

（2）从司法实践层面。司法实践中，一般侦查机关进行刑事立案时，已初步掌握犯罪嫌疑人及其犯罪事实，此时将侦查机关刑事立案的时间作为漏罪“发现”的时间；当案件立案时只发现犯罪事实，而没有明确的犯罪嫌疑人，则不以立案时间作为发现的时间节点，此时以侦查机关明确犯罪嫌疑人的时间为漏罪“发现”的时间，这也间接说明了漏罪“发现”时间的认定，强调的是找到特定服刑人员还存在其他罪行。

（3）从法律的确定性层面。法治的实现依赖于法律的确定性，确定性为人们提供合理的预期，让人们有章可循形成秩序。法律的确定性意味着法律规范是确定的、有明确界定的。也就是说，要想实现法律的确定性，需要排除在适用法律过程中的非法律因素的干扰。然而在案件侦办过程中，无法避免因侦查人员导致的法律的不确定性。侦查机关办理刑事案件一般需要经历先了解到漏罪线索→刑事立案→采取强制措施→刑事侦查→移送审查起诉，侦查机关了解到漏罪线索存在后，要先经过初步审查，认为证据较为充分后，再进行刑事立案。司法实践中，各地都存在刑事立案时间有快有慢的问题，有时确因办案需要，如案情复杂、证据缺失等原因暂无法立案，有时却是因侦查机关存在司法作风问题，如办案拖延、存在惰性、办案人新旧交替却交接不严等原因拖延立案。如果机械地将刑事立案时间作为漏罪“发现”时间，那么《中华人民共和国刑法》第七十条适用数罪并罚就不再由法律明确规定，而是取决于非案件本身因素造成的立案时间长短，这会使得《中华人民共和国刑法》第七十条规定的数罪并罚制度增加了新的适用条件限制，进而导致数罪并罚的适用因侦查机关办案进程差异而产生错乱，造成刑法适用的不确定性。

（4）从有利于被告人层面。一方面，该制度规定，要依据《中华人民共和国刑法》第六十九条规定处理，判决宣告以前一人犯数罪的，除判处死刑和无期徒刑的外，应当在总和刑期以下、数刑中最高刑期以上，酌情决定执行的刑期，但是管制最高不能超过三年，拘役最高不能超过一年，有期徒刑总和刑期不满三十五年的，最高不能超过二十年，总和刑期在三十五年以上的，最高不能超过二十五年。也就是说，发现漏罪比两罪单独定罪的刑罚要轻。该制度设计的初衷不是一味地加重，而是要罚当其罪，限制加重，以充分保护人权，防止刑罚权无限扩张。另一方面，当出现明确犯罪嫌疑人时间在前，刑事立案时间在后，且明确犯罪嫌疑人时间恰巧在“前罪判决宣告以后，刑罚执行完毕以前”，刑事立案时间恰巧在“前罪刑罚执行完毕以后”，此时如果将刑事立案时间作为漏罪发现时间，对特定服刑人员来说，则不能适用数罪并罚制度，但实际情况是在刑事立案之前已发现该特定服刑人员存在漏罪，按照法律规定，应该对其适用数罪并罚。如果不适用数罪并罚，会造成服刑人员因不可归责因素变相被加重刑罚，对服刑人员不利，与罪责刑相适应原则相违背，与该制度的立法本意相悖。

本案中，窦某某前罪判决于2018年12月25日宣告，2021年8月24日被刑满释放；张某某前罪判决于2018年12月25日宣告，2020年7月11日被刑满释放。而窦某某、张某某所犯漏罪系公安机关于2020年7月3日即组织被害人辨认出窦某某、张某某，于2020年7月24日立案侦查。因本案系寻衅滋事案，被害人对犯罪嫌疑人的辨认对公安机关明确犯罪嫌疑人起着决定性作用，也就是说，对于窦某某、张某某来说，公安机关于2020年7月3日即“发现”该二人存在其他罪行，应当以2020年7月3日作为窦某某、张某某漏罪“发现”的时间，即对窦某某、张某某均应适用数罪并罚。同时，以该时间作为漏罪“发现”时间，从横向对比来看，不至于出现张某某的前罪原判刑罚已执行完毕，而窦某某未执行完毕，造成张某某无法适用数罪并罚，而窦某某应适用数罪并罚，从而导致同案不同判的不公平处罚的情况。从纵向对比来看，确定该时间为漏罪“发现”的时间，可以有效避免由张某某来承担因不可归责因素被变相加重刑罚的风险，符合该制度的立法本意。

因此，明确犯罪嫌疑人在前，刑事立案在后的，应当以明确犯罪嫌疑人的时间为漏罪“发现”的时间。

编写人：山东省济南市钢城区人民法院　尹祥丽　柴文茹

17

行为人酒后无故殴打前来劝阻的人民警察及打砸警车的行为性质认定

——王某某寻衅滋事案

【案件基本信息】

1. 裁判书字号

山东省济南市中级人民法院（2022）鲁01刑终179号刑事裁定书

2. 案由：寻衅滋事罪

【基本案情】

2021年6月21日晚，被告人王某某酒后驾驶小型轿车，行至某村委会后，酒后滋事，无故持菜刀、棒球棒损毁村委会门窗及玻璃（被损毁财物价值共计1316元）。派出所民警石某某接警后带领辅警赶至现场，王某某又无故持棒球棒随意殴打石某某被其躲开、持棒球棒损毁停放在村委会门口的警车前挡风玻璃等处（被损毁财物价值共计1007元），王某某在被公安人员控制时蹬踹石某某一脚。综上，王某某任意损毁财物价值共计2323元，经抽血检验，王某某静脉血中检出乙醇成分，含量为230.1毫克/100毫升。

王某某被公安人员当场控制，后被传唤至公安机关，并被采取刑事拘留的强制措施，其归案后对上述犯罪事实供认不讳。

公诉机关以被告人王某某构成袭警罪提起公诉。

【案件焦点】

被告人酒后任意损毁他人财物，并殴打前来劝阻的人民警察、打砸警车，其行为构成袭警罪还是寻衅滋事罪。

【法院裁判要旨】

山东省济南市市中区人民法院经审理认为：被告人王某某任意损毁公私财物，破坏社会秩序，情节严重，其行为构成寻衅滋事罪。袭警罪是指暴力袭击正在依法执行职务的人民警察的行为。袭警罪的主观方面表现为故意，即明知对方是正在执行职务的人民警察而故意对其实施暴力，妨碍其执行职务；客观方面表现为暴力袭击正在依法执行职务的人民警察，包括实施撕咬、踢打、抱摔、投掷等对民警人身进行攻击的行为，实施打砸、毁坏、抢夺民警正在使用的警车、警械等警用装备，对民警人身进行攻击的行为。本案中，根据在案证据，王某某在持棒球棒打砸警车时警车处于未使用状态，打砸警车的行为未对民警的人身安全造成直接危害，该行为不构成袭警罪。王某某虽有持棒球棒击打民警以及在民警对其进行控制后踢踹民警的行为，但其行为主要基于酒后滋事、无事生非的主观心态，而非故意以攻击手段阻止民警依法执行职务，且其暴力程度相对较轻，未造成严重后果，王某某酒后无事生非，任意损毁公私财物价值2000余元，破坏社会秩序，情节严重，符合寻衅滋事罪的犯罪构成要件，其酒后随意殴打民警，在量刑时应当酌情予以考虑。王某某在道路上醉酒驾驶机动车，公诉机关指控其犯危险驾驶罪成立。王某某在判决宣告前一人犯数罪，依法应当数罪并罚。王某某归案后如实供述自己的罪行，承认指控的犯罪事实，愿意接受处罚，依法可以从轻处罚。

山东省济南市市中区人民法院依照《中华人民共和国刑法》第二百九十三条第一款第三项、第一百三十三条之一第一款第二项、第六十九条、第六十七条第三款、第六十四条，《中华人民共和国刑事诉讼法》第十五条及《最高人民法院、最高人民检察院关于办理寻衅滋事刑事案件适用法律若干问题的解释》第四条第一项之规定，作出如下判决：

一、被告人王某某犯寻衅滋事罪，判处有期徒刑十个月；犯危险驾驶罪，判处拘役两个月，并处罚金人民币1万元，数罪并罚，决定执行有期徒刑十个月，并处罚金人民币1万元；

二、随案移交的作案工具菜刀1把、棒球棒1根予以没收。

一审判决后，被告人未上诉，公诉机关提出抗诉，认为一审法院认定罪名不当，王某某的行为应构成袭警罪。山东省济南市中级人民法院经审理认为：王某某酒后无事生非，实施了持菜刀和棒球棒损毁某村委会门窗及玻璃的行为、持棒球棒随意殴打民警的行为、持棒球棒损毁警车前挡风玻璃等处的行为、被民警控制时蹬踹民警的行为。因王某某持棒球棒打砸警车时未危及民警人身安全，被民警控制时蹬踹民警系为摆脱控制的消极抵抗行为，亦未危及民警人身安全，上述行为不亦评价为暴力袭击人民警察的行为。王某某酒后滋事，实施了持凶器随意殴打他人、任意损毁公私财物的行为，符合寻衅滋事罪的构成要件，原审判决认定其行为构成寻衅滋事罪于法有据，并无不当。据此，抗诉机关所提意见，不能成立，不予采纳。

山东省济南市中级人民法院依照《中华人民共和国刑事诉讼法》第二百三十六条第一款第一项、第十五条及《中华人民共和国刑法》第二百九十三条第一款第一项和第三项、第一百三十三条之一第一款第二项、第六十九条、第六十七条第三款、第六十四条，《最高人民法院、最高人民检察院关于办理寻衅滋事刑事案件适用法律若干问题的解释》第二条第四项、第四条第一项之规定，作出如下裁定：

驳回抗诉，维持原判。

【法官后语】

本案的争议焦点在于对被告人王某某酒后任意损毁村委会财物，并殴打前来劝阻的人民警察及打砸警车行为性质的认定。第一种观点认为，王某某的行为构成袭警罪，理由是王某某在民警石某某向其表明身份并劝阻其放下手中棒球棒时，王某某不听劝阻，仍持棒球棒朝石某某头部挥打，后打砸警车，在被控制时踢踹石某某，上述行为系王某某使用暴力袭击正在执行职务的人民警察，构成袭警罪。第二种观点认为，王某某的行为构成寻衅滋事罪，理由是王某某酒后滋事，先持菜刀、棒球棒打砸村委会门窗，后又无故殴打处警民警、打砸警车，其主要基于酒后滋事、无事生非的主观心态，而非故意以攻击手段阻止民警依法执行职务，其行为符合寻衅滋事罪的构成要件，构成寻衅滋事罪。笔者赞同第二种观点，认为被告人王某某的行为构成寻衅滋事罪。

袭警罪是指暴力袭击正在依法执行职务的人民警察的行为。认定袭警罪的主要难点在于对“暴力袭击”的认定，笔者认为，应从以下几方面来认定。

（1）袭警罪中的“暴力”应仅限于“硬暴力”。首先，根据文义解释，“暴力”一词最基本的含义，是指暴露出来的力量，一般是指对被害人实施物理性的强制力，即“硬暴力”，因为只有物理性的强制力才是暴露出来的力量。其次，根据体系解释，我国刑法中的暴力一般是指对被害人实施物理性的强制力，即“硬暴力”。另外，《最高人民法院、最高人民检察院、公安部关于依法惩治袭警违法犯罪行为的指导意见》（以下简称《意见》）一规定，暴力袭警行为包括两种：一种是实施撕咬、踢打、抱摔、投掷等行为，对民警人身进行攻击的；另一种是实施打砸、毁坏、抢夺民警正在使用的警用车辆、警械等警用装备的行为，对民警人身进行攻击的。从《意见》可以看出，无论是对人的暴力还是对物的暴力，这里的暴力都是暴露出来的力量，即“硬暴力”。需要指出的是，对物实施的硬暴力应当是以对警察的人身安全造成侵害或者威胁为目的，否则不能认定为袭警罪中的“暴力”。

（2）袭警罪中的“暴力”仅限于“突袭性暴力”。“袭击”是指趁敌人不注意或者不备突然实施攻击的作战行动。因此，突袭的特点就是行为具有突发性，从而才可以达到出其不意的效果。袭警罪中暴力的突发性主要体现为行为人对警察实施了突然攻击行为，在具体的行为特点上表现为行为的快速迅捷，正因为行为人突然采用暴力，在乘人不备时发动攻击，导致警察根本来不及防备，即便暴力程度未必严重，也因为暴力的发生具有突发性而使警察往往措手不及，因而其在执行公务时就会受到妨害。如果暴力的发生并不具有这种突发性，行为人实施的只是具有一定持续性、稳定性的辱骂或推搡行为，即使体现出一定的暴力特征，也不易认定为袭警罪中的暴力。需要指出的是，暴力是否具有突发性需要结合事件的类型以及暴力本身进行综合判断。

（3）袭警罪中的“暴力”应具有“意外性”。警察作为执法主体，在执行过程中对某些被执法对象可能实施的暴力一般会具有一定的预见性，对于警察能够预见的暴力，在执行公务活动时一般会有所防备，此时行为人的暴力袭击效果会大大降低，除非暴力程度严重，并确实妨害到公务的正常执行，否则不宜认定为袭警罪的“暴力”。例如，在处置一些暴力冲突事件时，警察执行的公务活动就是对抗和制止暴力，此时，警察一般能够预见到被执法对象可能实施的暴力，在面对被执法对象时会有所防备，所以此种情形下行为人实施的暴力并不具有意外性，不应认定为袭警罪中的“暴力”。综上，行为人采取的暴力袭击的手段只有同时具备上述特征，才能认定为袭警罪的“暴力袭击”，构成袭警罪。

本案中，被告人王某某酒后针对民警主要实施了下列行为：在民警表明身份并告知劝阻其放下棒球棒时，王某某持棒球棒殴打民警、打砸警车玻璃，在其被公安人员控制时蹬踹民警，上述行为不符合袭警罪中“暴力袭击”的认定标准，从而不构成袭警罪。具体理由如下：首先，王某某打砸警车玻璃的行为，不属于袭警罪中的暴力手段。该行为虽属于对物的暴力，根据《意见》的规定，对物实施的暴力应当是以对警察的人身安全造成侵害或者威胁为目的，如警察正在警车中，行为人在车外面突然实施砸车行为，该种行为就属于袭击警察的暴力行为。本案中，民警到达现场停车后，警车处于未使用状态，且车内无人，王某某打砸警车玻璃的行为客观上无法造成对警察人身进行攻击的目的，因此，该行为不属于袭警罪的暴力手段。其次，王某某的暴力行为不符合袭警罪中暴力的“突发性”特征。在民警到达现场之前，通过报警人已掌握了王某某酒后无故损毁村委会门窗等行为，且民警赶到村委会门外，也听到有人砸玻璃的声音，并看到王某某手持棒球棒往外走，说明王某某的暴力行为已经发生且持续到民警到达现场之后，随后，在民警向其表明身份并劝阻其放下手中棒球棒时，王某某用棒球棒朝民警头部挥打，后持棒球棒打砸警车及在被控制时蹬踹民警的行为，是先前暴力行为的持续，而非趁民警不备，突然采取的暴力行为，上述针对民警及警车的行为不具有突发性特征，不属于袭警罪中的“暴力”。最后，王某某的暴力行为不具有“意外性”特征。王某某系酒后实施暴力行为，民警的公务行为是制止王某某不再继续实施暴力行为。案发时，王某某处于深度醉酒状态，民警到达现场后也发现王某某走路摇晃，在执法对象是醉酒者的情况下，无论谁去控制行为人，都会面临被殴打的危险，无论是普通民众还是执法主体，都应当预料到对方可能会实施暴力，而民警在到达现场前，已知晓王某某先前的暴力行为，王某某的暴力行为亦持续到民警到达现场后，此时，民警应该能够预见到其制止王某某的行为过程中会遭受王某某的暴力袭击。在行为人处于深度醉酒状态时，因醉酒行为会使行为人自身意志能力和控制力都大为减弱，即便醉酒者对警察实施暴力，警察也很容易防备并将其制服。事实上，王某某虽持棒球棒朝民警头部挥打，但被民警及时躲开，这也印证了王某某的暴力行为在民警预料之中，至于王某某在被控制时蹬踹民警，应属于挣脱行为，而非阻碍警察执行公务的袭击行为。因王某某的暴力行为不具有“意外性”，不能认定为袭警罪中的“暴力”。

综上，王某某的行为不构成袭警罪，其酒后滋事，无故持菜刀、棒球棒任意损毁公私财物及随意殴打他人的行为，严重破坏社会秩序，其行为符合寻衅滋事罪的构成要件，应以寻衅滋事罪定罪处罚。因其还实施了醉酒驾驶机动车的行为，且构成危险驾驶罪，应以寻衅滋事罪与危险驾驶罪对其数罪并罚。

编写人：山东省济南市市中区人民法院　王晓婷　刘艳青

18

网络赌场开设者自己参赌时赌资数额的认定

——叶某某、蔡某某开设赌场案

【案件基本信息】

1. 裁判书字号

广西壮族自治区柳州市中级人民法院（2022）桂02刑终195号刑事裁定书

2. 案由：开设赌场罪

【基本案情】

2021年9月13日至15日，叶某某出资注册赌博网站“某网站”的账号并招聘叶某（另案处理）负责在该网站操作下注和赔付赌资，邱某某（另案处理）出资1万元，共同在被告人蔡某某承租的一家门面内以现场收取参赌人员现金投注的方式下注赌“某桌牌游戏”，待网站开奖后进行现场赔付。叶某某于9月13日和15日分别向叶某转账0.87万元和1万元作为开设赌场的赌博本金，赌客在现场按1∶1的比例兑换赌博网站分数，即1元等于赌博网站上的一分下注赌博。该赌场9月13日至15日的流水分别为29.85万元、19.24万元、12.29万元，共计61.38万元。

9月15日22时30分许，公安人员在前述门面内抓获蔡某某、叶某及赌客廖某某、蓝某某（均另案处理）等十二人，扣押用于赌博的黑色电脑主机一台、黑色显示器一台、蔡某某的苹果牌手机一部，查获涉案赌资10505元。同年10月21日15时许，公安机关将叶某某抓获归案，并扣押了叶某某的苹果牌手机一部。

【案件焦点】

开设赌场者叶某某自己的下注是否应当计入开设赌场的赌资中。

【法院裁判要旨】

广西壮族自治区柳州市柳南区人民法院经审理认为：被告人叶某某、蔡某某为赌博网站担任代理并接受投注，均构成开设赌场罪，且情节严重。叶某某提供赌博网址、登录账号和密码、出资并招聘管理人员，在共同犯罪中起主要作用，是主犯，依法应当按照其参与的或者组织、指挥的全部犯罪处罚；蔡某某提供场地，起辅助作用，是从犯，依法应当从轻、减轻或免除处罚。叶某某、蔡某某如实供述主要犯罪事实，依法可以从轻处罚。蔡某某有前科，酌情从重处罚。综上情节，决定对叶某某从轻处罚，对蔡某某减轻处罚。据此，判决如下：

一、被告人叶某某犯开设赌场罪，判处有期徒刑五年，并处罚金人民币3万元；

二、被告人蔡某某犯开设赌场罪，判处有期徒刑四年，并处罚金人民币25000元；

三、扣押在市公安局某分局的作案工具电脑主机一台、显示器一台，予以没收；扣押在市公安局某分局的被告人叶某某的手机、被告人蔡某某的手机经依法处置后折抵罚金。

一审宣判后，在法定期限内，被告人叶某某、蔡某某提起上诉。广西壮族自治区柳州市中级人民法院裁定：

驳回上诉，维持原判。

【法官后语】

网络开设赌场案件中，赌博网站流水是客观证据的反映，通常被告人对此亦供认不讳。但是被告人常常辩称流水中其自己的下注不应当计入开设赌场的金额总数内。该部分金额是否计入开设赌场的股资中，直接影响案件的量刑，而实务界对此问题尚未形成一致意见。

第一种意见认为，如果有证据证明被告人自己参赌，那么该部分赌资应当从开设赌场罪的赌资中予以扣除。从文义上理解，不应该将被告人自己参赌的赌资认定为开设赌场的犯罪数额。开设赌场罪侵犯的客体是正常的社会管理秩序，行为人自身的赌博行为不属于该罪的规制范围，扣除更体现罪刑法定原则。行为人自行参赌的行为可考虑另以赌博罪来追究其刑事责任。第二种意见认为，即便有证据证明被告人参赌，该部分赌资也不能予以扣除，应当一并计入开设赌场罪的赌资数额中。赌资既包括参与开设赌场者直接接受他人的投注，也包括发展的所有下线代理的投注以及开设赌场者自己的参赌数额，被告人自己参赌的数额不应当扣除。笔者同意第二种意见，认为网上开设赌场者自己的下注金额应当计入其开设赌场的赌资金额内。

本案中，叶某某辩称其赌博网站“某网站”账号中61.38万元的流水里有40万元系自己的下注，同案犯叶某亦证实叶某某有下注行为，因此可以认定叶某某在其开设的网络赌场中曾有过下注。再结合本案的持续时间仅为三天进行判断，不能排除投注额确实大多数系叶某某自己参赌而来的合理怀疑。根据存疑有利被告人原则，我们推定叶某某的参赌数额为40万元。

首先，根据最高人民法院、最高人民检察院、公安部发布的《关于办理网络赌博犯罪案件适用法律若干问题的意见》第三条的规定，赌资数额可以按照在网络上投注或者赢取的点数乘以每一点实际代表的金额认定。根据文义解释，网上开设赌场的赌资数额是按照赌博网站上实际点数对应的金额确定的，并未将开设赌场者自身的下注金额排除在外。其次，我们亦可从叶某某下注时的直接目的来认定其自身的参赌行为属于开设赌场还是赌博。《中华人民共和国刑法》第三百零三条规定，赌博罪是指，以营利为目的，聚众赌博或者以赌博为业的行为。可见，赌博罪中被告人的直接目的是营利。本案中，同案犯叶某的证言证实叶某某在开设赌场期间参赌既是为了增加赌场资金流水，又是为了向参赌人员示范参赌的方法，以便吸引更多赌客加入。因此，叶某某下注的直接目的是招揽更多的赌客参与赌博，而不是在赌场中营利。且在自己开设的网络赌场下注亦不存在营利的客观可能性，故叶某某的下注行为不能认定为赌博罪。

最后，作为招揽赌客的手段，其下注行为是扩大赌场影响力的方式，下注金额亦在赌场的流水范围内，且完全服务于开设赌场这一目标，具有社会危害性，从罪行相当原则来考虑，叶某某自身的赌资亦不应从开设赌场犯罪总金额中予以扣除。

编写人：广西壮族自治区柳州市中级人民法院　袁智龙　黄其明

19

利用网络支付平台为赌博网站提供支付结算帮助的行为构成开设赌场罪

——傅某某等开设赌场案

【案件基本信息】

1. 裁判书字号

湖北省襄阳市中级人民法院（2022）鄂06刑终249号刑事判决书

2. 案由：开设赌场罪

【基本案情】

2020年6月，被告人傅某某、叶某某、徐某某三人商议搭建支付平台帮助境外网络赌博集团进行赌资流转，并商定由傅某某利用之前在A国某公司工作的便利，负责对接、洽谈境外赌博公司及发展跑分团伙；叶某某提供技术支持，负责平台的维护、管理、更新、开发、风险管控以及给赌博公司、跑分团伙在平台开户、统计账目；徐某某负责该团队的客服工作，并负责对接傅某某联系到的上游境外赌博公司。三人达成一致后，傅某某与某公司谈好合作，约定按照帮助某公司流转资金的1%获得提成。叶某某购买并使用他人银行卡和网络账号，在我国香港特别行政区租赁服务器，搭建支付平台，该平台通过让“卡商”先行向赌博网站注资，“卡商”再使用该平台向赌客收取赌资的方式，完成赌客账户和博彩公司关联账户之间的资金流动。2020年10月，被告人戴某某、康某某加入该团伙，负责线下卡商在某平台的管理、开发新的卡商，并安排他人对该团伙的非法获利进行取现。2020年10月至2021年4月，被告人傅某某、徐某某、叶某某、戴某某、康某某，利用某平台为某公司等赌博网站进行赌资流转提供帮助，并收取服务费。其中，2021年4月，被告人傅某某等人通过某平台帮助某公司赌博网站流转赌资34000余万元。被告人傅某某、徐某某、叶某某、戴某某、康某某通过某平台分别获利350万元、280万元、300万元、17万元、20万元。

【案件焦点】

1. 搭建网络平台为赌博网站提供支付结算帮助的行为如何定性；2. 各行为人在开设赌场案中的作用地位。

【法院裁判要旨】

湖北省宜城市人民法院经审理认为：被告人傅某某、叶某某、徐某某、戴某某、康某某明知某公司等网站是赌博网站，仍在中国境内搭建平台为赌博网站提供资金支付结算服务，情节严重，其行为构成开设赌场罪，属于共同犯罪。公诉机关指控被告人傅某某、叶某某、徐某某、戴某某、康某某犯非法经营罪的罪名不当，本院予以纠正。被告人傅某某、徐某某、叶某某、戴某某、康某某通过平台为某公司等赌博网站提供资金支付结算服务仅是为开设赌场行为提供便利条件，属于辅助行为，被告人傅某某、叶某某、徐某某组织搭建支付结算平台，为赌博网站的赌资流转提供便利，系从犯，依法可以从轻处罚，被告人康某某、戴某某在共同犯罪中所起的作用较小，系从犯，依法可以减轻处罚。被告人叶某某主动投案，且到案后如实供述了犯罪事实，构成自首，依法可以减轻处罚。被告人傅某某、徐某某、戴某某、康某某到案后如实供述自己的犯罪事实，系坦白，依法可以从轻处罚。被告人傅某某、徐某某、叶某某及其亲属部分退赃，戴某某全部退赃，酌情可以从轻处罚。被告人叶某某自愿认罪认罚，依法可以从宽处理。被告人戴某某主动交纳罚金，酌情可以从轻处罚。据此，以开设赌场罪分别判处被告人傅某某有期徒刑五年，并处罚金人民币100万元；判处被告人徐某某有期徒刑五年，并处罚金人民币100万元；判处被告人叶某某有期徒刑四年六个月，并处罚金人民币100万元；判处康某某有期徒刑三年，并处罚金人民币10万元；判处戴某某有期徒刑三年六个月，并处罚金人民币10万元。

湖北省宜城市人民检察院未抗诉，徐某某、叶某某和康某某提出上诉。湖北省襄阳市中级人民法院经审理认为：原审判决认定事实清楚，证据确实、充分，原审判决所采信的证据均经庭审举证、质证，证据来源合法、有效，所证内容客观、真实，本院予以确认。二审审理期间，上诉人叶某某的家属代叶某某退缴违法所得190万元至人民法院账户。上诉人徐某某、叶某某、康某某与原审被告人傅某某、戴某某搭建网络平台与赌博网站进行对接，为赌博资金流转提供服务，开设赌场，情节严重，五人的行为均构成开设赌场罪。二审期间，叶某某继续退回违法所得190万元，退缴了全部违法所得，可酌情从轻处罚。据此，维持湖北宜城市人民法院（2022）鄂0684刑初55号刑事判决对原审被告人傅某某、徐某某、戴某某、康某某定罪、量刑部分；撤销湖北宜城市人民法院（2022）鄂0684刑初55号刑事判决对上诉人叶某某量刑部分，改判上诉人叶某某犯开设赌场罪，判处：有期徒刑四年，并处罚金人民币100万元。

【法官后语】

本案的争议焦点在于傅某某等人搭建网络平台为赌博网站提供支付结算帮助的行为定性以及各被人在共同犯罪中的地位。

一、傅某某等人不构成非法经营罪

网络支付中采取平台对接模式，即客户资金先划转至网络平台账户，再由网络平台结算给该平台二级商户的情形属于“无证经营支付”。在实务中，第三方支付平台为赌博网站提供支付结算帮助，如果存在资金的二次清算行为，便可能构成非法经营罪。但分析可以发现，并不是所有的网络支付平台都存在

"资金二清"行为，需要具体案件具体分析。本案中，通过对涉案平台的运转模式及功能分析可发现：(1) 赌客是通过赌博网站显示的个人收款账户直接转账，从而获取赌博网站的筹码，不存在虚假交易行为；(2) 平台不具有开设支付账户的功能，仅是整合了他人的银行卡收款信息；(3) 平台没有形成资金池，赌客充值的资金不需要经过该平台转移，该平台仅对资金的流向进行记录、核对，并未实际与赌博网站进行资金结算；(4) 卡商和平台之间系合作关系，卡商为赌博网站进行资金支付结算，并不受该平台的直接操控。综上，该平台没有与银行、第三方支付平台等金融机构对接，也没有资金沉淀，不具有聚合支付功能，不属于"非法从事资金结算业务"，因此，本案各被告人不构成非法经营罪。

二、被告人傅某某等人构成开设赌场罪

实践中，明知是赌博网站、应用程序，有下列情形之一的，以开设赌场罪的共犯论处：为赌博网站、应用程序提供软件开发、技术支持、互联网接入、服务器托管、网络存储空间、通讯传输通道、广告投放、会员发展、资金支付结算等服务的。

1. 对"明知"的认定

"明知"的认定包括知道和应当知道两种情形。除规定的明知行为外，对"明知"的认定可以采取推定的方法。推定是认定犯罪主观要件事实的一种重要方法，即根据查明的已经存在的基础事实和人们在大量社会实践基础上总结出来的行为规律或经验法则来作出某种判断。本案中，行为人共同商议后，主动联系境外赌博公司，搭建网络支付平台为赌博网站赌资支取提供帮助，主观上属于"明知"。

2. 对赌博网站的理解

网络赌博通常指利用互联网进行赌博的行为，与一般意义上的赌博相比，网络赌博虽然是在虚拟空间进行，但其本质并无二致，且更具隐秘性和危害性。赌博在某些国家是合法的，这些国家给一些赌博公司发放牌照，赌博公司正常经营，然而我国明令禁止赌博。本案中，经鉴定，行为人帮助收取赌资的"某公司"应用程序（APP）软件提供多人网上注册账号，具有游戏投注、充值、提现等网络赌博性质的功能，符合赌博网站的定义。

三、各被告人在共同犯罪中的地位

对资金结算服务行为的主从犯认定，主要基于资金结算服务的提供者，对赌资是否享有所有权和支配权。本案中，行为人对赌博网站的运作没有话语权，其搭建的平台为赌资在赌客、卡商、赌博网站间的流转起到桥梁作用，但未设立资金池，故对赌博网站的赌资并不享有所有权或支配权，根据共同犯罪中所体现的作用来看，应当认定为从犯。

编写人：湖北省宜城市人民法院 何伟丽 冉洋

20

为网络游戏平台提供虚拟积分与货币的兑换行为的定性

——黄某等开设赌场案

【案件基本信息】

1. 裁判书字号

福建省泉州市中级人民法院（2022）闽05刑终1590号刑事裁定书

2. 案由：开设赌场罪

【基本案情】

2017年至2021年8月30日，黄某以营利为目的，在某村××号家中成立工作室，置办大量电脑、手机、手机卡、银行卡、终端销售机（POS机）等工具及注册使用大量某1软件、某2软件账号，后相继雇用黄某某、戴某某、杨某、叶某某及黄某1、叶某某、吕某某等，分班次与“某1游戏”“某2游戏”等网络游戏平台的不特定赌博游戏玩家通过某1软件等方式联系后，登录赌博游戏玩家平台账号，通过双方游戏账号在游戏中故意输赢的方式，为赌博游戏玩家提供上分（充值）、下分（提现）服务，绕过游戏官方规定的无法兑换积分的规则，实现游戏虚拟积分与货币的兑换，从中牟取非法利益人民币50万元。经审计，现已查清黄某成立的工作室使用33个银行账户自2017年1月起接收赌博游戏玩家转入资金累计人民币114339377.51元。

黄某某、戴某某、杨某、叶某某明知受雇于黄某，加入工作室为赌博游戏玩家提供上下分和转账服务。其中，黄某某于2019年8月加入，非法获利人民币75000元，涉案期间工作室上分进账人民币61756191.37元；被告人戴某某、杨某于2019年12月加入，分别非法获利人民币6万元、5万元，涉案期间工作室上分进账人民币49071946.85元；被告人叶某某于2020年12月加入，非法获利人民币2万元，涉案期间工作室上分进账人民币21225907.96元。

2021年8月30日，市公安局民警在某村黄某家中抓获黄某1、叶某某、吕某某等人并各扣押1部手机，现场还扣押了23台无线POS机、10台计算机主机、143部手机。2021年11月17日10时许，市公安局民警在某镇抓获杨某；同日11时许，在某村抓获叶某某。2021年11月23日15时许，戴某某在杨某的动员并陪同下，到市公安局接受讯问。2021年12月11日10时许，黄某自行到市公安局东田派出所接受讯问。2021年12月12日10时许，黄某某自行到某派出所接受讯问。

2021年12月17日，叶某某家属代为退赃人民币2万元。审理过程中，黄某的亲属代其退出违法所得人民币20万元；黄某某退出违法所得人民币5000元；戴某某退出违法所得人民币6万元，预缴罚金人民币6万元；杨某退出违法所得人民币5万元，预缴罚金人民币5万元；叶某某预缴罚金人民币2万元。

【案件焦点】

被告人利用网络游戏平台运行机制，通过在游戏中故意输赢的方式为游戏玩家上分（充值）、下分（提现），绕过网络游戏平台官方规定的无法兑换积分的规则，实现游戏虚拟积分与货币的兑换，从中牟利的行为应当认定为赌博罪还是开设赌场罪。

【法院裁判要旨】

福建省南安市人民法院经审理认为：黄某、黄某某、戴某某、杨某、叶某某伙同他人，利用互联网，通过手机软件组织赌博活动，情节严重，其行为均已构成开设赌场罪。公诉机关的指控成立。在共同犯罪中，黄某起主要作用，是主犯，应当按照其所参与的全部犯罪处罚；黄某某、戴某某、杨某、叶某某起次要作用，是从犯，均应当从轻、减轻处罚。黄某、黄某某、戴某某犯罪以后自动投案，如实供述犯罪事实，是自首，均可以从轻或者减轻处罚。杨某、叶某某到案后如实供述犯罪事实，可以从轻处罚。杨某动员戴某某向公安机关投案，有立功表现，可以从轻或者减轻处罚。黄某、黄某某、戴某某、杨某、叶某某自愿认罪认罚，均可以从宽处理。案发后及审理过程中，黄某的亲属代其退出违法所得，黄某某退出部分违法所得，戴某某退出违法所得并预缴罚金，杨某退出违法所得并预缴罚金，叶某某退出违法所得并预缴罚金，对黄某、黄某某、戴某某、杨某、叶某某均可酌情从轻处罚。2021 年 3 月 1 日施行的《中华人民共和国刑法修正案（十一）》对《中华人民共和国刑法》第三百零三条第二款开设赌场罪进行了修改，处刑比修订前刑法重。黄某、黄某某、戴某某、杨某、叶某某开设赌场行为开始于 2021 年 3 月 1 日以前，继续到 2021 年 3 月 1 日以后终了，应当适用修订刑法一并进行追诉。但是，对于五被告人在修订刑法施行前的行为予以酌情从轻处罚。

福建省南安市人民法院依照《中华人民共和国刑法》第三百零三条第二款、第二十五条第一款、第二十六条第一款与第四款、第二十七条、第六十七条第一款与第三款、第六十八条、第七十二条第一款与第三款、第七十三条第二款与第三款、第六十四条，《最高人民法院关于处理自首和立功具体应用法律若干问题的解释》第五条，《中华人民共和国刑事诉讼法》第十五条、第二百零一条的规定，作出如下判决：

一、黄某犯开设赌场罪，判处有期徒刑五年，并处罚金人民币 100 万元；

二、黄某某犯开设赌场罪，判处有期徒刑一年七个月，并处罚金人民币 75000 元；

三、戴某某犯开设赌场罪，判处有期徒刑一年五个月，并处罚金人民币6万元；

四、杨某犯开设赌场罪，判处有期徒刑一年五个月，缓刑一年六个月，并处罚金人民币5万元；

五、叶某某犯开设赌场罪，判处有期徒刑一年四个月，缓刑一年六个月，并处罚金人民币2万元；

六、黄某退出的违法所得人民币20万元；黄某某退出的违法所得人民币5000元；戴某某退出的违法所得人民币6万元；杨某退出的违法所得人民币5万元；叶某某退出的违法所得人民币2万元，均予以没收，上缴国库。责令黄某继续退出违法所得人民币30万元，黄某某继续退出违法所得人民币7万元，予以没收，上缴国库。扣押在案的手机、无线POS机、计算机主机，均予以没收，上缴国库。

一审宣判后，黄某提出上诉。福建省泉州市中级人民法院经审理认为：原审判决认定事实清楚，证据确实、充分，定罪和适用法律正确，量刑适当。

福建省泉州市中级人民法院依照《中华人民共和国刑事诉讼法》第二百三十六条第一款第一项的规定，作出如下裁定：

驳回上诉，维持原判。

【法官后语】

我国刑法对于开设赌场罪的规制经历了一个从无到有，由粗到细的过程。1979年《中华人民共和国刑法》没有规定开设赌场罪，直到1997年《中华人民共和国刑法》修订后才将开设赌场行为纳入《中华人民共和国刑法》第三百零三条的赌博罪中。2006年《中华人民共和国刑法修正案（六）》将《中华人民共和国刑法》第三百零三条修改为："以营利为目的，聚众赌博或者以赌博为业的，处三年以下有期徒刑、拘役或者管制，并处罚金。开设赌场的，处三年以下有期徒刑、拘役或者管制，并处罚金；情节严重的，处三年以上十年以下有期徒刑，并处罚金。"至此，开设赌场行为不再以赌博罪定罪处罚，而是增设为《中华人民共和国刑法》第三百零三条第二款，作为一个单独的罪名即开设赌场罪进行规制。

《中华人民共和国刑法》第三百零三条及相关司法解释没有规定开设赌场的具体含义。网络开设赌场是开设赌场的重要、常见形式，《中华人民共和国刑法》及相关司法解释同样没有规定网络开设赌场的具体含义，使得司法机关在办理网络开设赌场案件时，在区分开设赌场罪与聚众赌博型赌博罪存在一定的困难。

本案中，对于黄某等人利用游戏平台运行机制，通过在游戏中故意输赢的方式为游戏玩家上分（充值）、下分（提现），绕过游戏平台官方规定的无法兑换积分的规则，实现游戏虚拟积分与货币的兑换，从中牟利的行为如何定性的问题，存在不同意见。一种意见认为，被告人利用互联网向玩家提供特定网站的游戏币和人民币的兑换服务，使游戏币变成赌博的筹码，从而变相将玩家纠集至特定的网站进行赌博，属于聚众赌博行为，作案时间长，涉案金额大，其行为符合赌博罪的构成要件，应当认定为赌博罪；另一种意见认为，被告人利用网络游戏平台运行机制，通过在网络游戏中与赌客故意赌输赢的方式为赌客上下分，使得游戏平台具备赌博功能，其行为应当认定为开设赌场罪。本案判决适用的是第二种意见。理由如下。

一、被告人的行为具备开设赌场的基本特征

1. 参赌人员不稳定。聚众赌博中参与人员一般具有稳定性，即经常都是相互熟悉的一群人之间进行赌博；而开设赌场中的参与人员不一定具有稳定性，很多参与赌博的人并不一定与开设赌场的人认识熟悉。本案中，赌客系黄某等人通过某1软件等方式与网络游戏平台的不特定游戏玩家联系，招揽而来，赌客来源不特定、不稳定。

2. 场所固定。聚众赌博的场所通常不固定，具有随意性、随机性、临时性的特点；而开设赌场一般具有固定的场所，很少在短时间内发生频繁变化。本案中，黄某等人借助特定的网络游戏平台（“某1游戏”“某2游戏”等网络游戏平台）开设赌场，场所固定。

3. 时间上具有持续性和稳定性。聚众赌博一般具有临时性的特点，赌博人员在一次赌博结束后，下一次赌博需要组织者再次组织，重新安排时间和地点；开设赌场则具有持久性和稳定性的特点，即赌场在一段时间内连续对赌博人员开放。本案中，黄某等人借助“某1游戏”“某2游戏”等网络游戏平台，为游戏玩家提供上下分服务持续时间长达四年左右，运营时间长，模式稳定。

4. 具有较为严密的组织性和较大的规模。聚众赌博的规模一般较小，只表现为聚集、招揽、组织等行为，为参赌人员小范围的聚集；而开设赌场的规模一般比较大，具有较为严密的组织性，实际情况常常表现为雇用他人为赌场工作，有较为明确的上下级关系和工作制度。“某1游戏”“某2游戏”平台是网络游戏平台，具有稳定、健全的运行模式，本身即是一个有组织的平台，黄某等人借助该游戏平台，省却了常规线下开设赌场所需要的看场、抽水、望风等人员配置，通过其自身给赌客上下分即能有组织、稳定地实施开设赌场犯罪行为。黄某等人长期为赌客上下分，累计赌资达114339377.51元，涉案资金量大。

二、认定本案构成开设赌场罪符合相关的法律依据

根据《最高人民法院、最高人民检察院、公安部关于办理利用赌博机开设赌场案件适用法律若干问题的意见》的规定：“一、关于利用赌博机组织赌博的性质认定 设置具有退币、退分、退钢珠等赌博功能的电子游戏设施设备，并以现金、有价证券等贵重款物作为奖品，或者以回购奖品方式给予他人现金、有价证券等贵重款物（以下简称设置赌博机）组织赌博活动的，应当认定为《中华人民共和国刑法》第三百零三条第二款规定的‘开设赌场’行为。”本案中，因为相关网络游戏平台规定无法退币、退分，因而不具备赌博功能，不能认定为“开设赌场”。但是，黄某等人通过绕过游戏官方规定的无法兑换积分的规则，以在网络游戏平台上与游戏玩家故意赌输赢的方式帮助玩家上分（充值）、下分（提现），使得本为正常娱乐的网络游戏平台具备了赌博功能，众多游戏玩家可以通过该网络游戏平台进行赌博。黄某等人通过自身的犯罪行为，实现了游戏虚拟积分与货币的兑换，其实质就是利用并建立了赌博网站，并据

此招揽、组织众多游戏玩家进行赌博活动，故黄某等人的行为符合利用网络开设赌场的犯罪构成要件，依法应当以开设赌场罪定罪处罚。

编写人：福建省南安市人民法院　周远红　徐会霞

（二）妨害司法罪

21

虚假诉讼罪中“情节严重”的认定及共犯罪责区分

——陈某某、郑某某虚假诉讼案

【案件基本信息】

1. 裁判书字号

上海市宝山区人民法院（2023）沪0113刑初281号刑事判决书

2. 案由：虚假诉讼罪

【基本案情】

2012年，被告人陈某某、郑某甲（另案处理）夫妇为物资公司对外担保借款。为避免后续因承担担保责任处置二人共有房产，陈某某遂于2012年9月虚构了被告人郑某某向物资公司出借资金人民币200万元（以下币种均为人民币）的债权债务关系，其中陈某某夫妇为保证人，办理了名下某路×弄×号×室房产的抵押登记。为将房产变现，陈某某、郑某甲于2013年3月11日通过房产中介公司与利害关系人冯某某、朱某某夫妇签订房地产买卖合同，约定以240万元的价格将上述房产出售。冯某某、朱某某夫妇知晓上述200万元虚假抵押债权，仍于当日支付首付款80万元，并缴纳了契税等税款22万元。房产交易过程中，江西省吉安市中级人民法院、福建省宁德市中级人民法院先后因物资公司债权债务纠纷案件，查封了保证人陈某某、郑某甲的上述房产导致无法过户，上述房产陈某某已交冯某某、朱某某夫妇实际居住。

2019 年 3 月，陈某某见房价上涨有利可图，遂指使郑某某以上述 200 万元虚假债权债务关系提起民事诉讼。上海市宝山区人民法院受理后，郑某某、物资公司法定代表人陈某、陈某某（郑某甲代理）、郑某甲到庭参加诉讼。基于陈某某、郑某某提交的虚假证据材料及当庭所作虚假陈述，上海市宝山区人民法院于 2019 年 6 月 14 日作出（2019）沪 0113 民初 9698 号民事判决，判令物资公司归还郑某某借款本金 200 万元及逾期利息，郑某某对陈某某、郑某甲名下某路×弄×号×室房产折价、拍卖、变卖所得款项享有优先受偿权。案件生效后，郑某某申请强制执行，上海市宝山区人民法院于 2019 年 10 月 11 日作出拍卖上述房产的（2019）沪 0113 执 4297 号公告。冯某某发现张贴的拍卖公告后，向上海市宝山区人民法院提出执行异议，在执行异议被驳回后又以申请再审、提起案外人执行异议之诉等方式表达诉求，并于 2020 年 3 月向公安机关报案，郑某某于 2020 年 9 月 28 日接民警通知至公安机关陈述了上述虚假诉讼事实。在此情形下，郑某某仍受陈某某指使于 2021 年 6 月将上述虚假债权转让给他人，上海市宝山区人民法院依申请变更了上述执行案件的申请执行人。现上述房产未实际拍卖变现。

被告人陈某某于 2022 年 8 月 16 日被抓获，被告人郑某某于同年 9 月 8 日接民警电话通知投案，二名被告人到案后均如实供述了上述犯罪事实。

【案件焦点】

被告人的罪行是否达到“情节严重”，以及在共同犯罪中的罪责区别。

【法院裁判要旨】

上海市宝山区人民法院经审理认为：被告人陈某某、郑某某结伙，以捏造的事实提起民事诉讼，妨害司法秩序，情节严重，其行为均已构成虚假诉讼罪，依法应予分别惩处。公诉机关指控的罪名成立。在案证据显示，江西省吉安市中级人民法院于2016年裁定终结相关案件的执行程序，二被告人于2019年提起涉案虚假诉讼，且涉案房产尚未被拍卖，二被告人亦未实际获利，故他人债权无法实现非系二被告人提起虚假诉讼造成，二被告人犯虚假诉讼罪亦无法以造成他人经济损失数额或非法占有他人财产数额的标准认定为属于情节严重之情形。被告人陈某某的辩护人的相关辩护意见，予以采纳。但综合全案事实，二被告人以制造的虚假债权债务关系提起民事诉讼并申请强制执行，致使利害关系人多次对人民法院的审判、执行工作表示异议，又在接受公安机关调查后转移上述虚假债权，致使人民法院依申请变更了相关案件的申请执行人。故二被告人的行为严重干扰正常司法活动，严重损害司法公信力，依法应当认定为犯虚假诉讼罪情节严重。被告人陈某某的辩护人的相关辩护意见，与事实和法律不符，不予采纳。涉案虚假诉讼犯罪活动中，被告人郑某某参与制造虚假债权、提起民事诉讼、申请强制执行、转移虚假债权等全部活动，虽系受被告人陈某某指使，但所起作用重要，故不宜对二人区分主从犯，在量刑时可酌情考量区分。被告人陈某某具有坦白情节，被告人郑某某具有自首情节，依法均可从轻处罚；被告人陈某某、郑某某自愿认罪认罚，依法均可从宽处理。辩护人的相关辩护意见，予以采纳。

上海市宝山区人民法院依照《中华人民共和国刑法》第三百零七条之一第一款、第二十五条第一款、第六十七条第一款和第三款、第五十二条、第五十三条第一款、第七十二条第一款和第三款、第七十三条第二款和第三款及《中华人民共和国刑事诉讼法》第十五条之规定，作出如下判决：

一、被告人陈某某犯虚假诉讼罪，判处有期徒刑三年六个月，并处罚金人民币4万元；

二、被告人郑某某犯虚假诉讼罪，判处有期徒刑三年，缓刑三年，并处罚金人民币2万元。

一审判决后，被告未提起上诉，检察机关未提起抗诉，该判决已发生法律效力。

【法官后语】

本案中，争议焦点在于二人的罪行是否达到“情节严重”，以及在共同犯罪中的罪责区别。

一、从罪状表述分析虚假诉讼罪之定罪量刑标准

从罪状表述看，虚假诉讼罪以造成“妨害司法秩序或者严重侵害他人合法权益”的危害后果为基本犯既遂标准。可见，虚假诉讼罪保护的是双重法益，而规定在妨害司法犯罪一节，决定了司法秩序是虚假诉讼罪侵犯的必然客体，他人合法权益则属于选择客体。①

为解决司法实践中对虚假诉讼罪定罪量刑标准把握不准的问题，《最高人民法院、最高人民检察院关于办理虚假诉讼刑事案件适用法律若干问题的解释》对虚假诉讼罪的定罪标准和“情节严重”认定标准作了详细规定。对比定罪标准和法定刑升格标准可知，侵害他人合法权益类的认定标准，在成立虚假诉讼罪时不要求造成经济损失的实害结果，在认定“情节严重”时则要求实际造成财产损失或非法获利达到一定数额。

二、以查明事实区分“情节严重”之情形选择适用

本案中，公诉机关的指控逻辑为，被告人陈某某与被告人郑某某以捏造的200万元虚假债权债务提起虚假诉讼并申请执行，致使江西省吉安市中级人民法院审理的相关案件中九江银行的担保债权不能实现，故依据侵害他人合法权益类中“致使他人债权无法实现，数额达到一百万元以上的”之标准，认定二被告人犯虚假诉讼罪情节严重。然而，本案中，在涉案房产未被拍卖变现的情况下，实际的经济损失或非法获利并未实现，以侵害他人合法权益类标准认定“情节严重”缺乏事实依据。

区别于侵害他人合法权益类标准的明确性，以妨害司法秩序类标准认定“情节严重”主要是程度判断，即虚假诉讼行为是否达到了严重干扰正常司法活动或者严重损害司法公信力的程度。“情节严重”即虚假诉讼罪法定刑的升

① 张明楷：《虚假诉讼罪的基本问题》，载《法学》2017 年第 1 期。

格，也是虚假诉讼行为妨害司法秩序程度的升格。实践中主要表现为：不仅致使人民法院作出裁判，还造成利害关系人不断信访、申诉或新闻舆论负面炒作，对司法公信力造成严重损害；不仅致使人民法院开庭审理，还在虚假诉讼行为被识破后再次转移虚假债权，继续进行虚假诉讼行为，对人民法院的正常司法活动造成严重干扰；在较短时间内频繁以捏造的事实提起民事诉讼，严重干扰正常司法活动；等等。[①]

本案中，被告人以制造的虚假债权债务关系提起民事诉讼并申请强制执行，致使利害关系人多次对人民法院的审判、执行工作表示异议，又在接受公安机关调查后转移上述虚假债权，致使人民法院依申请变更了相关案件的申请执行人。据此事实，一审法院选择妨害司法秩序类标准，依法认定二被告人犯虚假诉讼罪情节严重。

三、坚持宽严相济实现共同犯罪人之罪责刑均衡

本案中，被告人陈某某债务缠身为谋取非法利益主动谋划实施了虚假诉讼罪行，被告人郑某某受亲情羁绊被动参与其中；被告人陈某某知晓公安机关立案后逃避侦查，被告人郑某某主动投案具有自首情节。以上细节反映出二被告人在参与犯罪的动机、主观恶性、悔罪态度、人身危险性等方面的差异，一审法院遵循宽严相济的刑事政策，对共同犯罪中罪责最突出的被告人陈某某判处较重的实刑，对被动参与、悔罪态度较好的被告人郑某某判处相对较轻的刑罚并适用缓刑，体现了共同犯罪人之间的罪责刑均衡，较好地实现了案件政治效果、社会效果、法律效果的有机统一，是妥当的。

编写人：上海市宝山区人民法院　张国滨　刘响

① 周峰、汪斌、李加玺：《〈关于办理虚假诉讼刑事案件适用法律若干问题的解释〉的理解与适用》，载《人民司法》2019年第4期。

22

为包庇他人而自认实施某种犯罪被先行羁押的期间能否折抵后续被判处包庇罪的刑期

——郑某某包庇案

【案件基本信息】

1. 裁判书字号

山东省青岛市中级人民法院（2022）鲁02刑终402号刑事裁定书

2. 案由：包庇罪

【基本案情】

2020年9月2日18时许，李某某（已判决）驾驶一辆货车搭载刘某、李某（均已判决）等人行驶至一路口附近时，与被害人张某某驾驶的货车发生行车纠纷。李某某驾驶车辆意图逼停张某某的车辆并因此与张某某驾驶的车辆剐蹭，后李某某等人驾车紧追张某某，在张某某等候交通信号灯期间，刘某、李某、李某某先后下车，李某、李某某对张某某进行殴打，刘某持斧头向张某某挥舞，并先后持斧子、三角铁等器械打砸张某某的车身四周，致张某某受伤、车辆受损。经法医鉴定，张某某右侧鼻骨骨折、上颌骨额突骨折，构成轻伤二级；面部皮肤裂创，构成轻微伤。经鉴定，张某某的货车损失为人民币2811元。

案发后，李某指使被告人郑某某（系刘某的表哥）作假证明，欲掩盖刘某的罪行，郑某某同意并主动到公安机关投案，谎称其与李某、李某某共同实施了殴打张某某及打砸车辆的行为，意图包庇刘某。2021年2月26日，被告人李某某、李某、郑某某犯寻衅滋事罪一审开庭庭审时，郑某某称该案其未参与，系替他人顶罪，并提供了其不在场的证据线索，参与该案的李某某、李某亦称郑某某未参与。后经侦查排除郑某某作案嫌疑，公诉机关于同年12月6日对郑某某撤回起诉，郑某某当日被释放，又于当日因涉嫌犯包庇罪被刑事拘留。

【案件焦点】

郑某某因包庇刘某犯罪自认参与实施寻衅滋事而被先前羁押的期间能否折抵其后续犯包庇罪的刑期。

【法院裁判要旨】

山东省青岛市市北区人民法院经审理认为：被告人郑某某的行为构成包庇罪。依照《中华人民共和国刑法》第三百一十条第一款、第六十七条第三款之规定，以包庇罪判处被告人郑某某有期徒刑一年八个月（刑期自2020年9月23日起至2022年5月22日止）。

宣判后，山东省青岛市市北区人民检察院以原审判决将郑某某涉嫌犯寻衅滋事罪被羁押的期限折抵其犯包庇罪的刑期系适用法律错误为由提起抗诉，青岛市人民检察院支持抗诉。

山东省青岛市中级人民法院经审理认为：郑某某虽因自认参与寻衅滋事犯罪而被刑事拘留，并以涉嫌寻衅滋事犯罪被侦查起诉，但其该自认行为的性质实质上是包庇他人的行为，应作为其犯包庇罪的事实整体评价。其所谓的寻衅滋事行为实际上是一个虚假的行为，不应因其以涉嫌寻衅滋事犯罪被侦查起诉，即认定其涉嫌寻衅滋事的行为与包庇行为系二种性质不同的行为。郑某某自认寻衅滋事被羁押与后续因犯包庇罪被羁押是连续的，二者存在密切关联，故其为包庇他人自认寻衅滋事犯罪而被先行羁押的期间依法应予折抵犯包庇罪所判处的刑期。原审判决认定原审被告人郑某某犯包庇罪的事实清楚，证据确实、充分，定性准确，量刑适当，审判程序合法，将郑某某被以涉嫌犯寻衅滋事罪先前羁押的期限折抵其犯包庇罪的刑期，适用法律正确。依照《中华人民共和国刑事诉讼法》第二百三十六条第一款第一项之规定，裁定如下：

驳回抗诉，维持原判。

【法官后语】

本案犯罪事实清楚，存在争议的问题是刑期折抵的法律适用问题，即对被告人先前因包庇他人自认实施寻衅滋事犯罪而被刑事拘留的期间，能否在其犯包庇罪判处的刑罚中予以折抵。

《中华人民共和国刑法》第四十一条、第四十四条、第四十七条及《中华人民共和国刑事诉讼法》第七十六条分别对判决执行前的羁押时间如何折抵管制、拘役、有期徒刑的刑期进行了具体规定。司法实践中，对于未决羁押时间与刑期具体如何换算，因立法已有明确规定，一般不存在疑问；先行羁押行为与最终被判处刑罚的行为系同一行为时，刑期折抵亦当无异议。然而，当行为人被羁押所涉行为与法院最终定罪量刑行为并非同一行为时，未决羁押期间可否在刑期中予以折抵，在相关理论和实践处理中存有分歧，主要分为“同一行为”标准和“关联性”标准。《刑事审判参考》总第 115 集[①]第 1280 号案例采纳了按照“关联性”标准折抵刑期的司法观点，即被告人先前被羁押行为与最终定罪行为虽不是同一行为，但二者之间存在某种事实或程序上的关联时可以予以折抵，这也是司法实务中常用的刑期折抵标准。

本案能否按照“关联性”标准对郑某某包庇他人自认参与寻衅滋事犯罪而被先前羁押的期间，在其最终以包庇罪被判处的刑罚中予以折抵，存在两种不同意见。

第一种意见不同意折抵刑期，理由是：(1) 郑某某因涉嫌犯寻衅滋事罪被羁押至被释放的时间，持续实施了包庇刘某的行为，其被羁押的时间是其实施包庇行为的犯罪成本，将此期限折抵其因犯包庇罪的刑期，会降低犯罪成本。(2) 在查明郑某某系替刘某顶罪后，公诉机关已于 2021 年 12 月 6 日对郑某某作出不起诉决定并将其释放，其涉嫌犯寻衅滋事罪的诉讼程序已经终结，不存在刑期折抵问题。(3) 郑某某因自己作虚假供述被羁押，属于国家不承担赔偿责任的情形，如再折抵刑期，与立法原意相悖。(4) 郑某某虽在 2021 年 2 月开

---

① 中华人民共和国最高人民法院刑事审判第一、二、三、四、五庭主办：《刑事审判参考（总第 115 集）》，法律出版社 2019 年版。

庭时否认其实施寻衅滋事行为，但拒不供述系替刘某顶罪，其行为已严重扰乱司法秩序，增加了司法成本。

第二种意见同意折抵刑期，理由是：(1) 郑某某自认参与寻衅滋事行为而被刑事拘留，实质上是包庇他人的行为，应作为其犯包庇罪的事实整体评价。郑某某自认寻衅滋事被羁押与后续因犯包庇罪被羁押是连续的，二者存在密切关联。(2) 因自身过错被羁押不能获得国家赔偿的规定不适用刑法有关刑期折抵的规定。(3) 从罪责刑相适应的刑法原则出发，郑某某因涉嫌犯寻衅滋事罪被羁押的期限长达十四个月零十四天，而其因包庇罪被判有期徒刑一年八个月，折抵先行被羁押的期间，使得郑某某实际被限制人身自由的时间与其因犯包庇罪的宣告刑期时间一致，符合刑期折抵制度的立法原意。(4) 公安机关有义务对谁参与寻衅滋事犯罪进行侦查取证，郑某某虽自始未如实供述其替刘某顶罪，但这是影响其犯包庇罪的量刑情节，不能以此否定先行羁押刑期的折抵。

本案最终采纳第二种折抵刑期的意见和理由。笔者认为，法官对被告人进行刑期折抵时，被告人犯罪事实的严重性、主观恶性及其他任何量刑情节均不可以成为不予折抵或是部分予以折抵的理由。对于未决先行羁押的事由与后续最终被判处的刑罚的事由存在事实关联性时，应对先行羁押的时间在最终被判处刑罚的刑期中予以折抵，包庇罪亦不例外。包庇他人犯罪，虽先行被羁押看似是其自认行为，但实质是其包庇事实的一部分，应作为其犯包庇罪的事实整体评价，不应割裂单独作为其犯罪成本的一部分。但如果先行包庇他人犯罪被判刑且已服刑完毕，那该服刑期间不应按此关联性标准在犯包庇罪的刑期中予以折抵。即上述刑期折抵适用于未决的先行羁押期间。

刑期折抵制度的立法本意或者说根本目的是对犯罪人的自由维护和人权保障，其根据在于在判决作出之前所实施的先行羁押等剥夺人身自由的期间与刑罚的执行具有近似性或等值性，二者在约束自由所造成的痛苦本质上是一致的。本案中，如对先行羁押的期间在最终被判刑期中不予折抵，将导致郑某某实际服刑时间远超其犯包庇罪应服刑的时间，这将与刑期折抵立法本意相违背，亦为法理逻辑与人权观念所不容。相反，折抵刑期，则使得郑某某实际被限制人身自由的时间与其因犯包庇罪的宣告刑期时间一致，与罪责刑相适应的刑法原则相符。

还需说明的是，本案中，郑某某虽自认参与实施了寻衅滋事的共同犯罪行为，但收集、调取犯罪嫌疑人有罪或无罪、罪轻或罪重的证据是侦查机关的职责，不能因犯罪嫌疑人的自认而降低案件侦查的标准。因此，郑某某因涉嫌犯寻衅滋事罪持续被羁押不能完全归咎于其自身的包庇行为，亦不能将该羁押视作其犯包庇罪的犯罪成本。

综上，从有利于被告人角度出发，通过将上述羁押期限折抵刑期，使得其实际被剥夺人身自由的期限与犯包庇罪的宣告刑期时间一致，充分保障被告人的人权，亦符合现代刑事立法的精神。

编写人：山东省青岛市中级人民法院　李玫

23

上游犯罪客观发生，但无法证实系被告人所为，被告人明知系上游犯罪所得财物而出售，构成掩饰、隐瞒犯罪所得罪

——张某某、黄某某掩饰、隐瞒犯罪所得案

【案件基本信息】

1. 裁判书字号

重庆市第三中级人民法院（2022）渝03刑终109号刑事裁定书

2. 案由：掩饰、隐瞒犯罪所得罪

【基本案情】

2021年8月23日，被害人华某家中的一块劳力士手表被盗，该手表系华某于同年5月5日以31.21万元购得。同年9月8日，被告人张某某、黄某某明知该手表来历不明，即持该手表驾车前往某区，于次日以18.5万元价格出售

给一贵重物品回收店老板董某某。交易期间，二被告人拒绝董某某按收购流程同手表一起拍照，且要求董某某只能通过现金交易。张某某、黄某某各分得9万元现金后于当日下午返回。张某某将分获的9万元现金放于家中，当日晚间其妻子李某某见张某某被公安机关抓获，遂返回家中将该笔现金藏于其居住公寓顶楼天台的柜子下，后被公安机关发现并扣押。黄某某在车库处将其中8万元现金交给其朋友吴某某保管，另1万元现金放于其所驾驶的车上，案发后黄某某分获的9万元现金被公安机关扣押，公安机关另在黄某某驾驶的汽车中查获疑似用于实施盗窃的螺丝刀、夹钳、挫具、手电筒、手套、鞋套、望远镜等物。经价格认证，被盗劳力士手表价值21.5万元。张某某、黄某某二人到案后拒不供述涉案手表来源，仅互称手表是对方拿来要求帮忙出售的。二人在押期间，张某某试图递纸条同黄某某串供，要求黄某某供称手表是黄自己捡来的，并想好是从何处捡来的，因纸条被管教及时发现，二人串供未遂。

【案件焦点】

上游犯罪客观发生，但无法证实系被告人所为，被告人明知系上游犯罪所得财物而出售，是否构成掩饰、隐瞒犯罪所得罪。

【法院裁判要旨】

重庆市武隆区人民法院审理认为：被告人张某某、黄某某明知是犯罪所得的赃物而予以销售，且情节严重，其行为构成掩饰、隐瞒犯罪所得罪。被告人张某某有犯罪前科，主观恶性深，酌情从重处罚；被告人黄某某曾因犯盗窃罪被判处有期徒刑，其在有期徒刑执行完毕后五年以内再犯盗窃罪，应当判处有期徒刑，系累犯，应当从重处罚。据此，以掩饰、隐瞒犯罪所得罪，分别判处被告人张某某有期徒刑五年，并处罚金2万元；被告人黄某某有期徒刑五年六个月，并处罚金25000元。

一审判决后，被告人提起上诉。

重庆市第三中级人民法院经审理认为：上游犯罪事实已客观发生并成立，仅因尚未查实具体的行为人，致使无法追究该上游犯罪行为人的刑事责任，并不影响掩饰、隐瞒犯罪所得罪的认定。本案中，被害人因价值31万余元的手表在家中被盗而报案，公安机关于被盗当日立案侦查，时隔16日之后，该被盗手表即为二被告人持有。以上事实足以证明上游盗窃犯罪行为确已客观存在。虽然上游盗窃犯罪尚未查明实施盗窃的行为人，致使暂无法追究行为人的刑事责任，但并不影响认定被盗手表系犯罪所得。二被告人以明显低于市场价格出售涉案手表，在出售过程中刻意采用非正常交易方式，出售后各自将赃款隐匿；二被告人被抓获后拒不交代涉案手表来源，且在羁押期间为了编造手表来源而发生串供行为。以上事实证据足以证实二被告人明知涉案手表系犯罪所得而予以销售获利，其行为均已构成掩饰、隐瞒犯罪所得罪。关于二人卖出手表后所获金额18.5万元，有在案证据充分证实，足以认定。原判认定事实清楚，证据确实充分，定罪准确，量刑适当，审判程序合法，依法应予维持。据此，判决如下：

驳回上诉，维持原判。

【法官后语】

作为赃物犯罪之一的掩饰、隐瞒犯罪所得、犯罪所得收益罪，其行为对象是“犯罪”所得及其产生的收益，该“犯罪”是指上游犯罪，故，上游犯罪的成立是构成本罪的前提条件。实践中，对于上游犯罪的成立标准一直存在较大争议，特别是对于行为人虽涉嫌财产犯罪，但无法证实侵财行为系其所为时，能否追究其事后的掩饰、隐瞒赃物行为。

一、上游犯罪事实客观成立的依据是行为具有客观违法性

刑事犯罪的基本特征包括违法性，违法性也称刑事违法性或客观违法性，是指行为人所实施的侵犯法益的客观行为符合刑法所规定的构成要件。刑事犯罪的违法性应从客观上判断，即行为人只要实施了侵犯法益的行为并造成法益侵害结果，该行为便具有客观违法性，即使行为人系不具有刑法可谴责性的无刑事责任能力人，该行为亦应当被认定为客观的犯罪事实而受到刑法的否定评价。就掩饰、隐瞒赃物犯罪而言，因上游侵害他人财产权法益的客观事实已经发生，即使尚未查实上游犯罪系何人所为，致使上游犯罪行为人最终未被追究刑事责任，亦不影响该侵财犯罪事实的客观成立，其所获财物应当被认定为犯罪所得。对上述客观

违法性的认定问题在司法实践中已为多部司法解释所采纳，如《最高人民法院关于审理洗钱等刑事案件具体应用法律若干问题的解释》第四条、《最高人民法院关于审理掩饰、隐瞒犯罪所得、犯罪所得收益刑事案件适用法律若干问题的解释》第八条、《最高人民法院、最高人民检察院关于办理非法利用信息网络、帮助信息网络犯罪活动等刑事案件适用法律若干问题的解释》第十三条等均有类似规定。

二、以证据认定掩饰、隐瞒赃物行为人的主观明知

掩饰、隐瞒赃物犯罪必须以“明知”系犯罪所得、犯罪所得收益为前提。此处“明知”的基本含义包括“知道与应当知道”。“知道”是指直接认定行为人明知掩饰、隐瞒的对象是犯罪所得及其收益的情形。实践中往往表现为行为人在供述中明确承认知道的情形。“应当知道”是指行为人虽然实施了掩饰、隐瞒行为，却不承认对犯罪所得及其收益的“明知”，需要根据行为人的供述，结合其表现于外的行为过程及案件具体情况，综合判断论证其是否构成“明知”。实践中对于“知道”的认定通常将行为人所供述的自己的主观认识与在案证据相印证，即可认定“明知”。对于“应当知道”则只能通过在案证据进行推定。为此，最高法院通过大量司法解释形成了一系列推定“明知”的证据裁判规则。解释同时规定了“有证据证实被告人确实不知道的除外”，即该事实的推定规则允许行为人通过提出相关证据作出合理的反驳和辩解，若反驳、辩解成立，则不构成“明知”。

三、本案被告人构成掩饰、隐瞒犯罪所得罪的认定

（一）上游盗窃犯罪因具备客观违法性而成立

本案中，虽无法证实盗窃手表的行为系被告人张某某、黄某某所为，但在案证据足以证实以下事实：2021年8月24日被害人报警称其购买价格为31万余元的劳力士牌手表于前日16时至20时之间在家中被盗，公安机关于当日立案侦查，同年9月8日被盗手表已被张、黄二人持有并在次日被以低于市场价格出售。上述事实证明上游盗窃行为已具备客观违法性，虽尚未查明盗窃行为人，但并不影响盗窃犯罪事实客观成立，涉案手表应当被认定为盗窃犯罪所得。

（二）在案证据能够推定被告人对涉案手表系犯罪所得的“明知”

根据在案证据证实，被害人实际购入涉案手表的价格为31.21万元，经价格

认定，该手表案发时价值21.5万元。被告人张某某、黄某某携涉案手表以18.5万元出售。在出售过程中，二人要求店主不得对其本人与手表一同拍照、钱款只收取现金。交易完成后，张某某通过其妻子将分得的9万元现金藏匿于居住公寓的天台处，黄某某将分得的9万元现金中的8万元交给其朋友代为保管。二被告人到案后对涉案手表的来源均拒不交代亦不辩解。羁押期间，张某某通过传递串供纸条要求黄某某在供述时称手表是黄自己捡来的，至于在何处捡来的要黄自己想好。通过上述事实，足以推定二被告人“明知”涉案手表系犯罪所得。

综上，被告人张某某、黄某某明知涉案手表系犯罪所得而予以出售并获利18.5万元，其行为均应以掩饰、隐瞒犯罪所得罪追究刑事责任。

编写人：重庆市第三中级人民法院　崔鲁

24

支付结算型帮助信息网络犯罪活动罪与掩饰、隐瞒犯罪所得罪的区分认定

——许某某掩饰、隐瞒犯罪所得案

【案件基本信息】

1. 裁判书字号

山东省淄博市淄川区人民法院（2023）鲁0302刑初590号刑事判决书

2. 案由：掩饰、隐瞒犯罪所得罪

【基本案情】

被告人许某某为牟取非法利益，在明知他人从事违法犯罪活动的情况下，于2022年8月将自己名下的银行卡提供给他人使用，并配合他人进行刷脸等验证。2022年8月12日，被告人许某某名下中国银行账户转入周某某被骗资金

人民币 5000 元，转入胡某某被骗资金人民币 18000 元，转入徐某某被骗资金人民币 15000 元，后被告人代为转账人民币 10000 元，取现人民币 87800 元，非法获利人民币 1000 元。案发后，非法获利人民币 1000 元已被公安机关扣押。公诉机关认为被告人许某某明知是犯罪所得而予以窝藏、转移，致使上游犯罪无法及时查处，并造成公私财物损失无法挽回，其行为触犯了《中华人民共和国刑法》第三百一十二条之规定，构成掩饰、隐瞒犯罪所得罪；被告人许某某有自首情节，可从轻处罚；自愿认罪认罚，可从宽处理；已上交违法所得，可酌定从轻处罚；曾受过行政处罚，可酌定从重处罚。故建议判处有期徒刑八个月，并处罚金人民币 1000 元。因被告人许某某系缓刑期间犯新罪，应当撤销缓刑，实行数罪并罚，故建议判处被告人许某某有期徒刑一年四个月，并处罚金人民币 1000 元。

【案件焦点】

支付结算型帮助信息网络犯罪活动罪与掩饰、隐瞒犯罪所得罪应如何正确区分认定。

【法院裁判要旨】

山东省淄博市淄川区人民法院经审理认为：被告人许某某为获取非法利益，明知是犯罪所得而帮助他人转账、取现，其行为已构成掩饰、隐瞒犯罪所得罪。公诉机关的指控成立，依法予以采纳。被告人许某某在缓刑考验期内犯新罪，对其应撤销缓刑，数罪并罚。被告人许某某有自首情节，可从轻处罚；自愿认罪认罚，可从宽处理；积极上缴违法所得，可酌情从轻处罚。被告人许某某曾受过行政处罚，可酌定从重处罚。辩护人关于被告人许某某系自首、自愿认罪认罚、主动上交违法所得，建议从轻处罚的辩护意见成立，依法予以采纳。据此，综合考虑本案的犯罪事实、性质、社会危害性以及被告人许某某犯罪前后的表现等情节，依照《中华人民共和国刑法》第三百一十二条第一款、第七十七条第一款、第六十九条、第五十二条、第五十三条、第六十七条第一款、第六十一条、第六十四条之规定，判决如下：

一、撤销山东省淄博市淄川区法院（2021）鲁0302刑初204号刑事判决书中被告人许某某犯故意伤害罪，判处有期徒刑一年，缓刑一年的缓刑部分。被告人许某某犯掩饰、隐瞒犯罪所得罪，判处有期徒刑八个月，并处罚金人民币1000元。数罪并罚，决定执行有期徒刑一年四个月，并处罚金人民币1000元；

二、涉案违法所得人民币一千元依法予以没收，上缴国库。

一审判决后，被告未提起上诉，检察机关未提起抗诉，该判决已发生法律效力。

【法官后语】

本案主要涉及支付结算型帮助信息网络犯罪活动罪（以下简称帮信罪）与掩饰、隐瞒犯罪所得罪（以下简称掩隐罪）的正确区分认定问题。

近年来，随着帮信罪及关联案件数量的不断攀升，司法实践中对此类案件的定罪量刑及法律适用问题日渐凸显。帮信罪行为类型分为两种，一种是提供支付结算工具型的帮助，即单纯的出售、出租银行卡等，帮助的内容系提供支付结算工具，此类案件审理较为简单，即可直接定性为帮信罪。另一种是支付结算型帮助，即为上游提供转账、取现、刷脸等行为，帮助的内容是支付结算本身。因支付结算型的帮信罪与掩隐罪在犯罪构成方面容易出现交叉竞合，易造成公诉人和审判人员观点不一和认定不一的问题。因此，如何正确把握支付结算型帮信罪与掩隐罪的区别，成为审理此类案件的重点和难点。关于两罪如何界分，具体分析如下：

1. 两罪的概念区别。区分两罪应首先明析犯罪本身的定义。帮信罪是指明知他人利用信息网络实施犯罪，为其犯罪提供互联网接入、服务器托管、网络存储、通讯传输等技术支持，或者提供广告推广、支付结算等帮助，情节严重的行为。掩隐罪是指明知是犯罪所得及其产生的收益而予以窝藏、转移、收购、代为销售或以其他方法掩饰、隐瞒的行为。

2. 两罪的核心区别。（1）两罪对“明知”的要求程度不同。帮信罪和掩隐罪在为上游犯罪提供支付结算帮助时，主观方面都应系明知，即明知上游系犯罪行为，具体上游犯何种罪，不需要明确掌握。但两罪对“明知”程度的要求不同。帮信罪要求行为人对自己提供的银行账户大概被用于犯罪有较为明确的认知即可。掩隐罪则要求既概括性明知，又要求明确知道，即需明确知道系犯罪后获得的赃款、赃物等。在审理过程中，判断行为人的明知程度，要根据全案事实、证据审慎判断，必要时可以建议公诉机关补充相关证据材料，不能片面倚重被告人的供述和辩解；（2）行为人帮助行为介入的时间不同。如果帮助行为发生在上游犯罪的实施过程中，系上游犯罪的辅助行为，该行为包含在上游犯罪的整个过程中，应为帮信罪。如果行为人的支付结算行为发生在上游犯罪既遂以后，属于既遂后的帮助行为，应为掩隐罪。即帮信罪中的帮助行为可以发生在事前、事中，也可以是事后的帮助行为，而掩隐罪则只能发生在事后。

3. 两罪区别的延伸。（1）在审判实践中犯罪手段日益翻新。例如，行为人明知上游系犯罪行为，通过出售“四件套”（包括手机卡、银行卡、U盾、网银）获利，上游通过“四件套”即可独自实施转账、取现等行为，此时行为人的行为应如何定性？再如，行为人向上游供卡时，上游就明确告知其需要在“现场”配合刷脸认证来完成取现、转账等，此时刷脸、取现、转账等行为应如何定性？对此均直接涉及罪名的确定。在司法实践中，针对上述两种情况一般均定性为“帮信罪”。其原因在于，行为人虽实施了刷脸、取现、转款等行为，但系行为人在“现场”连续实施的供卡和一系列的配合行为，与出售“四件套”的转款、提现的性质是一样的，区别仅是行为人是否在场而已，无论“四件套”还是“刷脸”验证取现都属于上游实施犯罪过程中的一部分，均系上游犯罪的辅助行为，故应定为帮信罪。如上述出售四件套认定为帮信罪，而现场刷脸、取现等认定为掩隐罪，则属量刑过重，就会出现罪责刑不相适应的问题。因此单纯的转账或刷脸并不能简单直接认定为掩隐罪。如果行为人供卡之后，上游又安排其取现、转账等，此时行为人已经明知卡内的钱款系犯罪所得，再实施转账、取现等行为，应认定为掩隐罪。（2）司法实践中，认定行为系帮信罪还是掩隐罪，还要考虑上游犯罪的形态与查证情况。理想状态下，上游犯罪经查证属实，涉案资金流入行为人提供的银行卡中，行为人在明知是犯罪所得的情况下，实施代为转账、取现等帮助，构成掩隐罪。但实践中往往是上游犯罪无法查实，行为人实施代为转账、取现等行为针对款项性质不明，在无证据证实该款项系犯罪所得的情况下，不宜认定为掩隐罪，只能认定为帮信罪。(3) 明知他人实施电信网络诈骗、参加诈骗团伙或者诈骗团伙形成比较稳定的配合关系，长期为他人提供信用卡或者转账取现的，以诈骗罪论处。

综上，正确把握支付结算型帮信罪与掩隐罪的区别，不仅关系到案件的定性问题，更关系到被告人的量刑问题。本案中，被告人实施了供卡、刷脸、代为转账、取现等一系列行为，其行为可分为两个阶段，第一阶段行为人实施了供卡和刷脸行为，该阶段的行为属于上游犯罪过程中的一部分，系上游犯罪的辅助行为，应为帮信罪；第二阶段行为人供卡之后，又实施了代为转账、取现的行为，此时行为人已经明知卡内的钱款系犯罪所得，再实施转账、取现的行为，应为掩隐罪。因被告人第一阶段的行为在数额上不构入罪标准，故未被起诉；其第二阶段的行为符合掩隐罪的构成要件，故依法应当以掩隐罪定罪处罚。

编写人：山东省淄博市淄川区人民法院　姚丽

25

拒不执行判决罪案件对“有执行能力”的认定

——陈某拒不执行判决案

【案件基本信息】

1. 裁判书字号

山东省淄博市中级人民法院（2022）鲁 03 刑终 224 号刑事裁定书

2. 案由：拒不执行判决罪

【基本案情】

2010 年 12 月 11 日，山东省淄博市周村区人民法院作出（2010）周民初字第

867号民事判决书，判决被告人陈某支付丁某医疗费、误工费、护理费、住院伙食补助费、伤残赔偿金、鉴定费、交通费人民币105301.22元，支付丁某父母丁甲、胡甲被扶养人生活费人民币1472.33元，支付丁某之女丁乙被扶养人生活费人民币7207.80元。被告人陈某收到判决后未按判决确定的期限履行支付义务。丁某等人于2012年1月6日向淄博市周村区人民法院申请强制执行，淄博市周村区人民法院立案后依法向被告人陈某送达执行通知书、报告财产令并进行财产查控，未发现被告人陈某足额可供执行财产，因被告人陈某拒绝报告财产，淄博市周村区人民法院于2018年12月18日对其作出拘留十五日决定，因其行踪不定未能执行拘留措施，后人民法院对其多次执行，其均未履行判决书确定的支付义务，至2022年1月22日，人民法院共执行到位34214.93元，该款已全部支付完毕。

【案件焦点】

拒不执行判决、裁定犯罪中，如何根据在案证据正确认定被告人的执行能力问题。

【法院裁判要旨】

山东省淄博市周村区人民法院经审理认为：被告人陈某长期从事装修工作，有全部或部分能力执行人民法院依法作出的已发生法律效力且具有执行内容的判决，但其心存侥幸，逃避执行，并将其收入用于一些非必要开支，人民法院对其依法送达报告财产令后拒绝报告财产，对其作出拘留决定后仍拒不执行，情节严重，其行为侵犯了人民法院的正常活动，构成拒不执行判决罪，应予处罚。被告人陈某在未将其收入全部或部分用于执行人民法院确定的支付义务情况下，将其部分收入用于购买保险及缴纳其子入学私立学校的学费，导致其财产总量减少，降低了其执行判决的能力；被告人陈某本人长期从事装修工作，年收入3万元左右，自民事判决书生效至今已有十余年，其身体未出现重大影响劳动能力的情形，十年积蓄不足以支付10万余元债务，不符合生活经验，对被告人的辩护意见，不予采纳。

山东省淄博市周村区人民法院依照《中华人民共和国刑法》第三百一十三

条、第六十一条、第六十七条第三款,《最高人民法院关于审理拒不执行判决、裁定刑事案件适用法律若干问题的解释》第一条、第二条、第七条,《中华人民共和国刑事诉讼法》第十五条,作出如下判决:

被告人陈某犯拒不执行判决罪,判处有期徒刑一年。

陈某持原审辩解提起上诉。山东省淄博市中级人民法院经审理认为:陈某有能力执行人民法院已发生法律效力且具有执行内容的判决,通过失联等方式逃避执行,人民法院对其依法送达报告财产令后拒绝报告财产,对其作出拘留决定后仍拒不执行,情节严重,其行为构成拒不执行判决罪。原审判决认定上诉人陈某有执行能力是根据其微信交易明细、子女就学及人寿保险购买等情况综合判断而作出量刑并无不当。故陈某的上诉理由,不能成立。

山东省淄博市中级人民法院依照《中华人民共和国刑事诉讼法》第二百三十六条第一款第一项的规定,裁定如下:

驳回陈某的上诉,维持原判。

【法官后语】

本案审查重点主要在于对被告人是否具有执行能力的认定。拒不执行判决、裁定罪的入罪前提是"对人民法院的判决、裁定有能力执行",如何认定"是否具有执行能力"直接影响犯罪的成立。《最高人民法院关于审理拒不执行判决、裁定案件具体应用法律若干问题的解释》(以下简称《最高法司法解释》)第二条列举了八种有能力执行而拒不执行的情形,但在司法实践中,面对被执行人对其执行能力做出各种辩解与否认,应当从以下两方面对"执行能力"做出综合判断。

首先是执行能力的时间认定问题。拒不执行判决、裁定罪作为一种不作为犯,针对的是人民法院的生效判决、裁定,故认定行为人是否具有执行能力的时间应界定在判决、裁定生效之后。如果行为人在判决、裁定生效前有执行能力,但在判决、裁定生效后确实没有可供执行的财产,则不能构成犯罪。但是,实践中不排除行为人隐藏、转移、故意毁损财产或无偿转让、以不合理的价格转让财产等恶意逃避执行的情形。《中华人民共和国民事诉讼法》第二百五十二条规定,被执行人未按执行通知履行法律文书确定的义务,应当报告当前以及收到执行通知之日前一年的财产情况。被执行人拒绝报告或者虚假报告的，人民法院可以根据情节轻重对被执行人或者其法定代理人、有关单位的主要负责人或者直接责任人员予以罚款、拘留。依据该条款，判决、裁定进入执行程序后，被执行人应当如实报告近一年的财产状况及变动情况，若被执行人为达到逃避履行特定义务的目的，积极或消极地处置财产，导致可执行财产不当减少的，人民法院应将其纳入行为人执行能力的考察范围。若被执行人拒绝报告或者虚假报告财产，人民法院经查实后，可以依法对其采取罚款或者拘留等强制措施，对经采取罚款或者拘留等强制措施后仍拒不执行的，则构成拒不执行判决、裁定罪，可依法追究其刑事责任。

其次是执行能力的范围认定问题。《最高法司法解释》及《全国人民代表大会常务委员会关于〈中华人民共和国刑法〉第三百一十三条的解释》，分别对“有能力执行而拒不执行，情节严重”的情形作出了具体规定，除此之外，认定被执行人是否有执行能力，还应从被执行人收入和支出两个方面来推定。其中，可以证明收入的证据有：(1) 被执行人名下的银行账户内有一定的交易流水，且收支有结余；(2) 被执行人从事有偿劳动，有固定或不固定的工资或劳务收入；(3) 被执行人有其他经营性收入，如收取租金、土地流转费用；(4) 其他收入，如继承、拆迁补偿款等收入。人民法院的判决、裁定生效后，被执行人的第一支出应该是履行生效法律文书确定的义务。被执行人在满足必要的生活保障性支出外，其收入应当优先履行法律文书内容。司法实践中，根据被执行人财产状况和履行能力的不同，我们通常将可执行能力划分为完全可执行能力、部分可执行能力、无可执行能力。其中，部分可执行能力，是指行为人对生效法律文书确定的给付义务虽然暂时不具备全部履行的能力，但是具备部分履行的能力。行为人具备部分可执行能力的，即被执行人在扣除其及其抚养人员最低限度的生活必要保障外，还具有部分可执行能力的，应当履行法律文书确定的义务，否则应当认定为“有能力执行”而不执行，构成犯罪。庭审中，行为人通常以不具备执行能力做出辩解，对于无执行能力的认定，需要由行为人自己举证证明，例如行为人存在丧失劳动能力、低保人员、失业下岗人员、身患重大疾病等特殊情况，再由执行法官审核其是否暂时不具备执行能力。

具体到本案中，被告人陈某长期从事装修工作，有固定的收入来源，法院通过查询其近两年的微信账户显示，账户内有较大的资金流水，且收支有结余，证明被告人陈某具备一定的履行能力。但被告人陈某在判决生效后，未积极履行生效判决确定的给付义务，反而为其子女购买理财型保险，并将子女送入私立学校就读，将其收入用于一些非必要的开支，逃避执行。人民法院对其依法送达报告财产令后其拒绝报告财产，对其作出拘留决定后仍拒不执行，情节严重，其行为侵犯了人民法院的正常活动，构成拒不执行判决罪。

综上，在司法实践中，我们应当从执行能力的时间和范围两个方面，准确认定被执行人是否真正具有“执行能力”，依法打击拒执犯罪，更好地保障胜诉人合法权益，切实维护国家司法秩序。

编写人：山东省淄博市周村区人民法院　钟晓敏

（三）危害公共卫生罪

26

非法行医致人死亡与过失致人死亡罪的区分

——某某华非法行医案

【案件基本信息】

1. 裁判书字号

山东省德州市德城区人民法院（2022）鲁1402刑初247号刑事判决书

2. 案由：非法行医罪

【基本案情】

被告人某某华在未取得《医师资格证书》《医师执业证书》《乡村医生执业证书》等医生执业资格的情况下，私自在其家中开办个人诊所，长期为同村村民看病，从事非法医疗诊治活动。因非法行医于2016年9月19日、2017年4月12日被原卫生和计划生育局两次行政处罚。2022年4月5日，被害人史某某因眼部不适让被告人某某华去其家中诊治。某某华未按照头孢曲松钠注射液说明书的注意事项给史某某做过敏试验，致使史某某在输液过程中出现过敏，某某华积极救治被害人，后史某某经抢救无效死亡。经刑事科学技术室鉴定，被害人史某某系药物过敏死亡。

另查明，被告人某某华在明知有人报警后未离开案发现场，至侦查人员到场后将其带至办案场所进行询问，并如实供述了案件事实。在本案审理期间，被告人某某华的近亲属自愿代某某华对被害人史某某的近亲属进行了赔偿。

【案件焦点】

非法行医致人死亡与过失致人死亡罪如何进行正确认定与区分。

【法院裁判要旨】

山东省德州市德城区人民法院经审理认为：（1）关于本案的事实和罪名的认定。被告人某某华曾因非法行医于2016年、2017年两次受到行政处罚，在明知自己没有取得医生执业资格的情况下依然从事医疗诊治活动，对基础非法行医行为存在主观故意。被告人某某华进行诊治时仅是口头询问被害人是否头孢过敏，未按照说明书注意事项给史某某做过敏试验导致被害人死亡，未尽到注意义务，确属过于自信的过失，但此损害结果属于非法行医罪的结果加重犯，致人死亡的加重结果与非法行医的基本行为具有直接的因果关系。（2）关于本案的量刑情节考量。被告人某某华在发现被害人史某某出现过敏反应后立即实施拔针、心脏按压等急救措施，但史某某出现过敏反应的结果与某某华非法行医的行为具有直接因果关系，属某某华先行行为导致了危害结果的发生，其具有刑法意义上的法定救助义务，被害人史某某经抢救无效死亡，综合考虑本案犯罪的性质、抢救效果、人身损害后果，犯罪后积极救治被害人不应作为酌定从轻量刑的情节。

综上，山东省德州市德城区人民法院依照《中华人民共和国刑法》第三百三十六条第一款、第五十二条、第五十三条、第六十七条第一款、第六十一条、第六十四条，判决如下：

被告人某某华犯非法行医罪，判处有期徒刑十年，并处罚金人民币1万元。

一审判决后，被告未提起上诉，检察机关未提起抗诉，该判决已发生法律效力。

【法官后语】

本案处理重点在于非法行医致人死亡与过失致人死亡的区分。在司法实务中，存在未能厘清非法行医致人死亡与过失致人死亡罪的现象，导致量刑的参差，从长期角度看，有违罪责刑相适应原则，有损法律权威，难以在司法实践领域保障被告人权利。因此，就本案体现的典型性问题，即非法行医致人死亡与过失致人死亡罪的认定与区分，应当根据因果关系要素、主体要素、客观行为要素等以下审判思路予以正确把握。

1. 因果关系要素

无医师执业资格者进行医疗活动出现死亡结果时，以非法行医致人死亡还是过失致人死亡罪论处，实务中并未形成统一裁判标准。医疗领域因果关系具有复杂性与多变性，实务中的判决明确以“相当因果关系”作为判断日益增加，但如若采用相当因果关系说则与过失致人死亡罪的要求重合，导致“造成就诊人死亡”的标准轻易成立，而非法行医结果加重犯法定刑远重于过失致人死亡罪，容易出现刑罚倒挂，有违罪刑均衡原则。因此，笔者认为，应当引入德国“直接关联性”理论对因果关系进行限制来作为关键区分点，即非法行医行为系造成就诊人死亡的直接、主要原因的，对加重结果归责，以非法行医结果加重犯论处。

“直接关联性”理论要求非法行医造成就诊人死亡的原因为直接原因与主要原因。当非法行医行为蕴含造成加重结果的高度危险直接实现于加重结果时，系直接原因，如被害人特殊体质大概率会导致死亡结果发生，则属于介入因素，而非直接原因。当非法行医行为对死亡结果损害参与度大于50%、非法行医行为蕴含造成加重结果具有高度危险性、高度盖然性时，系主要原因。笔者认为，为防止司法实务者仅对事实进行判断或只以鉴定意见作为参考标准，判断时主要原因与直接原因应兼具、缺一不可。例如，对头孢曲松钠过敏致人死亡的情形，临床数据显示，该药物引起的过敏性休克人数、致死人数均为头孢菌素类抗生素首位，反映出为患者注射头孢的行为与造成的死亡结果之间具有常态化关系，行为已蕴含造成加重结果的高度危险，若不按照药品说明书为患者进行过敏试验使该高度危险直接实现，出现就诊人死亡的加重结果，则可认定非法行医行为系直接、主要原因，属非法行医造成就诊人死亡而非过失致人死亡。若医疗行为并非造成就诊人死亡的直接、主要原因，不具有直接关联性，但具有相当因果关系时，由于过失致人死亡罪与非法行医罪系想象竞合关系，以过失致人死亡罪论处有利于贯彻罪责刑相适应原则。就本案而言，被告人某某华为被害人注射容易致人过敏的头孢曲松钠且未按说明书要求进行过敏试验，导致史某某药物过敏死亡，属于“造成就诊人死亡”的直接、主要原因，应以非法行医结果加重犯论处。

2. 主体要素

从客观违法阶层主体身份角度分析非法行医罪的构成，即未取得医生执业资格的人构成非法行医罪的犯罪主体，而是否取得医生执业资格，应立足行政犯角度考量，既包括未取得医师资格，也包括取得医师资格但没有执业证书。从实质上看，行医不应只要求具备理论上的医学知识与技能，还应具备执业资格。取得医师资格但未取得执业资格的人行医，既危害公共卫生，又侵犯医疗管理秩序。非法行医罪主体是消极的身份犯，一种特殊的主体，而过失致人死亡罪并无特殊身份要求。就本案而言，某某华作为一名“乡村医生”，未参加考试，未取得乡村执业证书却长期为村民诊治医疗，符合非法行医罪的主体构成要件。

3. 客观行为要素

从客观行为角度分析，非法行医罪属于职业犯，应当以实施医疗行为为业，是一种长期反复的业务行为。不具有医生执业资格的行为人若无反复、继续实施的意思，偶然地为特定的人医治疾病，造成死亡后果的，不成立非法行医罪，应认定为过失致人死亡罪。例如，不具备医生执业资格的护士照搬其利用工作之便记录的处方为丙治疗，对丙使用大量药品，丙出现不良反应后经医院抢救无效死亡。该护士客观上并无长期反复实施治疗行为，不以非法行医为业，不具有危害公共卫生的性质，其致人死亡的违法性与有责性均轻于非法行医罪，以过失致人死亡罪论处符合罪责刑相适应原则。就本案而言，某某华长期反复为同村村民诊治，以实施医疗行为为业，虽存在不经常收费情形，但是否盈利不影响本罪构成，某某华符合非法行医罪的客观行为要素。

综上，为实现量刑均衡、保障被告人权利，司法实务中承办法官认定非法行医罪与过失致人死亡罪时应从主体身份、客观行为表现、直接因果关系多角度思量。对于非法行医致人死亡的情形，应严把标准关，限制成立范围与刑罚程度，防止严厉的法定刑在司法实务中的不当适用。本案根据上述审判思路予以分析认定，作出最终裁判，即被告人某某华属非法行医造成就诊人死亡，构成非法行医罪，兼顾保障法益与人权，有利于实现罪责刑相适应。

编写人：山东省德州市德城区人民法院　李欣欣　孙雪蕾

（四）破坏环境资源保护罪

27

综合适用法律责任惩治破坏生态环境犯罪

——姜某等污染环境案

【案件基本信息】

1. 裁判书字号

黑龙江省哈尔滨市香坊区人民法院（2021）黑0110刑初335号刑事附带民

事判决书

2. 案由：污染环境罪

【基本案情】

哈尔滨某防水公司在日常生产防水材料过程中，用水喷淋原理过滤生产中产生的废气，经过滤后的油水混合物属危险废物（石油烃类物质）。该公司法定代表人被告人姜某既未按规定安装油水混合物净化处理设施，也未将油水混合物交由专业危废处置机构处理，放任其公司厂长被告人姜某1随意倾倒危险废物。2018年至2019年，姜某1先后两次纠集该公司工人向公司西侧大坑内倾倒油水混合物20余吨。经鉴定，土壤生态环境损害数额为30万元。2020年以来，因大坑被填埋无法继续倾倒，姜某1串通生态局环境监测工作人员于某某让其帮忙处理，于某某遂联系城市管理局工作人员被告人冯某，冯某指使下属被告人肖某某、周某某将该公司产出的油水混合物倾倒在排雨水井内，倾倒的污染物通过该井流入某河沟，造成河水严重污染。经鉴定，地表水生态环境损害数额为60万元。马家沟污染区域已修复完毕，清除污染费用及环境应急检测费用合计362412元。

公安机关于2020年11月5日将被告人肖某某、周某某传唤到案，同年12月10日将被告人冯某传唤到案，同年12月15日将被告人姜某、姜某1、于某某传唤到案。

【案件焦点】

如何正确适用刑事、民事责任，最大限度挽回生态环境破坏所造成的损失，并实现惩治效果。

【法院裁判要旨】

黑龙江省哈尔滨市香坊区人民法院经审理认为：被告单位哈尔滨某防水公司及被告人姜某、姜某1、于某某、冯某、肖某某、周某某违反国家规定，放任、指使他人或者亲自参与排放、倾倒危险废物，严重污染环境，其行为构成污染环境罪。被告单位及各被告人除应承担刑事责任外，作为附带民事公益诉讼被告，因污染环境、破坏生态损害社会公共利益，还应承担修复生态环境、赔偿损失、赔礼道歉等民事责任。据此，判决如下：

一、被告单位哈尔滨某防水公司犯污染环境罪，判处罚金人民币 20 万元；

二、被告人姜某犯污染环境罪，判处有期徒刑一年三个月，并处罚金人民币 5 万元；

三、被告人姜某 1 犯污染环境罪，判处有期徒刑一年一个月，并处罚金人民币 5 万元；

四、被告人于某某犯污染环境罪，判处有期徒刑一年一个月，并处罚金人民币 2 万元；

五、被告人冯某犯污染环境罪，判处有期徒刑一年一个月，并处罚金人民币 2 万元；

六、被告人肖某某犯污染环境罪，判处有期徒刑一年，并处罚金人民币 1 万元；

七、被告人周某某犯污染环境罪，判处有期徒刑九个月，并处罚金人民币 5000 元；

八、附带民事公益诉讼被告哈尔滨某防水公司赔偿土壤生态环境损害数额人民币 30 万元，上缴国库。该款项于判决生效后十日内给付；

九、附带民事公益诉讼被告哈尔滨某防水公司、于某某、冯某、肖某某、周某某共同赔偿地表水生态环境损害数额人民币 60 万元，上缴国库；共同向街道办事处给付清理污染费用人民币 24200 元；共同向城市管理局给付清理污染费用人民币 231919 元；共同向检测技术公司给付环境检测费用人民币 106293 元。上述款项均于判决生效后十日内给付；

十、附带民事公益诉讼被告哈尔滨某防水公司、于某某、冯某、肖某某、周某某通过全省范围内发行的纸质媒体或电视台公开赔礼道歉，于判决生效后十五日内履行。

一审判决后，被告未提起上诉，检察机关未提起抗诉，该判决已发生法律效力。

【法官后语】

本案系较为典型的环境资源刑事附带民事公益诉讼案件。近年来，一些企业出于经济效益考虑，将生产中产生的危险废物直接偷排入江河、地下，严重损害环境安全和社会公众利益。本案对偷排企业和违法个人施以刑事制裁，特别是附带民事部分判罚款项用以清洁、修复污染河流，最大限度挽回了生态环境损失。

被告单位和被告人破坏生态环境，承担刑事责任的同时，作为附带民事公益诉讼被告还应承担民事责任，最大限度挽回生态环境破坏损失。行为人实施破坏环境行为及污染区域修复完成时《中华人民共和国民法典》尚未施行，依据法律规定，民法典施行前的法律事实引起的民事纠纷案件，当时的法律、司法解释有规定，适用当时的法律、司法解释的规定，但是适用民法典的规定更有利于保护民事主体合法权益，更有利于维护社会和经济秩序，更有利于弘扬社会主义核心价值观的除外。据此，本案适用民法典的相关规定具有法律依据。关于行为人应承担哪些民事责任，《中华人民共和国民法典》在责任界定和赔偿范围上作了较为清晰的规定。

根据《最高人民法院关于审理环境民事公益诉讼案件适用法律若干问题的解释》（以下简称《公益诉讼解释》）的相关规定，人民法院可以直接判决被告承担生态环境修复费用。原告请求被告赔偿生态环境受到损害直至修复完成期间服务功能丧失导致的损失、生态环境功能永久性损害造成的损失的，人民法院可以依法予以支持。因各附带民事诉讼被告污染环境行为，被告应承担清理马家沟污染费用24200元、231919元；赔偿形成地表水生态环境损害数额60万元、土壤生态环境损害数额30万元。根据《公益诉讼解释》的规定，原告请求被告承担生态环境损害调查、鉴定评估费用的，人民法院可以依法予以支持。故被告应承担环境检测费用106293元。因各被告的侵权行为造成的环境损害，侵害了不特定社会公众的合法权益，应公开道歉，承认侵害行为的不法性，以取得社会公众的谅解，同时对环境侵害者起到震慑和警示的作用，故要求各被告通过黑龙江省全省范围内发行的纸质媒体或电视台公开赔礼道歉。责令偷排企业和违法个人在媒体公开道歉，有助于营造珍爱生态环境、保护自然资源的良好社会氛围，对各类企业践行新发展理念，自觉承担生态环境保护主体责任起到了法治教育作用。

编写人：黑龙江省哈尔滨市香坊区人民法院　马实诺　王率

28

非法处置危险废物定性及法院阶段刑事合规的刑法考量

——浙江 M 公司、沈某某等污染环境案

【案件基本信息】

1. 裁判书字号

浙江省绍兴市上虞区人民法院（2021）浙 0604 刑初 475 号刑事判决书

2. 案由：污染环境罪

【基本案情】

浙江 M 公司是一家经营食品类金属外包装加工的企业，生产中需使用涂料，装有涂料残液的铁质废包装桶经环保部门认定系危险废物，依照国家相关规定应当交由具有资质的企业进行处置。2016 年下半年至 2020 年 9 月，被告单位浙江 M 公司在明知被告人王某某、姚某某等人无危险废物经营许可证的情况下，将生产过程中装有涂料残液的废包装大桶以 7 元一个的价格出售给王某某、姚某某等人进行非法处置，小桶随车带走不计价。废包装桶几经周转，最终被作为废铁运至下游钢厂进行熔铁炼钢等，严重污染大气生态环境。其中浙江 M 公司非法处置危险废物 500 余吨，违法所得 160 余万元。

在法院审理阶段，浙江 M 公司履行了生态环境损害赔偿款及鉴定评估费用共 230 余万元，退缴了违法所得，并预缴了罚金。案发后，浙江 M 公司通过停

产整顿、修订环评报告、由第三方环评机构重新制作危废核查、修正和更新相关数据、提升改造环保设备、整改落实危废产生、管理与处理流程、制定企业合规制度、引入专业团队协助合规建设等方式积极进行合规整改，并通过改进涂料包装，对涂料包装铁桶进行循环回收利用，实现了节能减排和低碳绿色发展。法院通过实地走访、座谈交流、专家咨询等方式，督促企业细化落实整改方案，健全内控机制，推动浙江M公司合规整改工作取得实效，并启动了评审评估会议，与会专家一致认为，浙江M公司合规整改措施取得了较好成效，最终法院根据浙江M公司、沈某某等人自愿认罪认罚、合规整改情况、专家评审意见、补植复绿行动等，对浙江M公司及涉案人员酌情从宽及从轻处罚。

【案件焦点】

污染环境犯罪中，委托无危险废物经营许可证的他人非法处置危险废物的定性问题，以及法院审理阶段探索适用涉刑企业合规整改的刑事考量。

【法院裁判要旨】

浙江省绍兴市上虞区人民法院经审理认为：被告人王某某、姚某某、冯某某、叶某某、陆某某违反国家规定，在无危险废物经营许可证的情况下，非法处置危险废物，严重污染环境，其行为均已构成污染环境罪；被告单位浙江M公司明知他人无危险废物经营许可证，仍提供和委托他人非法处置危险废物，严重污染环境，被告人沈某某系直接负责的主管人员，被告人周某某、张某某均系其他直接责任人员，上述单位及个人均已构成污染环境罪。结合案发后，被告单位浙江M公司积极进行合规整改，取得较好成效并已通过评审，已缴纳生态环境损害赔偿款，退缴违法所得，预缴罚金，结合本院就本案开展的判前社会效果评估总体意见，可对被告单位、各被告人均酌情从轻处罚。

浙江省绍兴市上虞区人民法院依照《中华人民共和国刑法》第三百三十八条、第三百四十六条、第三十条、第二十五条第一款、第二十六条第一款和第四款、第二十七条、第六十五条第一款、第六十七条第一款、第七十七条第一款、第六十九条第一款和第三款、第七十二条、第七十三条第二款和第三款、第六十四条，《中华人民共和国刑事诉讼法》第十五条，《最高人民法院、最高人民检察院关于办理环境污染刑事案件适用法律若干问题的解释》第一条第二项、第三条第二项、第六条、第七条、第十三条第一款、第十五条第一项、第十七条第三款和第六款的规定，作出如下判决：

一、撤销浙江省慈溪市人民法院（2019）浙0282刑初1405号刑事判决对罪犯冯某某宣告缓刑一年四个月的执行部分；

二、被告单位浙江M公司犯污染环境罪，判处罚金人民币160万元；

三、被告人沈某某犯污染环境罪，判处有期徒刑三年，缓刑五年，并处罚金人民币30万元；

四、被告人周某某犯污染环境罪，判处有期徒刑二年六个月，缓刑二年六个月，并处罚金人民币5万元；

五、被告人张某某犯污染环境罪，判处有期徒刑二年，缓刑二年，并处罚金人民币5万元；

六、被告人王某某犯污染环境罪，判处有期徒刑一年十个月，并处罚金人民币10万元；

七、被告人姚某某犯污染环境罪，判处有期徒刑三年，缓刑三年，并处罚金人民币25万元；

八、被告人冯某某犯污染环境罪，判处有期徒刑一年四个月，并处罚金人民币2万元，连同原犯污染环境罪判处有期徒刑八个月，并处罚金人民币5000元，决定执行有期徒刑一年八个月，并处罚金人民币25000元；

九、被告人叶某某犯污染环境罪，判处有期徒刑一年，缓刑一年六个月，并处罚金人民币1万元；

十、被告人陆某某犯污染环境罪，判处有期徒刑一年，缓刑一年六个月，并处罚金人民币1万元；

十一、禁止被告人沈某某、周某某、张某某、姚某某、叶某某、陆某某在缓刑考验期限内从事与危险废物处置有关的经营活动（禁止令的执行期限从缓刑执行之日起计算）；

十二、被告单位浙江M公司违法所得人民币160万元，被告人王某某、姚某某违法所得人民币26万元（现暂存在本院），予以追缴，上缴国库；被告人冯某某违法所得人民币8000元，继续予以追缴，上缴国库；

十三、现扣押在市公安局某区分局的被告人沈某某手机两部，被告人姚某某手机一部，被告人冯某某手机一部，由扣押单位发还给相应被告人。

一审判决后，被告未提起上诉，检察机关未提起抗诉，该判决已发生法律效力。

【法官后语】

第一，案件定性问题。即委托无危险废物经营许可证的他人非法处置危险废物，可否认定构成污染环境罪？

《最高人民法院、最高人民检察院关于办理环境污染刑事案件适用法律若干问题的解释》明确了非法排放、倾倒、处置危险废物的行为构成污染环境罪的司法认定标准。从司法解释的体系解释来看，对委托无危险废物经营许可证的他人非法处置危险废物是否构成污染环境罪，应当结合无证经营危险废物人员对危险废物的实际处置情况，以及违法造成环境污染的实害后果或现实危害进行分析。

而本案中，浙江M公司铁质废包装桶处置方式系简单地切碎压块打包，改变其物理特性的方法，处置过程与外环境直接接触，存在造成环境污染的危险或现实危害，最终运至下游废钢铁综合利用单位进行熔铁炼钢等，而熔炼方式不是危险废物的处置方式，没有采取与危险废物处置相应的废气处理工艺、与技术规范相应的污染防治措施，在综合利用过程中会产生大气污染物，严重污染大气生态环境，符合非法处置危险废物违法造成环境污染的情形。应认定构成污染环境罪。

第二，关于原审法院创新工作方式，对浙江M公司合规整改情况进行评审和评估，作为量刑情节如何进行刑法考量的问题。

在浙江M公司及相关责任人员的污染环境案中，审查起诉阶段并未启动企业刑事合规，在审判阶段作为被告的浙江M公司提出了环境刑事合规的意愿，且案发后有积极进行合规整改的表现，考虑到该案社会影响重大，案件处理结果极可能引发一系列社会问题，法院立足审判机关职能特点，兼顾协同推进的角度出发，经多方研讨和调查研究，启动了企业环境刑事合规，促进该企业完善环境刑事合规，推动企业实现绿色低碳转型升级，并探索启动涉案企业合规整改评审机制，在企业合规整改到位后，经评审将整改行为与结果作为企业悔罪表现，予以正向激励与肯定，并与认罪认罚情节相结合作为酌情从轻处罚情节认定。

针对案涉主要问题危险废物的处置，浙江M公司在合规整改中通过涂料桶循环再利用项目论证，联合供应商、客户开展工业技术分析，首次以加入内衬袋方式改进涂料包装，实现涂料包装铁桶回收再利用。此项改进不仅使危险固废量大幅下降（产生的危险固废仅为原涂料包装铁桶的2.7%），而且使企业由原先的支出处置费用转为盈利（涂料供应商有偿回收涂料桶），极大地促进了环境保护和资源节约利用。该做法推出后，包装行业纷纷效仿，带动了整个包装行业的绿色发展。

将企业环境刑事合规与认罪认罚结合起来，给予较大程度的从轻、减轻，并将之作为法定量刑情节。由于企业合规从宽制度是刑事合规与认罪认罚从宽相融合的产物，在目前的法律框架下，将企业刑事合规作为悔罪表现的情节，融入认罪认罚制度从宽处罚是完全可行的。对企业实施的环境污染类犯罪事实清楚，证据确实充分，企业自愿认罪认罚，有修复环境补救损失行为的被诉企业，量刑时应给予较之单纯认罪认罚更大限度的从宽。

编写人：浙江省绍兴市上虞区人民法院　孙芳芳

29

经鉴别具有反应性危险特性的固体废物，应认定为危险废物

——黄某等污染环境案

【案件基本信息】

1. 裁判书字号

福建省三明市中级人民法院（2022）闽04刑终142号刑事裁定书

2. 案由：污染环境罪

【基本案情】

2019年至2020年12月，被告人黄某在无危险废物处理资质的情况下，从浙江、江西、泰宁县等地或者从被告人陈某某、廖某某等处以由对方支付每吨40元至60元处理费接收铝灰，部分铝灰交由无危险废物处理资质的他人处理，部分铝灰被其和被告人罗某某堆放、倾倒在某县。

2019年至2021年1月，被告人陈某某在无危险废物运输、处理资质的情况下，从浙江等地企业和被告人廖某某等人处接收铝灰，收取运费及每吨50元至60元的处理费，或由其每车收取100元介绍费介绍他人运输铝灰，并由其将接收铝灰交由无危险废物处理资质的被告人黄某、罗某某堆放、倾倒在某县、某1县等地。

2019年7月至2020年12月，被告人廖某某将铝灰加工厂产生的铝灰及从他人处接收的铝灰，以支付每吨55元至60元的处理费，交由无危险废物处理资质的被告人黄某、陈某某进行处理，未跟踪落实铝灰的处理情况，造成4000余吨铝灰被非法倾倒。

被告人黄某非法处置、倾倒铝灰数量达到14100余吨；被告人罗某某非法

倾倒数量达到10100余吨，受黄某雇用帮助倾倒铝灰2600余吨；被告人陈某某非法倾倒或提供给他人倾倒数量达9600余吨，帮助廖某某倾倒数量达440余吨；被告人廖某某明知被告人黄某、陈某某等人无危险废物经营许可证，仍向其提供危险废物，数量达到4294.73余吨。经检测及环保部门出具认定函，认定上述地点抽样铝灰均能与水产生足以危害人体健康或环境的有毒气体、蒸汽或烟雾，属于具有反应性特征的危险废物。四被告人均被公安机关抓获归案。

【案件焦点】

对于涉案铝灰能否认定为危险废物。

【法院裁判要旨】

福建省三明市沙县区人民法院经审理认为：危险废物是指列入国家危险废物名录或者根据国家规定的危险废物鉴别标准和鉴别方法认定的具有危险特性的固体废物，具有腐蚀性、毒性、易燃性、反应性、感染性等特性，随意处置危险废物不仅严重污染生态环境，甚至将对公民造成人身损害。国家对危险废物经营实行许可制度，从事危险废物收集、贮存、利用、处置经营活动的单位，应当办理危险废物经营许可证。被告人黄某违反国家规定，非法处置、倾倒具有反应性特性的危险废物，严重污染环境，数量达到14100余吨，后果特别严重；被告人罗某某违反国家规定，非法倾倒及帮助倾倒具有反应性特性的危险废物，严重污染环境，非法倾倒数量达到10100余吨，帮助倾倒数量达到2600余吨，后果特别严重；被告人陈某某违反国家规定，非法倾倒或提供给他人倾倒及帮助倾倒具有反应性特性的危险废物，严重污染环境，非法倾倒或提供给他人倾倒数量达9600余吨，帮助倾倒数量达440余吨，后果特别严重；被告人廖某某明知被告人黄某、陈某某等人无危险废物经营许可证，仍向其提供危险废物，严重污染环境，数量达到4294.73余吨，后果特别严重，应当以污染环境罪共同犯罪论处。四被告人的行为均已构成污染环境罪，公诉机关指控的罪名成立。四被告人到案后，如实供述自己的罪行，属坦白，可以从轻处罚。判决如下：

一、被告人黄某犯污染环境罪，判处有期徒刑六年四个月，并处罚金人民币20万元；

二、被告人罗某某犯污染环境罪，判处有期徒刑六年，并处罚金人民币15万元；

三、被告人陈某某犯污染环境罪，判处有期徒刑五年五个月，并处罚金人民币15万元；

四、被告人廖某某犯污染环境罪，判处有期徒刑四年，并处罚金人民币20万元。

四被告人不服原审判决，提起上诉。福建省三明市中级人民法院裁定：

驳回上诉，维持原判。

【法官后语】

在本案审理过程中，对于涉案铝灰能否认定为危险废物，存在两种不同意见：

第一种意见认为，本案被告人的行为发生在2021年1月1日之前，应适用被告人行为时的法律法规的规定。本案中，公诉机关未提供证据证实涉案铝灰是否铝火法冶炼过程中产生的初炼炉渣和易燃性撇渣。《国家危险废物名录》只将铝火法冶炼过程中产生的铝灰列入，未将其他方法产生的铝灰列入。因此，涉案铝灰不能认定为是铝火法冶炼过程中产生的初炼炉渣和易燃性撇渣，不能认定为危险废物。

第二种意见认为，虽然《国家危险废物名录》只将铝火法冶炼过程中产生的初炼炉渣和易燃性撇渣列入，但是按照国家规定的危险废物鉴别标准和鉴别方法进行鉴别，具有腐蚀性、毒性、易燃性、反应性、感染性五个危险特性之一的固体废物，均应认定为危险废物。涉案铝灰经鉴别具有反应性的危险特性，应认定为危险废物。

笔者同意第二种意见，主要理由如下。

一、铝灰污染环境的风险高

铝灰是铝工业生产过程中产生的废渣，分为一次铝灰和二次铝灰。除铝含量差异外，两种铝灰物质组成相似，环境危害特性均为反应性，部分铝灰还具有浸出毒性或者遇水释放易燃性气体。铝灰污染环境的风险性高，特别是铝火法冶炼过程中产生的铝灰污染环境的风险较大。因此，《国家危险废物名录》(2016年版) 写明了“铝火法冶炼过程中产生的初炼炉渣”和“铝火法冶炼过程中产生的易燃性撇渣”均属于具有反应性危险特性的危险废物，未明确其他冶炼方法或其他生产加工过程中产生的铝灰和二次铝灰是否属于危险废物。但《国家危险废物名录》(2021年版) 将“再生铝和铝材加工过程中，废铝及铝锭重熔、精炼、合金化、铸造熔体表面产生的铝灰渣，及其回收铝过程中产生的盐渣和二次铝灰”等列入。

二、被告人的行为具有严重的社会危害性

当前，一些铝企为降低生产成本，特别是处置铝灰的费用，另一些个人为获取低廉的处置费用，由铝企付费交由个人处置铝灰。他们置国家法律于不顾，为逃避本地监管查处，将铝灰视为固体废物运输至外省、外地区，进行随意堆放、倾倒和填埋，造成严重生态环境损害。本案中的被告人贪图小利，为获取低廉的处置费用，以“铝灰未列入国家危险废物名录，不是危险废物”① 为处置铝灰不是犯罪的借口，共同实施跨地区污染环境犯罪，形成犯罪利益链条，这也是跨省、跨地区转移铝灰犯罪往往高发频发的一个重要原因。特别是《国家危险废物名录》(2016年版) 只将铝火法冶炼过程中产生的初炼炉渣和易燃性撇渣列入，而《国家危险废物名录》(2021年版) 将“回收铝过程中产生的盐渣和二次铝灰”等列入。于是，一些不法分子在《国家危险废物名录》(2016年版) 施行前，即2020年12月31日前疯狂进行跨省、跨地区转移铝灰。本案即是在此背景下发生的由各被告人从外省、外地区将铝灰转移到三明市，并在三明市境内随意堆放、倾倒和填埋，严重破坏了生态环境，影响了人民的生产生活。四被告人的主观恶性大。

三、经鉴别具有危险特性的固体废物，应认定为危险废物

铝灰若经鉴别具有危险特性，应认定为危险废物，非法处置铝灰构成犯罪。

---

① 本案公安机关未查实涉案铝灰是否“铝火法冶炼过程中产生的初炼炉渣”和“铝火法冶炼过程中产生的易燃性撇渣”，检察机关也未对此进行认定和指控。

首先，本案中，从各被告人供述和证人证言可证实涉案铝灰遇水会产生氨气，会臭会发热，可以说明铝灰遇水会反应。且本案之所以会案发，就是因为春天下雨导致被告人随意堆放在园区空旷土地上的铝灰与水产生反应，冒出浓烟，燃烧起火，产生恶臭，影响了园区企业的生产生活。可以初步证实涉案铝灰与水会产生反应。

其次，涉案铝灰经过具有法定鉴定资格的检验检测机构对各涉案地点的固体废物进行现场采样、检验检测，鉴定过程和方法符合相关专业的规范要求，相关鉴定意见可以作为本案的证据使用。检测报告显示各涉案地点现场堆放的铝灰与水混合能产生足以危害人体健康或环境的氨气（高毒物质），根据《危险废物鉴别标准 反应性鉴别》（GB 5085.5-2007）第4.2.2条，其属于具有反应性特性的危险废物。检测报告显示部分地点现场堆放的铝灰检测出了具有浸出毒性。

最后，生态环境局出具书面认定意见，认定涉案铝灰为具有反应性的危险废物。

综上分析，根据《最高人民法院、最高人民检察院关于办理环境污染刑事案件适用法律若干问题的解释》第十七条的规定，危险废物，是指列入国家危险废物名录，或者根据国家规定的危险废物鉴别标准和鉴别方法认定的，具有危险特性的废物。法院依据涉案铝灰的来源、被告人供述、证人证言及上述检测报告，并结合环保部门的书面认定意见，认定涉案铝灰属于具有反应性的危险废物。依法认定各被告人非法处置铝灰的行为构成污染环境罪并依法进行惩处。本案的审理有力地打击了跨省、跨地区转移铝灰的违法犯罪行为，人民法院始终对破坏生态环境违法犯罪保持高压态势，既对被告人依法处于较重的刑罚，也注重运用好财产刑加大对环境污染犯罪的经济制裁力度，从经济上有效惩处犯罪并剥夺其再犯的条件。

编写人：福建省三明市沙县区人民法院　廖应琼　李冰倩

30

非法占用农用地罪主客观方面构成要件的证据认定

——王某某非法占用农用地案

【案件基本信息】

1. 裁判书字号

安徽省滁州市中级人民法院（2021）皖11刑终276号刑事判决书

2. 案由：非法占用农用地罪

【基本案情】

沈某某原系某林场的经营人，被告人王某某系景观园林公司法定代表人。2007年9月8日，景观园林公司与沈某某签订《林场使用权限转让合同书》，沈某某将某林场的使用权转让给景观园林公司。2008年5月19日，景观园林公司变更登记成为某林场林木所有权、使用权权利人，林权证记载面积105亩，主要树种杨树，林种防护林，其中退耕还林87.4亩（生态林），林地使用期为24年，终止日期2032年12月31日。2014年，被告人王某某欲在林场内发展黑鸡养殖业，于2015年10月注册成立农业公司。

2014年、2015年，王某某开始在林场原老屋旁边建设鸡舍等设施。王某某于2015年开始申报家禽养殖设施建设项目手续，至2016年3月30日先后通过某镇人民政府、县国土资源和房产管理局、县农业委员会等单位的审批、备案。2016年6月至7月，王某某又建造了钢构房。

2016年9月14日，公安局森林派出所接警后到某林场调查，将被告人王某某通知到案。2016年10月26日，经森源林产资源交易评估咨询公司出具《鉴定意见》，养殖场实际占用林地面积为7.89亩，根据现场和谷歌地球影像判断，其中占用杨树林地 5.79 亩，香樟林地 2.1 亩。特别说明，占用林地面积中，已水泥固化和建设设施占用面积共 6.97 亩（林地已毁坏），绿化面积 0.92 亩。

【案件焦点】

1. 被告王某某主观上是否具备非法占用农用地的故意；2. 被告王某某经过设施农业用地备案后建设养殖场的行为是否违反相关土地管理法规；3. 被告王某某客观上占用的 6.97 亩林地是否为防护林地。

【法院裁判要旨】

安徽省全椒县人民法院经审理认为：被告人王某某违反土地管理法规，改变被占用林地用途，非法占用防护林地 6.97 亩，数量较大，造成林地大量毁坏，其行为已构成非法占用农用地罪。公诉机关指控的犯罪事实清楚，证据确实、充分，罪名成立。遂作出以下判决：

被告人王某某犯非法占用农用地罪，判处拘役四个月，并处罚金 2 万元。

一审判决后，被告人王某某提起上诉。

安徽省滁州市中级人民法院经审理认为：综观全案证据材料，原判认定涉案林地 6.97 亩属于防护林地的事实不清，证据不足。结合林权证的记载内和退耕还林小班图、场房位置图，可以看出将案涉 105 亩分为 3 个小班：17 小班为 89.6 亩、18 小班为 5.9 亩、19 小班为 9.5 亩。其中退耕还林 87.4 亩是由 17 小班中的 74.7 亩、18 小班中的 5.9 亩、19 小班中的 6.8 亩组成。17 小班中除去 74.7 亩的退耕还林地还剩余 14.9 亩非退耕还林地，场房位置在 17 小班内。2015 年 2 月 10 日，林业站工作人员司某某在该林权证上手写备注，变更说明：该记载 105 亩面积虽然全部登记为防护林，但经实测，其林地总面积为 116.6 亩，其中杨树面积为 111.5 亩，扣除证载退耕还林坡耕地面积 87.4 亩，余 24.1 亩既非退耕还林坡耕地，也非退耕还林的荒山配套，应作用材林管理。2015 年 2 月 11 日，公司申请部分树种变更，将其中 17.6 亩变更为绿化树种。经林业工作中心站、林业局、县人民政府同意，2015 年 2 月 13 日，将其中的 17.6 亩变更登记为用材林，林权证上图示在林地东北角。2014 年，经林业局审批，涉案林地其中 24.1 亩杨树按照 30%的间伐强度，87.4 亩退耕还林杨树，间伐强度 15%，2014 年 12 月 2 日下达两份采伐许可证。上述证据相互印证，形成证据锁链，可以佐证司某某在该林权证上手写的变更说明内容是真实的，仅杨树面积就为 111.5 亩，除 87.4 亩的生态林外，还有 24.1 亩杨树是按照一般用材林管理的。综上，鉴于本案涉案林地的实测面积大于林权证上记载的 105 亩，87.4 亩退耕还林的生态林与一般用材林及其他林地无法区分具体位置，且森源林产资源交易评估咨询公司出具的鉴定意见中认定占用杨树林地 5.79 亩，香樟林地 2.1 亩，共计 7.89 亩，其中，已水泥固化和建设设施占用面积共 6.97 亩（林地已毁坏），绿化面积 0.92 亩，对于占用并毁坏的 6.97 亩林地分别具体占用杨树林地和香樟林地多少亩，从该鉴定意见上也无法辨别。依照《中华人民共和国刑事诉讼法》第二百三十六条第一款第三项、第二百条第三项的规定，作出如下判决：

一、撤销安徽省全椒县人民法院（2021）皖 1124 刑初 26 号刑事判决；

二、上诉人王某某无罪。

【法官后语】

从非法占用农用地罪的犯罪构成要件来看，原判认定原审被告人王某某自 2014 年以来，在其承包经营的某林场建造鸡舍及钢构房，非法占用防护林地面积达 6.97 亩的事实不清、证据不足，其定罪证据尚不能达到确实充分的标准。

一、认定王某某非法占用农用地的主客观方面证据不充分

第一，从本罪主观方面来说，本案被告人主观上欠缺非法占用农用地目的。本罪在主观方面表现为故意，即明知是耕地、林地等农用地仍违法改作他用，并知道会造成土地大量毁坏，仍然希望或放任这种结果的发生，且具有非法占用农用地的目的。[①] 根据《中华人民共和国森林法》《中华人民共和国森林法实施条例》的规定，对于建设用地需占用林地的，应在获得林业主管部门审核同

① 周珂：《环境与资源保护法》，中国人民大学出版社 2014 年版，第 189 页。

意后，才能办理项目用地审批手续。结合本案而言，虽然王某某未经林业主管部门审批擅自在林地上建设养殖设施，但该项目是经过所在村委会、镇政府同意申报，并经过全椒县发改委、土地管理部门、环保部门、农委等部门的立项、审批、备案后方才建设。目前，现有证据不能证明国土部门已向王某某告知应办理占用林地审批手续，也不能证实王某某明知需办理占用林地手续而未办理。同时，案涉公司已经与某镇某村签订了土地复垦协议，表明被告人具备积极履行复垦义务的意愿。

第二，从本罪客观方面来说，本案被告人经过设施农业用地备案后建设养殖场的行为并未违反相关土地管理法规。在非法占用农用地的客观行为方面，行为人违反土地管理法规是构成本罪的必要前提。[①] 根据《自然资源部、农业农村部关于设施农业用地管理有关问题的通知》等文件的规定，畜禽养殖场用地属于设施农业用地，按照农用地管理，只需要备案；现行《中华人民共和国土地管理法》《中华人民共和国森林法》也并未将养殖用地或设施农业用地规定为建设用地。结合本案而言，王某某对建养殖场占用的林地已经根据相关文件办理了设施农业用地的备案，其行为并未违反相关土地管理法律规定。

综上所述，现有证据不能证明被告人具有非法占用农用地的主观故意，被告人客观上根据相关文件对养鸡场用地进行了设施农业用地备案，未违反相关土地管理法规的规定，原判认定王某某具有非法占用农用地的主客观方面证据不足。

二、认定王某某占用林地的行为造成防护林地大量毁坏的证据不充分

（一）现有证据无法认定被毁坏的6.97亩林地全部在87.4亩退耕还林地（生态林）的范围内

1. 被告人已水泥固化和建设设施占用林地面积达6.97亩

根据《中华人民共和国森林法》的规定，我国的森林分为防护林、用材林、经济林、薪炭林、特种用途林五类。实际上，防护林就是生态林，确切地

---

① 高维俭、史运伟：《非法占用农用地罪的适用》，载《人民司法（应用）》2018年第31期。

说叫公益林，是以生态防护为目的的森林，包括防护林和特种用途林。非法占用林地的“数量较大”，是指非法占用并毁坏防护林地、特种用途林地数量分别或者合计达到5亩以上或者非法占用并毁坏其他林地数量达到10亩以上。本案中，王某某于2014年至2016年9月间通过在其承包的林地上修建鸡舍、钢构房等占用林地面积达6.97亩，如涉案林地6.97亩被认定为防护林地，则构成非法占用林地的“数量较大”，但综观全案证据材料，涉案林地6.97亩属于防护林地的事实不清，证据不足。

2. 涉案林地6.97亩是否在87.4亩防护林范围内的具体审查认定

根据《中华人民共和国刑事诉讼法》的规定，[①] 刑事证据的审查主要有两方面内容：一是对每个证据逐一地进行审查核实。在确定每个证据客观真实的基础上，进而判断每个证据的证明力。二是在对每个证据审查判断的基础上，把案内全部证据联系起来，进行综合分析，比较研究，排除一切矛盾，当全部证据对案件事实的证明达到“排除合理怀疑”的程度时，才可以判决被告人有罪。[②] 结合本案而言，本案定罪必须查明的事实包括，一是涉案林地所在的林业站工作人员司某某在林权证上手写备注的内容是否真实；二是涉案林地的实际面积和林种变更；三是87.4亩退耕还林（生态林）的位置确定问题。

第一，关于涉案林地所在林业站工作人员在林权证上手写备注内容的真实性认定。经查，某县某镇校场行政村民委员会2017年1月22日出具的证明，证实其当年公开拍卖的林场中包含约20亩土地未栽种林木，而是农田和三间房屋、猪圈、厕所、林场、桃树林、坟地等所占用的空闲地。

本案在卷的景观园林公司的申请书和答复意见、集体林木采伐设计审批书、采伐许可证、林业证的变更说明等证据，可以证实景观园林公司于2014年申请对林场杨树进行间伐，经林业局审批，涉案林地其中24.1亩杨树按照30%的间

① 《中华人民共和国刑事诉讼法》第五十条第三款规定：“证据必须经过查证属实，才能作为定案的根据。”

② 中华人民共和国最高人民法院刑事审判第一、二、三、四、五庭主办：《刑事审判参考（总第93辑）》，法律出版社2014年版，第877号案例。

伐强度，87.4亩退耕还林杨树，间伐强度15%，2014年12月2日下达两份采伐许可证。该采伐许可证是经林业行政部门批准签发，并加盖管理机关林业厅和发证机关林业局的印章。上述采伐的杨树面积共计111.5亩。上述证据能够相互印证，形成证据锁链，可以佐证该工作人员在该林权证上手写的变更说明内容是真实的，仅杨树面积就为111.5亩，除87.4亩的生态林外，还有24.1亩杨树是按照一般用材林管理的。故对于该手写并加盖林业站印章的变更说明，虽未经林业部门法定程序变更，但其是有证据印证的客观事实，不能仅因形式上的不规范而不予采信。

第二，关于涉案林地的实际面积和林种变更。该林地实际面积大于林权证登记的面积且林种也不一致。一是涉案林地所属的林权证，记载：面积105亩，林种为防护林，主要树种杨树，其中退耕还林耕地面积为87.4亩（生态林）。2015年2月10日，林业站工作人员司某某在该林权证上手写备注，变更说明：该记载105亩面积虽然全部登记为防护林，但经实测，其林地总面积为116.6亩，其中杨树面积为111.5亩，扣除证载退耕还林坡耕地面积87.4亩，余24.1亩既非退耕还林坡耕地，也非退耕还林的荒山配套，应作用材林管理。二是城乡建设规划设计院应景观园林公司申请，对涉案的教场村林场界线与面积进行测量并计算，总面积为130.4亩。三是2015年2月11日，景观园林公司申请部分树种变更，将其中17.6亩变更为绿化树种。经林业工作中心站、林业局、人民政府同意，2015年2月13日，将其中的17.6亩变更登记为用材林，林权证上图示在林地东北角。

第三，87.4亩退耕还林（生态林）与一般用材林及其他林种的林地交织在一起，无法准确区分具体位置。结合对照林权证图和2002年的退耕还林小班图、场房位置图，可以看出林权证载的105亩分为3个小班：17小班为89.6亩、18小班为5.9亩、19小班为9.5亩。其中退耕还林87.4亩是由17小班中的74.7亩、18小班中的5.9亩、19小班中的6.8亩组成。17小班中除去74.7亩的退耕还林地还剩余14.9亩非退耕还林地，场房位置就在17小班内。

综上所述，鉴于本案涉案林地的实测面积大于林权证记载的105亩，87.4

亩退耕还林的生态林与一般用材林及其他林种的林地交织在一起，无法区分并确定具体位置，故无法认定公诉机关指控的被损毁的6.97亩林地全部在87.4亩退耕还林生态林地的范围内。

（二）鉴定意见无法确定被损毁的6.97亩林地树种性质

根据森源林产资源交易评估咨询公司出具的鉴定意见内容，[①] 养殖场实际占用林地面积7.89亩，其中占用杨树林地5.79亩，香樟林地2.1亩。在被占用的7.89亩林地中，已水泥固化和建设设施占用面积共6.97亩（林地已毁坏），绿化面积为0.92亩。公诉机关只对其中的6.97亩进行指控，认为王某某非法占用并毁坏防护林地6.97亩。

第一，香樟树是否属于防护林尚无定论。本案林权证登记防护林主要树种是杨树。经查，防护林的主要树种有杨、榆、槐、杉、松等树种。[②] 在卷证人殷某的证言证实，“林场有些杨树，还有些自生的竹子，有不少空地没有栽树，在2001年林场就分包给个人。2007年王某某来承包后，主要在林场里栽了一些绿化苗木，有香樟、红叶石楠等”。可见，香樟树是在2002年退耕还林之后栽种的，而香樟是四季常绿的绿化树，其是否属于防护林尚不能明确。

第二，鉴定意见未能明确被损毁的6.97亩林地树种性质。本罪认定具体毁损情况一般由具备资质的鉴定机构鉴定。[③] 而根据案涉鉴定意见内容，被损毁的6.97亩分别占用杨树林地和香樟林地的具体面积，绿化面积0.92亩占用的是杨树林地还是香樟林地，抑或分别占用多少面积均无法辨别。如果2.1亩香

---

① 森源林产资源交易评估咨询公司出具的鉴定意见内容：“根据GPS轨迹计算，设施范围内（围墙内及南门口）实有面积共14.7亩。根据林权证，确定该设施范围内14.7亩均属于林地，林种为防护林。对照卫星拍摄影像，2008年2月10日和2016年7月22日影像，院内原有老房屋面积1.56亩，因非养殖场占用林地，应予扣除；院内尚保留原林木面积5.25亩。也应扣除。养殖场实际占用林地面积为7.89亩，其中占用杨树林地5.79亩，香樟林地2.1亩。特别说明，占用林地面积中，已水泥固化和建设设施占用面积共6.97亩（林地已毁坏），绿化面积0.92亩。”

② 魏汉涛、罗正力：《土地性质取决于自然属性还是社会属性——兼论非法占用农用地罪》，载《中国检察官》2015年第4期。

③ 高维俭、史运伟：《非法占用农用地罪的适用》，载《人民司法（应用）》2018年第31期。

樟林地全部被损毁，那么杨树林地被损毁的面积为6.97亩-2.1亩=4.87亩，没有达到5亩，即不符合非法占用并毁坏防护林地、特种用途林地数量分别或者合计达到五亩入罪的标准。①

综上所述，法院生效裁判认为，原判认定王某某非法占用防护林地面积达6.97亩的事实不清、证据不足，王某某不管是主观上非法占有林地的故意，还是客观上占用的6.97亩林地是否为防护林地，其定罪证据尚不能达到确实充分的标准。依照《中华人民共和国刑事诉讼法》第二百条第三项的规定，证据不足，不能认定被告人有罪的，应当作出证据不足、指控的犯罪不能成立的无罪判决。

三、结语

对于非法占用农用地罪的认定，应当秉持主客观一致的原则。在犯罪构成要件方面，行为人主观方面表现为故意，即明知是耕地、林地等农用地仍违法改作他用，行为人客观方面表现为造成土地大量毁坏，且达到法定量刑标准。若在案证据显示行为人虽未经林业主管部门审批，但其占用农用地的行为已在其他相关部门处履行立项、审批、备案等手续，则表明其欠缺非法占用农用地的主观故意。若在案证据无法证明行为人占用农用地行为违反相关土地管理法规，抑或被毁坏土地的性质无法明确以至于未达到入罪标准，尤其经专业鉴定无法明确部分树种是否属于防护林地以及无法认定被毁坏土地全部在农用地范围内时，则表明行为人尚不具备非法占用农用地罪的客观方面构成要件。本案中，一方面，王某某虽然未经林业主管部门审批擅自在林地上建设养殖设施，但该项目是根据相关文件办理了设施农业用地的立项、备案等一系列手续，其在主观方面上难以认定王某某存在非法占用农用地的故意。另一方面，王某某经过设施农业用地备案后建设养殖场的行为未违反相关土地管理法规，涉案林地的实测面积大于林权证上记载的105亩，87.4亩退耕还林的生态林与一般用材林及其他林种的林地交织在一起，无法区分具体位置，故无法认定被毁坏的

① 李磊明：《非法占用农用地罪的刑法谦抑性反思》，载《中国不动产法研究》（2020年第1辑），社会科学文献出版社2020年版。

6.97亩林地全部就在87.4亩退耕还林地的范围内，在客观方面无法认定为造成土地大量毁坏达到法定量刑标准。综上所述，在案证据无法认定王某某存在非法占用林地的主观故意，客观上被毁坏的6.97亩林地是否在防护林地范围内也事实不清，证据不足。

编写人：安徽省滁州市中级人民法院　陈丽　张菲菲　郭治国

31

清运垃圾过程中擅自采挖砂石对外销售的，构成非法采矿罪

——范某某非法采矿案

【案件基本信息】

1. 裁判书字号

山东省泰安市中级人民法院（2022）鲁09刑终166号刑事裁定书

2. 案由：非法采矿罪

【基本案情】

2020年5月26日，被告人范某某以路桥工程公司的名义与某经济开发区签订拆迁垃圾清运合同，免费为该经济开发区清运垃圾。被告人范某某在清运垃圾的施工过程中，伙同高某、张某、冯某（均已判刑）从某别墅北侧的场地、某村河南岸施工现场将垃圾清除后，在未办理采矿许可证的情况下，从地下挖出砂、风化料销售后谋利，共计销售收入304960元，除部分用于支付施工机械、人工费用外，范某某分配给高某、冯某、张某8000元，范某某非法占有260506.09元。案发后，被告人范某某在逃，2021年8月22日在淄博市张店区某酒店门口被公安机关民警将其抓获。范某某归案后退交违法所得304960元。

【案件焦点】

行为人在清理垃圾的过程中擅自采挖砂、风化料对外销售牟利的行为是否构成非法采矿罪。

【法院裁判要旨】

山东省泰安市岱岳区人民法院经审理认为：被告人范某某、高某（已判决）、冯某（已判决）、张某（已判决）在未取得采矿许可的情况下，在山东省泰安市岱岳区某别墅北侧场地、某村河南岸垃圾清运施工过程中擅自采挖砂、风化料对外销售，销赃数额共计 304960 元，违反矿产资源法的规定，未取得采矿许可证擅自采矿，情节严重，其行为构成非法采矿罪。被告人范某某案发后逃匿，于 2021 年 8 月 22 日被公安机关抓获到案，范某某亲属在泰安市岱岳区人民检察院审查批准逮捕阶段退缴 304960 元。被告人范某某归案后认罪态度较好，积极退缴违法所得，可以依法从轻处罚，遂判处被告人范某某有期徒刑一年六个月，并处罚金人民币 5 万元，同时对被告人范某某违法所得 280960 元予以追缴，上缴国库。

宣判后，被告人范某某不服一审判决，提起上诉。山东省泰安市中级人民法院经审理认为：一审判决认定事实清楚，证据确实、充分，定罪准确，审判程序合法。遂作出裁定：

驳回上诉，维持原判。

【法官后语】

本案主要涉及行为人在清理垃圾的过程中擅自采挖砂、风化料对外销售谋利的行为是否构成非法采矿罪的认定问题。

生态文明建设作为关系中华民族永续发展的根本大计，应当高度重视和持续推进环境资源保护。在这其中，矿产资源是在漫长地质年代中形成的不可再生的富集物，是山水林田湖草沙生命共同体的重要组成部分，也是人民群众生产生活的物质基础和国家的宝贵财富。采矿挖砂不仅严重破坏矿产资源，妨害社会管理秩序和矿业健康发展，也极易破坏生态环境，给生态文明建设带来严峻的挑战。本案发生在某别墅北侧场地、某村河南岸垃圾清运施工场地。垃圾清运本应是保护生态环境，净化村民居住环境的有利之举，范某某等人却以签订承包清运垃圾合同之名，借机在施工过程中擅自采挖砂、风化料对外销售，以合法合同掩盖非法目的，不仅严重违反了矿产资源法的规定，而且还对环境造成了不可避免的破坏。

就本案反映的问题，应从以下几个方面进行把握。

1. 非法采矿罪侵犯的客体是国家对矿产资源和矿业生产的管理制度以及国家对矿产资源的所有权。《中华人民共和国矿产资源法实施细则》第二条规定，矿产资源是指由地质作用形成的，具有利用价值的，呈固态、液态、气态的自然资源。矿产资源的矿种和分类见本细则所附《矿产资源分类细目》。本案被告人范某某所开采的砂石、风化料，经鉴定，送检样本（岩石）的干密度值为2.45克/立方厘米；送检样本中主要矿物为斜长石、钾长石、石英，次要矿物为黑云母，微量矿物为金属矿物，定名为中细粒二长花岗岩；送检样本（天然砂-粗砂）依据《建设用砂》（GB/T 14684-2022）标准检验，颗粒级配符合天然砂1区粗砂要求，其他所检项目（细度模数、含泥量、泥块含量）符合标准要求。属于矿产资源，被告人范某某的行为侵犯了国家对矿产资源的所有权。

2. 非法采矿罪在客观行为方面表现为违反矿产资源保护法的规定，非法采矿，致使矿产资源遭到破坏的行为。本案中，被告人范某某是在清理垃圾施工过程中，未经法定程序取得任何采矿许可证而擅自采矿挖砂石的行为，系非法采矿中无证采矿情形。虽然，《中华人民共和国矿产资源法》规定，允许个人采挖零星分散资源和只能用作普通建筑材料的砂、石、黏土以及生活自用采挖少量矿产。但显然范某某不符合上述规定，应当办理采矿许可证，其未取得采矿许可证擅自开采砂石、风化料，符合非法采矿罪客观方面的构成要件。

3. 非法采矿罪的主观上是出于故意，其犯罪目的是获取矿产品以牟利。被告人范某某与某经济开发区签订拆迁垃圾清运合同，约定免费为该经济开发区清运垃圾，免费清理这一条款明显违反了民事活动的平等原则，实际假借清理垃圾为名，实施非法采矿行为，以合同形式掩盖其非法目的，其具有非法采矿的主观故意。

综上，被告人范某某在清理垃圾的过程中擅自采矿挖砂、风化料对外销售牟利的行为符合非法采矿罪的构成要件，其行为构成非法采矿罪。

在司法实践中，这种以承包工程为名，在无采矿许可证的情况下开采售卖矿产资源的行为，属于一种隐蔽的、新型的非法采矿行为。通过本案的审理，依法严惩了非法采矿犯罪，有利于打击非法采矿违法犯罪活动，对破坏环境资源犯罪起到震慑作用。同时也积极践行了法治是守护绿水青山、维护环境资源安全的坚强屏障的司法理念。

编写人：山东省泰安市岱岳区人民法院　张丽

（五）走私、贩卖、运输、制造毒品罪

32

毒品未交付情况下如何认定贩卖毒品既遂

——黄某贩卖毒品案

【案件基本信息】

1. 裁判书字号

广西壮族自治区高级人民法院（2021）桂刑再9号刑事判决书

2. 案由：贩卖毒品罪

【基本案情】

2019年12月18日，罗某向被告人黄某微信转账6400元求购毒品“神仙

水”，黄某联系南宁的“十三”（另案处理）谈好“神仙水”价格为250元每包后，于2019年12月20日转账6250元给“十三”购买“神仙水”。同日20时许，黄某去到南宁市某路一菜市附近的居民楼下，拿到“十三”事先放好的毒品后，搭乘出租车行至南宁市某大道路口时被公安人员抓获。公安人员当场从黄某身上缴获用塑料袋包装的25小包“神仙水”毒品疑似物，经称量净重共计20.27克。经南宁市公安局物证鉴定所鉴定，从上述缴获的毒品疑似物中检出亚甲二氧甲基苯丙胺（MDMA）①。

【案件焦点】

在买卖双方未完成毒品交付的情况下，能否认定被告人贩卖毒品既遂。

【法院裁判要旨】

广西壮族自治区南宁市西乡塘区人民法院经审理认为：被告人黄某违反国家毒品管理制度，贩卖毒品20.27克，其行为已构成贩卖毒品罪。公诉机关指控的罪名成立。关于被告人黄某辩称其未贩卖毒品的辩解意见，经查，在案证据有转账记录、扣押笔录、扣押清单、毒品检验鉴定报告、被告人黄某的供述与辩解、指认照片等证据证实，购毒者罗某向黄某求购毒品，黄某自行联系卖家并向卖家购买毒品后转卖，黄某的行为已经构成贩卖毒品罪，故其辩解与查明事实不符，本院不予采纳。被告人黄某已经着手实行犯罪，由于意志以外的原因而未得逞，系犯罪未遂，可以比照既遂犯从轻或减轻处罚。根据被告人黄某的犯罪事实、犯罪性质、情节和对社会的危害程度，依照《中华人民共和国刑法》第三百四十七条第一款和第四款、第二十三条、第五十三条、第六十四条之规定，判决如下：

一、被告人黄某犯贩卖毒品罪，判处有期徒刑三年六个月，并处罚金人民币5000元（刑期从判决执行之日起计算。判决执行前先行羁押的，羁押一日折抵刑期一日，即自2019年12月20日起至2023年6月19日止。罚金于本判决

---

① 一种有机化合物，是毒品摇头丸的主要成分。

生效后十日内缴纳，期满不缴纳的，强制缴纳）；

二、扣押在公安机关的蓝色手机一部，依法予以没收。

黄某上诉称：一审判决认定其加价贩卖毒品的事实不清，证据不足，其行为应构成非法持有毒品罪。后在二审审理期间，黄某申请撤回上诉。

广西壮族自治区南宁市中级人民法院经审理认为：被告人黄某违反国家毒品管理制度，贩卖毒品20.27克，其行为已构成贩卖毒品罪。在犯罪过程中，黄某以转卖营利为目的已从卖家处取得毒品待售，后在返回途中被公安机关当场抓获，涉案的毒品已进入流通环节，应认定为贩卖毒品既遂。一审判决认定事实清楚，证据确实、充分，审判程序合法，但适用法律错误导致量刑不当，对黄某提出撤回上诉的请求，法院不予准许。原审判决认定黄某构成贩卖毒品未遂属适用法律错误，应予纠正。鉴于一审期间，原公诉机关西乡塘区人民检察院指控的是贩卖毒品未遂，一审宣判后西乡塘区人民检察院不提出抗诉，根据上诉不加刑的法律原则，不宜直接加重原审被告人的刑罚，可先予以维持。

广西壮族自治区南宁市中级人民法院依照《中华人民共和国刑事诉讼法》第二百三十六条第一款第一项、第二百三十七条第一款及《最高人民法院关于适用〈中华人民共和国刑事诉讼法〉的解释》第三百零五条之规定，作出如下裁定：

驳回上诉，维持原判。

广西壮族自治区人民检察院认为原判适用法律错误，导致量刑明显不当，提出抗诉。广西壮族自治区高级人民法院经审理认为：原审被告人黄某以贩卖为目的，收取罗某支付的毒资，向“十三”支付购买毒品的毒资，并已从“十三”处取得涉案25包“神仙水”，后在返回途中被公安机关当场抓获，涉案毒品已进入实质交易环节，黄某的行为应认定为贩卖毒品既遂。一审、二审裁判认定黄某犯贩卖毒品罪的事实清楚，证据确实、充分，定罪准确，审判程序合法。但一审判决认定黄某犯罪未遂，对其判处有期徒刑三年六个月，二审鉴于上诉不加刑原则，裁定驳回上诉，维持原判，属于适用法律错误，导致量刑不当，予以纠正。一审、二审裁判对公安机关扣押的毒品20.27克没有处理，予以纠正。广西壮族自治区人民检察院关于原审裁判适用法律错误、量刑不当的抗诉意见成立，予以采纳。

广西壮族自治区高级人民法院依照《中华人民共和国刑法》第三百四十七条第一款及第三款、第六十七条第三款、第五十三条、第六十四条，《中华人民共和国刑事诉讼法》第二百五十六条、第二百三十六条第一款第二项之规定，经本院审判委员会讨论决定，作出如下判决：

一、维持南宁市西乡塘区人民法院（2020）桂0107刑初509号刑事判决第二项，即扣押在公安机关的蓝色手机一部，依法予以没收；

二、撤销南宁市中级人民法院（2020）桂01刑终831号刑事裁定和南宁市西乡塘区人民法院（2020）桂0107刑初509号刑事判决第一项，即被告人黄某犯贩卖毒品罪，判处有期徒刑三年六个月，并处罚金人民币5000元；

三、原审被告人黄某犯贩卖毒品罪，判处有期徒刑七年，并处罚金人民币5000元；

四、公安机关扣押的涉案毒品20.27克予以没收，由扣押机关依法处理。

【法官后语】

贩卖毒品是一个牵涉上下游买卖各方的对向犯罪，交易活动涉及买入、运输、持有、贩出等多个环节。在毒品犯罪日益隐蔽的形势下，传统的“人赃俱获”“人毒赃一体型”贩毒情形越来越少，实务中更多地呈现出“人毒赃分离型”犯罪，随之带来犯罪未遂既遂时间点难以厘清的问题。理论界和实务界也存在开始出卖说、实际卖出说、进入交易环节说等判断标准。本案被告人为贩卖而购入含毒品的“神仙水”25包共计20.27克，构成贩卖毒品罪没有争议。但对于其是否成立犯罪既遂，在审理过程中存在不同意见。第一种意见认为，黄某已经着手实行犯罪，由于意志以外的原因而未得逞，系犯罪未遂。第二种意见认为，涉案毒品已进入实质交易阶段，黄某的行为应认定为贩卖毒品既遂。

笔者认为第二种意见正确，应当以涉案毒品是否进入实质交易阶段认定犯罪既遂与否，分析如下。

1. 进入交易环节说符合刑法体系解释，并未超出刑法上“贩卖”语义的最远射程

在日常用语上，“贩卖”一般强调卖出；但从语义解释上，“贩”还具有买进的含义，故“贩卖”一词不仅包括卖出还包括买进货物后出售。《中华人民共和国刑法》条文中多个罪名使用“贩卖”一词，涉及走私、拐卖妇女儿童、贩卖毒品等犯罪，但含义各不相同。例如，《中华人民共和国刑法》第一百五十五条和第二百四十条第二款条文同时使用“收购”“收买”和“贩卖”，此处的“贩卖”仅指单纯的出卖行为。而第三百四十七条毒品犯罪条文中，列举了走私、贩卖、运输、制造毒品行为，但并未涵盖前置的收购行为，由此可得出毒品犯罪中贩卖行为的两个特点：一是贩卖毒品只要求单纯卖出，而不要求先购入毒品再卖出，如捡拾到毒品、接受他人赠与毒品后卖出都应认定为贩卖毒品；二是贩卖毒品包括明知是毒品而非法销售和以贩卖为目的而收买的行为，且不需要同时具备买入与卖出两个环节，否则将不当缩小处罚范围，有违立法本意。因此，以贩卖为目的而购买毒品，使得涉案毒品已进入实质交易阶段，构成贩卖毒品罪既遂，符合刑法体系上对“贩卖”一词的解释，没有超过刑法语义的概念边界，也符合社会公众对“贩卖”的普遍理解。

本案网络聊天记录证实，买家罗某询问黄某是否能买到毒品，黄某应许并接受了6400元的购毒款帮罗某购买22包“神仙水”。结合黄某本人供述，其一共向上家“十三”购入25包“神仙水”，除给罗某的22包外，多购买的3包打算回到县城再以高价卖给他人，证实黄某是以贩卖为目的而收买毒品共25包。2019年12月20日，黄某向上家“十三”转账6250元，并到约定地点拿到“十三”事先放好的毒品。至此，被告人黄某与上家谈好毒品价格、完成毒资与毒品的交接，为贩卖而买入毒品的环节已经完成，其行为已落入刑法贩卖毒品罪的打击范围。

2. 贩卖毒品是抽象危险犯，进入交易环节说符合打击毒品犯罪的法益保护要求

打击毒品犯罪关涉千家万户，其保护的法益不仅是某个特定个体，而是普

遍社会公众的生命健康。《中华人民共和国刑法》对毒品犯罪的打击也具有前置性，范围不限于对实质侵害受害者健康的犯罪活动，还包括对公众健康具有潜在威胁的犯罪行为。可见，贩卖毒品犯罪是一种抽象危险犯，只要对公众健康产生潜在的危险，即具备处罚基础。即使未完成毒资毒品的全部交付，但买卖双方已对毒品交易价格、数量、金额达成合意，使得涉案毒品进入实质交易阶段，即成立犯罪既遂。

本案中黄某许诺为买方罗某采购毒品“神仙水”22包，罗某于2019年12月18日向黄某网络转账6400元购毒款。黄某在12月20日购入毒品后，尚未完成将毒品交付给罗某，当日即被公安人员抓获。此时买卖双方已就毒品交易的价格、数量、金额达成合意，因公安机关的及时抓捕、打击导致毒品尚未交接，但涉案毒品已进入实质交易阶段，已具备流入社会、危害公众生命健康的潜在风险，应当认定黄某贩卖毒品已成立犯罪既遂。若因公安机关及时抓捕、买卖双方未完成毒品交付而认定犯罪未遂，会产生“早抓捕未遂，晚抓捕既遂”的误区，导致犯罪既遂的认定关口不当后移，放纵进入实质性交易阶段后的贩卖毒品犯罪，不利于公安机关对毒品犯罪及时收网、精准打击，也有违人民群众对同案同判、司法公正的认知期待。

综上，本案系一起买卖双方尚未完成交接的贩卖毒品犯罪，涉案毒品已进入实质交易阶段，应认定犯罪既遂。法院通过再审，纠正原审认定犯罪未遂导致量刑畸轻的错误，改判被告人刑罚，体现了依法严惩毒品犯罪的基本原则。

编写人：广西壮族自治区高级人民法院　吴敏滔　赖奕曲

33

以贩卖为目的购入毒品尚未到手的行为亦应定性为贩毒而非非法持有毒品

——肖某贩卖毒品案

【案件基本信息】

1. 裁判书字号

广西壮族自治区柳州市中级人民法院（2022）桂02刑终157号刑事裁定书

2. 案由：贩卖毒品罪

【基本案情】

1. 2021年5月10日12时许，被告人肖某在某工业园路口，以人民币300元的价格，将1袋甲基苯丙胺（净重0.39克）贩卖给麦某。随后，公安民警在某路将肖某抓获归案，并从肖某所驾驶的车辆中查获4袋甲基苯丙胺，共净重1.45克。

综上，肖某贩卖毒品甲基苯丙胺的数量共计1.84克。

2. 2021年1月19日至1月22日，被告人肖某与卓某某（已判刑）达成购买100克甲基苯丙胺的合意，且已给付部分毒资。1月23日4时许，卓某某到某工业园某路×号双获塑料包装厂领取毒品，并在返回运送毒品的过程中，在某行车道处被公安民警抓获。公安民警当场从卓某某身上查获海洛因2袋（共净重122.32克）、甲基苯丙胺1袋（净重494.88克）。

2021年1月25日16时许，公安民警在某快递站将被告人肖某抓获归案。

综上，被告人肖某共贩卖毒品甲基苯丙胺既遂1.84克，未遂100克。

【案件焦点】

1. 技侦材料作为证据材料的使用情形以及证据证明力、举证质证问题；2. 对肖某与卓某某（已判刑）达成购买100克甲基苯丙胺的合意，且已给付部分毒资但尚未收到毒品行为的定性；3. 既未遂问题。

【法院裁判要旨】

广西壮族自治区柳州市鱼峰区人民法院经审理认为：被告人肖某违反国家对毒品的管理规定，贩卖毒品甲基苯丙胺，其行为已触犯了《中华人民共和国刑法》第三百四十七条的规定，构成贩卖毒品罪。公诉机关指控肖某犯贩卖毒品罪成立。肖某对于其贩卖甲基苯丙胺1.84克部分认罪认罚，依法可以从轻处罚。肖某有前科，广西壮族自治区柳州市鱼峰区人民法院在量刑时予以从重考虑。关于公诉机关指控肖某构成非法持有毒品罪以及肖某、辩护人辩解肖某不构成非法持有毒品罪及贩卖毒品罪、技侦材料不属实的意见，广西壮族自治区柳州市鱼峰区人民法院综合评判如下，首先，卓某某与肖某的通话录音内容可证实二人之间就购买100克甲基苯丙胺达成了合意；其次，二人之间还有网络转账记录及案发时间段附近的频繁通讯记录，可以佐证二人进行毒品交易；再次，关于指控的购买200克甲基苯丙胺仅有卓某某单方供述，也无其他证据可以佐证，故认定二人之间交易的毒品数量为100克；最后，关于罪名，从上述的录音内容可以反映出肖某具有囤货贩卖的意图，根据法律相关规定，以贩卖为目的购入毒品的行为，应认定为贩卖毒品罪，但是毒品尚在上家卓某某手里，上家卓某某已经购入，但尚未和肖某进行交易上家便被抓获归案，应属于犯罪未遂。另，技侦材料系公安机关依法决定调取，并无不当。综上，广西壮族自治区柳州市鱼峰区人民法院决定对肖某适用从轻处罚。公诉机关的量刑建议不适当，广西壮族自治区柳州市鱼峰区人民法院予以调整。据此，依照《中华人民共和国刑法》第三百四十七条、第二十三条、第五十二条、第五十三条、第六十一条、第六十四条、第六十七条第三款以及《中华人民共和国刑事诉讼法》第十五条、第二百零一条的规定，作出如下判决：

一、被告人肖某犯贩卖毒品罪，判处有期徒刑十二年，并处罚金人民币8万元；

二、随案移送的肖某的作案工具：黑色手机一部，予以没收；暂扣于市公安局刑事侦查支队的作案工具：白色手机一台、电子秤一台、折叠尖刀一把，均予以没收。

上诉人肖某对一审判决不服，提起上诉称：（1）技侦材料不合法、不真实，不能作为定案依据；（2）其与卓某某没有达成购买毒品甲基苯丙胺 100 克或 200 克的合意，其系吸毒人员也没有囤货贩卖或以贩卖为目的而购入毒品，其行为不构成贩卖毒品罪或非法持有毒品罪；（3）其如实供述贩卖毒品甲基苯丙胺 1.84 克的事实并认罪认罚，且在车辆中被查获的 1.45 克属犯罪未遂，宣告刑应为有期徒刑一年，原判量刑畸重。请求依法改判。

广西壮族自治区柳州市中级人民法院经审理认为：上诉人肖某违反国家对毒品的管理规定，贩卖毒品甲基苯丙胺，其行为构成贩卖毒品罪，且数量大。经查，肖某对贩卖甲基苯丙胺 1.84 克部分认罪认罚，依法可以从宽处罚；其贩卖毒品甲基苯丙胺 100 克属犯罪未遂，根据法律规定可以比照既遂犯从轻或者减轻处罚。肖某贩卖毒品甲基苯丙胺数量大，依法应处十五年有期徒刑并处没收财产，原判在量刑时系比照既遂犯对肖某给予减轻处罚，量刑适当，但表述为“从轻处罚”不当，广西壮族自治区柳州市中级人民法院予以纠正。对于肖某的上诉意见，原判已根据查明的事实，依照法律规定予以充分驳述，且论据充分、结论正确，广西壮族自治区柳州市中级人民法院予以确认并不再赘述。原判定性准确，适用法律正确，审判程序合法。依照《中华人民共和国刑事诉讼法》第二百三十六条第一款第一项，作出如下裁定：

驳回上诉，维持原判。

【法官后语】

本案主要存在三个办案要点：一是技侦材料作为证据材料的使用情形以及证据证明力、举证质证问题；二是罪名的适用问题；三是毒品数量及既未遂状态的认定问题。下面逐一进行分析。

1. 技侦材料可作为证据使用的情形。根据《最高人民法院关于适用〈中华人民共和国刑事诉讼法〉的解释》第一百二十条的规定，采取技术调查、侦查措施收集的证据材料，应当经过当庭出示、辨认、质证等法庭调查程序查证。当庭调查技术调查、侦查证据材料可能危及有关人员的人身安全，或者可能产生其他严重后果的，法庭应当采取不暴露有关人员身份和技术调查、侦查措施使用的技术设备、技术方法等保护措施。必要时，审判人员可以在庭外对证据进行核实。本案中，公安机关为侦破该毒品案件，使用技术手段对被告人肖某和卓某某的电话进行技术侦听，以此获取二人通话的录音。后对该技侦材料（即通话录音）以文字的形式固定下来，形成书面卷宗，法院依法组织被告人、辩护人对该材料以及技侦合法性的材料进行了不公开开庭质证，本案中，技侦措施所针对的案件符合法律规定，技术调查措施经过严格的批准手续，技术侦查措施的种类、适用对象按照批准决定载明的内容来执行，该技侦材料与其他证据并不矛盾，且能与其他在案证据相呼应，虽然辩护人仍有异议，但最终法院依法认定了该技侦材料在本案毒品交易事实、毒品数量事实认定方面的证明效力。

另外，根据《中华人民共和国刑事诉讼法》第一百五十条第一款的规定，公安机关在立案后，对于危害国家安全犯罪、恐怖活动犯罪、黑社会性质的组织犯罪、重大毒品犯罪或者其他严重危害社会的犯罪案件，根据侦查犯罪的需要，经过严格的批准手续，可以采取技术侦查措施。由此可见，在重大毒品犯罪案件中，是允许公安机关采取技术侦查措施，这体现出我国长期以来从严从重打击毒品犯罪案件的司法政策和理念，本案在侦查初期公安机关即发现肖某、卓某某等存在贩卖毒品的重大嫌疑，因此及时采取技术手段，借此抓获肖某并固定犯罪事实，充分表明了技侦手段在刑事司法中的重要功能。

2. 囤货贩卖情况下所购毒品进入交易环节可认定为贩卖毒品罪。本案公诉机关指控的第二起犯罪事实是以非法持有毒品罪进行指控，公诉机关认为，被告人肖某找卓某某购买毒品，卓某某的供述称肖某是购买100克甲基苯丙胺（也供述称是200克），且最终卓某某因为持有上述毒品被公安机关抓获，公诉机关就此采纳卓某某的供述认定肖某要购买的毒品已经由卓某某代为持有，但尚未进行交易，应以非法持有毒品罪定罪。法院经审理认为，首先，公安机关监听到卓某某和肖某二人多次电话就购买100克甲基苯丙胺达成了合意；其次，二人之间还有网络转账记录及案发时间段附近的频繁通讯记录，可以佐证二人进行毒品交易；再次，关于指控的购买200克甲基苯丙胺仅有卓某某单方供述，也无其他证据可以佐证，故认定二人之间交易的毒品数量为100克；最后，关于罪名，从监听到的肖某的录音内容可以反映出肖某具有囤货贩卖的意图，根据法律相关规定，以贩卖为目的购入毒品的行为，应认定为贩卖毒品罪。

3. 贩卖毒品罪未遂情形的把握。司法实践中，贩卖毒品未遂情形比较罕见。贩卖毒品罪的既遂与否，不以行为人是否已经将毒品卖出获利或是否已实际转移毒品为准，应以毒品是否进入交易环节作为判断依据。这既符合国家严惩毒品犯罪的司法政策，又是对隐蔽型毒品犯罪实行低阶入罪标准的法理阐释。本案中，肖某向卓某某购买毒品的意思表示提出后，卓某某积极准备并购入，毒品虽尚在上家卓某某手里，但卓某某尚未和肖某进行交易便被抓获归案，毒品并未流入实际购买人肖某手中，应属于犯罪未遂。这也契合“尚未进入交易场合即被抓获的，上家以既遂论，以贩卖为目的的下家以未遂论”观念。

编写人：广西壮族自治区柳州市鱼峰区人民法院　谢剑峰

34

毒品共犯中行为人仅在共同故意认识范围内成立共同犯罪

——李某等贩卖毒品案

【案件基本信息】

1. 裁判书字号

广东省高级人民法院（2022）粤刑终420号刑事裁定书

2. 案由：贩卖毒品罪

【基本案情】

2020年中，被告人李某、林某为非法牟利，各自多次向他人贩卖毒品。2020年11月初，经被告人凡某介绍认识后不久，被告人李某、林某开始合作贩卖毒品，由被告人李某负责联系甲基苯丙胺（俗称冰毒）的货源，被告人林某负责联系海洛因的货源，被告人李某串招被告人周某，被告人林某串招被告人凡某、高某等人，由被告人高某负责送货给吸毒人员及向毒品上家拿货，被告人凡某等人协助送货，被告人周某协助记账。双方合作期间的毒品统一存放在某住宅某房，被告人李某、林某各自分卖，最后结账分成。

2020年11月30日晚，被告人周某在某公寓某房，协助被告人李某将1小包甲基苯丙胺（净重1.2克）送下楼，准备卖给他人时被现场抓获。被告人李某及同案人林某某（已死亡）随即从某房阳台爬水管脱逃，同案人林某某在脱逃过程中坠亡。随后侦查人员在上述公寓某房缴获毒品疑似物11小包（经称量检验，其中甲基苯丙胺净重8.621克、海洛因1.03克，共计9.651克），在某房楼下平地查获毒品疑似物3包及若干散落白色晶体（经称量检验，甲基苯丙胺净重101.17克），在同案人林某某身上查获红色药品，净重0.24克。

12月1日，侦查人员在某住宅楼下停车场抓获被告人凡某，随后在该住宅某房内抓获被告人李某、林某，现场缴获毒品疑似物3小包（经称量检验，其中甲基苯丙胺0.34克，海洛因2.16克）。同日，侦查人员在某楼门口抓获被告人高某，并在某住宅某房查获毒品疑似物3小包（经称量检验，海洛因净重2.22克）。

12月7日，侦查人员在某住宅某房正下方二楼平台上一建筑物屋顶发现一食品打包盒（经查，系林某根据李某电话联系，前往某房打包带往某县），盒内装有毒品疑似物18包，其中2包内含2袋，共计20小包毒品疑似物（经称量检验，其中甲基苯丙胺7.94克，海洛因53.7克，麻古2.62克）及吸毒工具冰壶、吸管等。

除现场查获上述毒品外，李某还曾多次贩卖毒品甲基苯丙胺、海洛因给陈某、黄某、林某某等人共计230克；林某还曾多次贩卖毒品甲基苯丙胺、海洛因给林某3、刘某、吴某、李某某等人，共计26.8克。

【案件焦点】

1. 贩毒人员在达成“毒品共用”后各自将部分毒品置于固定场所，然后各自联系毒品买家贩毒的行为是否成立共同犯罪；2. 双方是否应当对达成合作贩毒犯意联络后实施的全部贩毒行为承担共同责任。

【法院裁判要旨】

广东省汕头市中级人民法院经审理认为：对于被告人李某及其辩护人所提被告人李某并未与林某合作贩毒的意见，经查，2020年11月，被告人李某、林某经被告人凡某介绍认识后开始合作贩毒，由被告人林某负责联系海洛因货源，被告人李某负责联系甲基苯丙胺货源，二人将毒品存放至李某租住的某房，其间被告人李某、林某、凡某、周某还曾核对贩毒账目，并由被告人周某手写整理在记账本中。案发当晚，被告人李某脱逃后即联系被告人凡某通知被告人林某，被告人林某将上述某房中毒品打包在一食品打包盒内带往某县与其汇合，随后在某县一住宅查获上述毒品，并在上述毒品包装袋上检出被告人李某、林某、凡某、周某的遗传物质（DNA），上述事实被告人林某在侦查期间予以确认，且有记账本以及被告人凡某、周某的供述相印证，足以认定被告人李某、林某合作贩毒的事实。故对被告人李某的上述辩解及其辩护人的上述辩护意见，不予采纳。被告人李某等人合伙贩卖毒品，贩卖毒品数量大，其行为均已构成贩卖毒品罪，依法应予惩处。

广东省汕头市中级人民法院依照《中华人民共和国刑法》第三百四十七条、第三百五十六条、第三百五十七条、第二十五条、第二十六条、第二十七条、第五十二条、第五十七条、第五十九条、第六十四条、第六十五条、第六十七条之规定，作出如下判决：

一、被告人李某犯贩卖毒品罪，判处无期徒刑，剥夺政治权利终身，并处没收个人全部财产；

二、被告人林某犯贩卖毒品罪，判处有期徒刑十五年，并处没收个人财产人民币 15 万元；

三、被告人凡某犯贩卖毒品罪，判处有期徒刑四年，并处罚金人民币 3 万元；

四、被告人高某犯贩卖毒品罪，判处有期徒刑三年，并处罚金人民币 3 万元；

五、被告人周某犯贩卖毒品罪，判处有期徒刑七年，并处罚金人民币 5 万元；

六、随案实物移送的记账本六本予以没收；清单移送的款项属于被告人李某的人民币 5000 元，予以没收，上缴国库；

七、随案清单移送各被告人的作案工具手机九部，予以没收；清单移送的冰毒 119.271 克（净重）、海洛因 59.11 克（净重）、麻古 2.86 克（净重），吸贩毒工具电子秤三台、冰壶、吸管、吸管头、锡纸等，予以没收，由扣押机关依法处理。

一审宣判后，李某持原审辩解提起上诉。

广东省高级人民法院经审理认为：李某等人合伙贩卖毒品，贩卖毒品数量大，其行为均已构成贩卖毒品罪。在共同犯罪中，李某、林某起主要作用，系主犯，依法应按照其所参与的全部犯罪处罚；凡某、周某、高某起次要、辅助作用，均系从犯，依法可减轻处罚。原判认定事实清楚，证据确实、充分，定罪准确，量刑适当，审判程序合法。广东省高级人民法院依照《中华人民共和国刑事诉讼法》第二百三十六条第一款第一项的规定，作出如下裁定：

驳回上诉，维持原判。

【法官后语】

本案的争议焦点主要在于被告人李某、林某是否成立共同犯罪？以及是否应当对达成合作贩毒犯意联络后实施的全部贩毒行为承担共同责任？

毒品共同犯罪是指二人以上共同故意实施走私、贩卖、运输、制造毒品等犯罪行为，行为人在主观上有共同的犯罪故意，客观上实施了共同的犯罪行为。

即行为人对自己实施的毒品犯罪行为都持故意心态，都认识到自己和其他行为人在共同进行毒品犯罪活动，在共同故意支配下，为实现共同的毒品犯罪目的而实施的走私、贩卖、运输、制造毒品等犯罪行为，各共同犯罪人所实施的犯罪行为都同危害结果具有因果关系，是完成该毒品犯罪活动不可缺少的组成部分。

共同犯罪的性质决定了对于超过共同故意认识范围的犯罪行为，应当由具体实施该超过行为的行为人自己承担责任。一般认为，对于超过共同故意认识范围的犯罪行为，只有具体行为人的故意行为直接导致了危害结果，其他参与人对该危害结果缺少主观认识，也就不能成立共同的犯罪故意，进而也不能就该危害结果追究未参与人的法律责任，也即行为人仅需就其行为和主观上所持的犯罪故意承担相应责任。

在毒品共犯中，如果行为人对共同实施毒品犯罪行为的方式、范围等有明确约定，共同犯罪的一方实施了明显超出犯意联络以外的其他毒品犯罪行为，没有证据证明毒品系共同共有，以及其他参与人对该宗毒品犯罪行为知情或共同实施的，不成立共同故意，对超出共同故意以外的该宗毒品犯罪行为，由实施行为人自行负责，其他参与人不就该超出故意内容的毒品犯罪行为承担责任。在毒品共犯中，对于各行为人实际参与的毒品犯罪数量应当准确认定，不能将全部涉案毒品数量一律认定为共同犯罪数量。

本案中，李某、林某均系贩毒人员，经凡某介绍认识后，达成合伙贩毒的初步合意，双方表示“谁缺货就互相拿给对方”，后二人将各自出资联系购买的部分毒品存放于李某租用的某住宅某房供二人贩卖，并约定各自分卖，最后月底结账分成，而对于各自持有未存放该处的其他毒品则没有明确约定。案发当晚，李某脱逃后第一时间即联系林某等人前往上述某房打包二人毒品并汇合，结合记账本、鉴定意见以及李某、林某的行为表现、供述等可以明确上述某房内的毒品系双方共同共有，李某、林某起意合伙贩毒、共同出资、毒品共用，共同实施犯罪，形成共同的犯罪故意，属于毒品共犯。但李某、林某合作贩毒前及合作贩毒期间均有多次独立实施的贩毒行为，在案证据无法证实一方对另一方在合作期间内实施的所有贩毒行为均有主观明知和共同参与，或所贩卖毒品系双方共同持有，故应当认定二人合伙贩卖毒品的范围仅限于上述某房内的毒品，不能扩大理解其合伙贩毒的意思联络，对于二人共谋前实施的贩毒行为或超出双方共同故意认识范围的贩毒行为，二人应各自承担相应责任。

编写人：广东省汕头市中级人民法院　黄俊娇

35

贩毒人员贩毒后时隔多日被抓获时，从其住所等处查获的毒品数量也应计入其贩卖毒品的数量

——车某贩卖毒品案

【案件基本信息】

1. 裁判书字号

湖北省武汉市中级人民法院（2023）鄂01刑终195号刑事裁定书

2. 案由：贩卖毒品罪

【基本案情】

2022年5月24日20时许，被告人车某收到吸毒人员叶某某求购10颗毒品的信息，在收取叶某某转账的毒资人民币1000元（以下币种相同）后，将10颗疑似毒品甲基苯丙胺片剂（俗称“麻果”）用烟盒装好放在某医院一根柱子旁，并将放置地点拍视频发给叶某某，布控的公安民警在该地点现场查获10颗疑似毒品甲基苯丙胺片剂，并扣押、称量、取样、送检。经称量，上述疑似毒品净重0.94克。经司法鉴定中心鉴定，送检的检材中检出毒品甲基苯丙胺成分。

2022年5月30日12时许，车某从其租住的公寓下楼后，来到其租赁的鄂

A7××××白色轿车旁边时，被布控的民警当场抓获。民警从其租赁的轿车内搜出大量红色、绿色疑似毒品甲基苯丙胺片剂及白色、粉色疑似毒品甲基苯丙胺晶体颗粒，公安机关将上述查获的疑似毒品甲基苯丙胺片剂、晶体颗粒扣押、称量、取样、送检。经称量，上述查获的疑似毒品甲基苯丙胺片剂净重共计48.08克、晶体颗粒净重共计123.09克。经司法鉴定中心鉴定，部分送检检材检出毒品甲基苯丙胺成分，部分未检出常见毒品成分。检出系毒品的甲基苯丙胺片剂、晶体颗粒净重共计126.89克。

【案件焦点】

贩毒人员贩毒时未被当场抓获，时隔多天后，公安机关抓获贩毒人员并从其车辆中查获毒品，贩毒人员辩称车辆中毒品系被抓前一天购买且系用于个人吸食，对车辆中查获的毒品能否以贩卖毒品罪定罪，查获的毒品数量能否计入贩卖毒品的数量。

【法院裁判要旨】

湖北省武汉市新洲区人民法院经审理认为：车某向叶某某贩卖疑似毒品甲基苯丙胺片剂10颗并收取其转账的毒资1000元，有双方网络聊天内容截图、转账记录截图，提取、扣押、称量、取样的笔录和照片等证据证实，并与叶某某、车某关于毒品交易细节的证言、供述吻合，可以相互印证，已形成证据链。贩毒人员被抓获后，对于从其住所、车辆等处查获的毒品，一般均应认定为其贩卖的毒品。车某系贩毒人员，车某本人是否吸食毒品、所查获毒品的购买时间，均不影响对其贩毒人员身份的认定。车某于2022年5月24日有贩卖毒品的行为，同月30日公安机关对其实施抓捕时从其车辆处查获的毒品，均应认定为其贩卖的毒品，故公诉机关指控被告人车某犯非法持有毒品罪罪名不当，本院予以调整。

依照《中华人民共和国刑法》第三百四十七条第一款和第二款第一项、第三百五十六条、第六十七条第三款、第六十四条规定，判决如下：

一、被告人车某犯贩卖毒品罪，判处有期徒刑十五年，并处没收财产15

万元；

二、公安机关扣押的毒品甲基苯丙胺127.83克（未随案移送），依法予以没收，由扣押机关依法处理；

三、追缴车某因毒品犯罪所获取的违法所得人民币1000元，上缴国库。

案件宣判后，车某以公安机关从其车上查获的毒品系用于个人吸食，并非用于贩卖，应当认定为非法持有毒品罪，原审量刑过重为由提出上诉。湖北省武汉市中级人民法院经审理认为：原审认定事实清楚，证据确实、充分，审判程序合法。

湖北省武汉市中级人民法院依照《中华人民共和国刑事诉讼法》第二百三十六条第一款第一项的规定，裁定如下：

驳回上诉，维持原判。

【法官后语】

贩毒人员被抓获后，对于从其住所、车辆等处查获的毒品，一般均应认定为其贩卖的毒品。对贩毒人员贩毒被现场抓获后又另查获毒品的情形，司法界已统一认识。

但是，毒品案件情况复杂，对于贩毒人员未在贩毒时被当场抓获，而是隔了一段时间后被抓获并从其住所等处查获毒品的情况如何处理，实践中存在认识上的分歧和偏差，仍有很多人认为查获的毒品应以非法持有毒品罪定罪处罚。

这种认识偏差，与相关规定的表述方式有一定关系。贩毒人员被抓获后，对于从其住所、车辆等处查获的毒品具体而言主要包含三种情形：一是行为人因贩卖毒品被人赃俱获，随后又从其住所等处查获毒品的；二是有其他证据证明行为人实施了贩卖毒品犯罪，但没有查获毒品实物，后从其住所等处查获毒品的；三是行为人因吸毒或其他违法犯罪行为被抓获后，查明其有贩毒行为，并从其住所等处查获毒品的。解读中的三种情形，分别使用了“随后又”“后”“并”来修饰“从其住所等处查获毒品”，且第一种、第三种情形直接使用了行为人“被抓获”一词，第二种情形中没有。这样的表达容易让人产生一种困惑，是否需要将此次查获的毒品与前次贩毒割裂开来，单独予以评价。特别是在本案中，车某在2022年5月24日贩卖毒品时未被抓获，车某本人也并不知晓公安机关正在对其实施抓捕，6日后即2022年5月30日，车某被成功抓获，同时从其车辆上搜出大量毒品。本案直观上不符合解读中提到的任一情形。特别是本案有证据能证实，查获的毒品系查获前晚车某刚刚购买，距被查获时尚不满24小时，本案的这一情节，更让人容易产生刚刚购买的毒品与前次贩毒关联性很小的错觉，进而对将在车上查获的毒品计入前次贩卖毒品的数量是否妥当产生疑惑。

本案控辩双方都是将两者割裂开来，认为第二次查获的毒品与第一次贩卖毒品的行为关联不大，要单独作出评价。公诉机关认为，车某不是当场抓获，对这种情况一般认定为非法持有毒品罪。本案5月30日搜出的"麻果"，目前没有证据证明车某将上述查获的毒品用于贩卖，所以以非法持有毒品罪提起公诉。辩护人认为，车某多次强戒，且认定吸毒成瘾，故系吸毒者，且没有证据证明车某于2022年5月29日购毒后至被刑拘期间，有线人或违法行为人向车某购买毒品。应以非法持有毒品罪而非贩卖毒品罪定罪。

首先，解读列举的三种情形，是对"贩毒人员被抓获后，对于从其住所、车辆等处查获的毒品，一般均应认定为其贩卖的毒品"这句话的解读，三种情形的前提都是贩毒人员被抓获，因此，第二种情形中没有使用抓获一词，仍是指贩毒人员被抓获的场合。行为人被抓获后，处于被控制状态，因此再从其住所、车辆等处查获的毒品，都是之前在行为人控制之下，在抓获行为人与查获毒品之间的时间段，与行为人不再有行为上的关联。因此，解读中"随后又""后""并"的不同表述，只是文字表达上的不同，其均指在行为人被抓获之后，并无其他实质性含义。从划分的周延性，即保证划分可以涵盖全部可能情形的角度考虑，三种情形应理解为：第一种、第二种针对因贩毒行为被抓获，分别针对人物均查获、人查获物未查获的情况，第三种则是因其他行为被抓获。按这种划分，本案属第一种情形，即人与赃均获，只不过"被人赃俱获"中，"俱"容易被人理解为除要求"都"外，还要求"同时"。但即使以此要求，本案处理也可以由第二种、第三种情形合理推断出。考虑第二种情形：有证据证明车某实施了贩卖毒品犯罪，在没有查获毒品实物，后从其住所等处查获的毒品，要认定为贩卖的毒品，车某前次贩毒，是查获了实物，故查获的毒品更应认定为贩卖的毒品。考虑第三种情形：行为人因吸毒或其他违法犯罪行为被抓获后，查明其有贩毒行为，并从其住所等处查获毒品的，要认定为贩卖的毒品，违法尚且如此处理，举轻以明重，车某是因贩卖毒品的犯罪行为被抓获，更应将查获的毒品认定为贩卖的毒品。以上分析足以证明将前次贩卖毒品的行为同后次查获毒品的事实割裂处理是不妥当的，行为人是否贩毒人员是作出判断的核心标准。

其次，贩毒人员被抓获后，对于从其住所、车辆等处查获的毒品，一般均应认定为其贩卖的毒品。确有证据证明查获的毒品并非贩毒人员用于贩卖，其行为另构成非法持有毒品罪、窝藏毒品罪等其他犯罪的，依法定罪处罚。因此，后面的规定通常成为将贩毒行为与查获毒品割裂看待的依据，对此亦应作出分析。根据行为人贩卖毒品及从其住所等处查获毒品的事实，推定查获的毒品是用于贩卖。但根据推定原则，应当允许当事人提出反证。反证是指确有证据证明查获的毒品并非贩毒人员用于贩卖。解读中也列举了反证情形，包括其为他人保管用于吸食的毒品，为犯罪分子窝藏毒品，持有祖传、捡拾、用于治病的毒品等。从上述允许反证所列举的几种情形看，并不包括贩毒人员自己吸食，且除了治病，其他情形均系毒品属于他人，本人只相当于代管角色。根据上述解读内容，是否为贩毒人员也是作出判断的核心标准。

综上，对于贩毒人员贩毒后，时隔多日被抓获，并从其住所等处查获的毒品，只要能认定其为贩毒人员，从住所等处查获的毒品均应认定为其贩卖的毒品，行为人本人是否吸食毒品、所查获毒品的购买时间、贩毒行为与行为人被抓获并从住所等处查获毒品的间隔时间长短等因素，均不影响对其贩毒人员身份的认定。据此，一审法院对控辩护双方观点均未采纳，将5月30日查获的毒品计入贩卖毒品的数量，被告人上诉后，二审裁定维持原判。

编写人：湖北省武汉市新洲区人民法院　任文俊

36

售卖“上头电子烟”行为定性与量刑裁量

——李某某等贩卖毒品案

【案件基本信息】

1. 裁判书字号

山东省济南市中级人民法院（2022）鲁01刑终263号刑事裁定书

2. 案由：贩卖毒品罪

【基本案情】

2021年7月至9月，被告人李某某为非法获利，明知“上头电子烟油”含有合成大麻素，属于国家规定管制的违禁品，还将“上头电子烟油”3次贩卖给被告人尹某某，每次20毫升，共计69克；3次贩卖给辛某某，每次4.7毫升，共计16.2克。共获取毒资9900元。2021年7月至9月，被告人尹某某在被告人李某某及他人处购买“上头电子烟油”后，与被告人李某分装到小塑料瓶或者电子烟弹中，通过某聊天软件向外销售。尹某某贩卖给吸毒人员陈某某、王某某等人共89.785克，共获取毒资42000余元；李某贩卖给吸毒人员杨某某、王某等人共68.958克，获取毒资共18600余元。2021年7月，被告人靳某通过某聊天软件从被告人尹某某处购买装有“上头电子烟油”的烟弹5支后，5次加价卖给吸毒人员鲁某某、王某，共计1.725克，获取毒资1000余元。案发后，民警在被告人尹某某、李某的住处查获“上头电子烟油”13.15克。经鉴定，查获的电子烟油中检出合成大麻素成分。以上，被告人李某某贩卖含合成大麻素成分的电子烟油85.2克，折算海洛因共计42.6克；被告人尹某某贩卖含合成大麻素成分的电子烟油171.89克，折算成海洛因为85.94克；被告人李某贩卖含合成大麻素成分的电子烟油 68.958 克，折算成海洛因为 34.47 克；被告人靳某贩卖含合成大麻素成分的电子烟油 1.725 克，折算海洛因为 0.86 克。

【案件焦点】

1. 被告人贩卖“上头电子烟油”时是否具备贩卖毒品的主观故意；2. 合成大麻素含量较低是否影响烟油的毒品属性；3. 贩卖毒品数量的认定。

【法院裁判要旨】

山东省济南市长清区人民法院经审理认为：被告人李某某、尹某某、李某、靳某以非法获利为目的，违反国家对毒品的管制规定，非法贩卖含有合成大麻素成分的电子烟油，其行为均构成贩卖毒品罪。李某向未成年人贩卖毒品，依法予以从重处罚。靳某贩卖毒品情节严重，归案后认罪态度较好，依法予以从轻处罚。依照《中华人民共和国刑法》第三百四十七条、第三百五十七条、第六十七条、第六十四条之规定，判决如下：

一、被告人李某某犯贩卖毒品罪，判处有期徒刑九年，并处罚金 1 万元；被告人尹某某犯贩卖毒品罪，判处有期徒刑十五年，并处没收财产 3 万元；被告人李某犯贩卖毒品罪，判处有期徒刑八年，并处罚金 1 万元；被告人靳某犯贩卖毒品罪，判处有期徒刑三年，并处罚金 5000 元；

二、被告人李某某获取的毒资 9900 元、被告人尹某某获取的毒资 42000 余元，被告人李某获取的毒资 18600 余元、被告人靳某获取的毒资 1000 余元，依法予以追缴，上缴国库；

三、公安机关扣押的被告人尹某某、李某作案手机各 1 部，塑料瓶、烟杆、烟弹等物品一宗，予以没收。

宣判后，被告人李某某、尹某某、李某、靳某提起上诉。山东省济南市中级人民法院二审审理查明的事实、证据与一审相同。山东省济南市中级人民法院经审理认为：上诉人李某、尹某某、李某、靳某违反国家毒品管理法规，贩卖含有合成大麻素成分的毒品，其行为均构成贩卖毒品罪。历史上，毒品的泛滥曾给中国人民身心造成极大伤害。当前，全球毒品问题持续泛滥，涉毒品问题日益加剧，受国际大环境和国内各种社会消极因素影响，国内毒品犯罪形势日趋突出，毒品消费市场持续扩大，新滋生吸毒人员增多，毒品问题蔓延之快、危害之大令人触目惊心，禁毒斗争任重而道远，必须坚持依法打击。本案涉案毒品以普通电子烟作掩护，在青少年中传播迅速，危害极大，须加大打击力度，尽快清除危害青少年的毒源。一审法院根据各上诉人犯罪的事实、犯罪的情节及社会危害程度，在法定量刑幅度内依法判处刑罚并无不当，上诉人靳某及其辩护人、上诉人尹某某的辩护人所提量刑过重、畸重的上诉理由及辩护意见均不能成立，不予采纳。原审判决认定的事实清楚，证据确实、充分，定罪准确，量刑适当，审判程序合法。依照《中华人民共和国刑事诉讼法》第二百三十六条第一款第一项之规定，裁定如下：

驳回上诉，维持原判。

【法官后语】

关于“上头电子烟”的性质认定。《中华人民共和国刑法》第三百五十七条第一款规定，本法所称的毒品，是指鸦片、海洛因、甲基苯丙胺、吗啡、可卡因以及国家规定管制的其他能够使人形成瘾癖的麻醉药品与精神药品。根据立法语言的表述，是否属于刑法语境中的毒品，可以从三个方面把握：一是毒品属于麻醉药品与精神药品，但不意味着所有的麻醉药品与精神药品都是毒品。二是具有瘾癖性，不能使人形成瘾癖的麻醉药品与精神药品不是毒品。三是管制性，国家尚未规定管制的麻醉药品与精神药品，即使能使人形成瘾癖，也不是刑法意义上的毒品。《非药用类麻醉药品和精神药品列管办法》第四条规定，对列管的非药用类麻醉药品和精神药品，禁止任何单位和个人生产、买卖、运输、使用、储存和进出口，各级公安机关和有关部门依法加强对非药用类麻醉药品和精神药品违法犯罪行为的打击处理。2021 年 7 月 1 日，合成大麻素列入《非药用类麻醉药品和精神药品管制品种增补目录》，属于国家规定管制的能使人形成瘾癖的麻醉药品和精神药品，案涉“上头电子烟油”完全符合刑法定义的毒品。①

关于主观明知的认定。本案中被告人李某某、尹某某、李某均否认主观明知，但是被告人的主观过错往往是通过客观行为表示出来的，司法实践中判断犯罪构成上的主观明知，主要是通过审查分析争议事实的关联证据，厘清证据与证据体系之间的耦合关系以及证据与待证事实之间的印证关系，确定基础事实片段，结合逻辑法则与经验法则，在排除一切逻辑矛盾和合理怀疑的基础上，得出唯一性、排他性推断结论，完善整个证明体系。本案中，三被告人在侦查阶段的供述、购买人的证言、某聊天软件聊天、转账记录、鉴定意见相互印证，可以证实毒品交易事实客观存在。以在案证据所印证的客观事实、被告人侦查阶段的供述综合进行判断。从电子烟油价格看被告人售卖的“上头电子烟油”价格并非正常市场价格，从交易的对象看都是朋友或朋友介绍的对象，从交易的方式看均采用隐蔽的方式进行，从被告人在侦查阶段的供述看其知晓该电子烟油含有合成大麻素成分或者知道含有国家管制物不能随便买卖，从产品体验上看该电子烟油吸食后头晕，有醉酒一样的感觉且明显区别于普通电子烟。综合考虑以上情节足以判断本案三被告人均对自己行为的违法性存在清晰认知，并在侥幸心理的驱使下进行贩卖牟利，足以认定为存在贩卖毒品的故意。

依赖性折算可实现罪责刑相适应。第一，依赖性折算的法律基础：刑法第三百五十七条第二款明确规定，毒品的数量以查证属实的走私、贩卖、运输、制造、非法持有的毒品的数量计算，不以纯度折算。被告人李某所贩卖的电子烟油虽然含合成大麻素成分较低，但没有依据将该电子烟油认定为非毒品。第二，以合成大麻素纯度较低主张出罪无法定依据，对贩卖、运输经过取汁的罂粟壳废渣的行为，不宜以贩卖、运输毒品罪论处，其主要原因之一就是被告人贩卖、运输的是经过取汁的罂粟壳废渣，吗啡含量只有0.01%，含量极低，从

① 《关于将合成大麻素类物质和氟胺酮等18种物质列入〈非药用类麻醉药品和精神药品管制品种增补目录〉的公告》，载中华人民共和国公安部网站，https：//app. mps. gov. cn/gdnps/pc/content. jsp? id=7881703，2024年4月20日访问。

技术和成本看，基本不可能用于提取吗啡。第三，上头电子烟的吸食体验异于其他同类产品：新型化学合成类精神药品，在成瘾性和神经刺激方面甚至远远高于传统植物加工类精神药品，本案中被告人李某供述其吸食完上头电子烟后明显感觉头晕，由此可见，该类药品对中枢神经系统的作用十分明显，强烈的神经感官刺激属于典型的吸毒后症状，本案中，将合成大麻素按比例折算成海洛因，确定贩毒数量作为量刑依据完全符合罪责刑相适应原则。

新型化学合成类毒品社会危害性更强。当下国内新型毒品犯罪形势日趋突出，新型毒品制作周期短、化学结构多元，毒品管制立法往往相对滞后，在披上时尚健康的外衣后，其隐蔽性强、流通速度快、传播范围广、致幻效果强、滥用潜力大，并在青少年群体的严重泛滥，毒品消费市场持续扩大，新滋生吸毒人员增多，毒品问题蔓延之快、危害之大令人触目惊心，防毒禁毒之路道阻且长，刑事司法实践坚持按照法定标准对毒品依赖性进行折算，依法从严打击毒品犯罪，是刑事司法维护中国人民尤其是青少年人身心健康的应有之义。

编写人：山东省济南市长清区人民法院　赵延振

37

应全面综合分析毒品交易、案发过程细节认定贩卖合成大麻素类新型毒品的主观明知

——王某某贩卖毒品案

【案件基本信息】

1. 裁判书字号

北京市第二中级人民法院（2022）京02刑终171号刑事裁定书

2. 案由：贩卖毒品罪

【基本案情】

2021年8月2日9时许，被告人王某某与田某（另案处理）约定以人民币1400元的价格贩卖“上头”电子烟2支、烟油2瓶，收取毒资后以快递的方式交付。当日16时许，民警在某小区×号楼×门×号田某家中起获上述物品，经鉴定，其中“上头”电子烟2支、烟油1瓶含有合成大麻素类毒品共计3.79克。2021年8月3日11时许，民警在某小区将被告人王某某抓获，并当场从其身上及位于某小区×号楼×号住处储物间、卧室衣柜内等处查获一次性电子烟129个及罐装烟油141瓶。经检查称量，除从王某某身上及卧室衣柜玻璃盒内查获的3个电子烟无内含物外，其余电子烟及烟油内含黄色液体净重共计896.77克；经抽检鉴定，检出国家列管大麻素成分。

上述毒品均已被收缴，手机等物品在案扣押。王某某到案后，辩称其不知道涉案电子烟及烟油中含有毒品成分，且在其家中起获的电子烟及烟油均系用于吸食，而非贩卖，其行为不构成贩卖毒品罪。

【案件焦点】

1. 新型合成大麻素类毒品的主观明知如何认定；2. 贩卖合成大麻素毒品的含量、重量问题。

【法院裁判要旨】

北京市东城区人民法院经审理认为：被告人王某某违反国家毒品管理秩序，明知合成大麻素类物质已被国家列为毒品进行管制的情况下，为牟取非法利益而向他人贩卖，其行为已构成贩卖毒品罪，且其贩卖合成大麻素类毒品数量已达到《中华人民共和国刑法》第三百四十七条第二款第一项规定的标准。被告人王某某系毒品再犯，依法应予从重处罚。据此以贩卖毒品罪判处：

被告人王某某有期徒刑十五年，剥夺政治权利二年，并处没收个人财产6万元。

被告人王某某提起上诉。北京市第二中级人民法院经审理认为：原审法院根据王某某犯罪的事实、犯罪的性质、情节和对于社会的危害程度，定罪和适用法律正确，量刑适当，追缴违法所得予以没收及对在案扣押物品的处理亦无不当，审判程序合法，应予维持。据此裁定：

驳回上诉，维持原判。

【法官后语】

本案争议焦点是对新型毒品主观明知及含量、数量如何认定。

一、合成大麻素类新型毒品的主观明知认定

2021年7月1日，我国将合成大麻素等整类管制为毒品，作为第三代新型毒品，其存在、吸食形式多匿于日常消费，隐蔽性、欺骗性极强，且案件多从交易环节侦破，认定行为人主观明知较为困难。针对合成大麻素类新型毒品，可从以下细节着手。

1. 购销过程异常。(1) 购销渠道异常，从非正规渠道进货，不掌握供方真实姓名、名称、地址；集中在酒吧、夜店等场所销售。(2) 交易细节异常，如通过非实名、加密社交软件联络，频繁变更或使用多个联系方式；口头确定价格、数量，以现金或他人账户结算。(3) 交付方式隐蔽，寄递不留真实姓名、地址等信息，采取当面或“丢包”错时交接，甚至利用代驾人员捎带。

2. 物品本身异常。《中华人民共和国产品质量法》规定，产品或包装上必须有真实标识，产品名称、生产厂名和厂址及规格、等级、含量等要有中文标明。实践中此类毒品则多数或以裸装存在，或外包装明显简陋、粗糙，无书面标识，或记载信息缺失，或仅有外文信息。此外，有证据证明行为人知道吸食后有导致兴奋、幻觉、上瘾等症状，基本可认定主观明知。

3. 交易语言异常。多使用行业黑话和聊天特殊符号、表情包。如“娜塔莎”“小树枝”等特指含某类新型毒品，“上头”“上劲”“飞行”等都是与吸食涉毒电子烟相关；有的还使用表情包作为交易语言等。

4. 查获细节异常。检查时对掌控的毒品有丢弃、毁损或转移之行为，或有逃跑、抗拒检查行为；民警明确要求主动交代疑似物线索并告知法律责任，未如实交代，甚至刻意隐瞒，最终在身上、住处、车辆等行为人能够掌控之处查获合成大麻素毒品的；或起获地点、外观包装明显隐蔽。

5. 人员经历异常。因涉毒受过处罚，具有销售相关商品或从事化学制品制售、从医等经历的，通常对其要求更高的注意义务和辨别能力。行为人在网络曾搜索、交流关于新型毒品列管、案件、折算等信息的，系推定主观明知的积极要素。

本案中，王某某通过微信与上下线就电子烟“上头”、新配方及列管查禁等多次交流；其从网络渠道进货，采取快递交付、转账付款、更换联系方式等隐秘形式售卖；被抓获时向民警隐瞒家中存有大量涉毒电子烟制品的事实，被搜出实物后又改称“就烟油不正规”；另其有贩毒、吸食大麻劣迹且吸毒成瘾，且持续经营电子烟，知道“上头”、普通电子烟存在价格、销售方式不同等情况。综上，可以认定王某某明知所涉物品含有国家列管的大麻素类毒品成分，其否认的辩解有违常理，不能成立。

二、合成大麻素类新型毒品的含量、数量认定

按照规定，对成分复杂的新类型毒品和液体毒品，需要进行含量规定。但不能单纯以纯度折算合成大麻素类毒品重量并据此量刑，办理毒品犯罪案件，无论毒品纯度高低，一般均应将查证属实的毒品数量认定为毒品犯罪数量，并据此确定适用的法定刑幅度。

合成大麻素作为合成毒品，具有制作成本更低、致幻作用更大、成瘾性更强等特点，其载体更具隐蔽性、迷惑性，传播危险及对社会造成的危害更大。此类毒品数量是量刑的重要基点，纯度大小并非决定其社会危害性的主要因素，应综合考虑其致瘾癖性、数量、一般含量、传播载体、方式、社会危害性等多个因素依法量刑处理。当然，对于个案中纯度明显过低或存在其他情况的，则应具体予以对待。

综上，在办理新型毒品犯罪时，对行为人主观明知的考察，更要重视综合判断原则，进行全面分析认定。对毒品数量，应综合考虑多因素认定并予量刑，不能简单以纯度折算。

编写人：北京市东城区人民法院　姬广胜
北京市第二中级人民法院　赵欣

38

辨认笔录真实性无法确认的不得作为定案根据

——林某制造毒品案

【案件基本信息】

1. 裁判书字号

广东省高级人民法院（2020）粤刑终 121 号刑事判决书

2. 案由：制造毒品罪

【基本案情】

2015 年 1 月 12 日，某村两级工作人员开展禁毒清查行动，发现本案制毒窝点果场住宅可疑。随后公安机关查处该制毒窝点，缴获甲基苯丙胺 2.696 千克、含甲基苯丙胺成分的液体 100.525 千克、麻黄碱 253.225 千克、制毒物品一批。公安机关称从现场手机中发现线索，1 月 14 日确定林某具有作案嫌疑，于 2017 年 9 月抓获林某。林某归案后否认到过现场并参与本案。

【案件焦点】

1. 如何评价原判定案的主要证据即三名证人对林某的辨认笔录；2. 本案没有直接证据，间接证据能否形成完整证据链。

【法院裁判要旨】

广东省汕尾市中级人民法院经审理认为：被告人林某伙同他人制造毒品甲基苯丙胺，数量大，其行为已构成制造毒品罪，依法应予惩处。本案系多人参与的制毒共同犯罪，鉴于在案证据未能证明林某在制毒过程中具体的地位及所起的作用，对林某予以酌情处罚。据此，以制造毒品罪，判处被告人林某有期徒刑十五年，并处没收个人财产人民币 10 万元。

林某提出上诉。广东省高级人民法院经审理认为：原判认定林某犯制造毒品罪的事实不清、证据不足。本案没有直接证据证明林某实施了制造毒品行为，间接证据薄弱且证明力弱，全案证据不能形成完整证据链，不足以排除合理怀疑，结论不具有唯一性，未能达到证据确实、充分标准。（1）没有直接证据证明林某参与制造毒品。林某被抓获后始终作无罪辩解，辩称从未到过制毒现场、不认识相关涉案人员和嫌疑人。本案亦没有同案人指证林某参与作案。果场出租人林某某已归案并被判刑，但其未指证、未辨认出林某。（2）三名证人高某某、赖某某、刘某某辨认出林某系制毒现场人员的证人证言、辨认笔录均存在严重瑕疵，不足采信。证人高某某所作辨认的时间不正常，不能排除辩护人所提高某某辨认不出林某的合理怀疑，高某某对于涉案人员的三次描述内容及与辨认笔录之间均存在矛盾，本院不予采信。证人赖某某、刘某某、郑某某的询问笔录中重要内容高度雷同，真实性存疑，经比对分析三人的证言，无法确认相关证言的客观性、真实性，不足以采信。赖某某、刘某某依据其证言所作对林某的辨认亦不可信，本院不予采信。（3）证人高某某指证林某抽烟，证人高某某、赖某某、刘某某辨认出林某在制毒现场，但现场较多客观痕迹物证遗传物质（DNA）、指纹均未比中林某。现场提取的生物检材经鉴定比对，7 枚烟头、2 支牙刷、6 个矿泉水瓶、1 支唇膏检出 7 名未知男性的短片段重复序列（STR 分型），均与林某 STR 分型不同。从现场提取的 2 枚指纹亦未比中林某，租地合同上的指纹亦不能证实系林某所留。（4）涉案人员手机通话清单不能证明林某制造毒品。①林某某、“林某”手机号码通话清单均已经调取，但均无与林某当时使用的手机的通话记录。②林某被抓获时使用的手机的三个月通话清单已经调取，未发现可疑情况。③疑涉案手机和手机卡无实物附卷，不能确认其存储信息情况。侦查机关出具的情况说明对是否已经调取该诺基亚手机通话清单前后矛盾，侦查机关在本院二审期间才提供该手机通话清单，且不能反映其系原件，故不能作为定案依据。综上所述，原判认定原审被告人林某犯制造毒品罪的事实不清、证据不足，原公诉机关指控林某犯制造毒品罪不能成立。

对出庭检察员所提证明林某参与共同制造毒品的证据薄弱，建议结合本案事实证据依法裁判的意见，以及上诉人林某及辩护人所提请求改判林某无罪的意见，予以采纳。据此，判决如下：

一、撤销广东省汕尾市中级人民法院（2019）粤15刑初24号刑事判决；

二、上诉人（原审被告人）林某无罪。

【法官后语】

本案是一起制造毒品犯罪案件，查获的毒品数量大，应严格依法审理。从案发经过来看，查获制毒窝点系先由当地村民发现制毒窝点可疑线索，村镇干部据此开展清查工作发现制毒窝点和嫌疑人，制毒嫌疑人随后逃跑，再由公安机关处警立案侦查，因此本案查获制毒窝点时未当场抓获嫌疑人。公安机关经侦查，于两年后抓获被告人，被告人否认实施犯罪和到过现场，原审控辩双方争议巨大。从证据情况来看，原判定案的重要证据是三名证人对被告人的辨认笔录，辨认出被告人系制毒现场人员之一，并作了证言，其他间接证据不能证明被告人作案。本案焦点问题是：（1）如何评价原判定案的主要证据即三名证人对林某的辨认笔录。（2）本案没有直接证据，间接证据能否形成完整证据链。

1. 辨认笔录的基本属性和证据要求

辨认笔录是我国刑事诉讼法规定的八种法定证据种类之一，是以笔录方式全面客观记录辨认过程和辨认结果，并由相关人员签名的笔录。辨认笔录应当具备合法性、客观性、关联性。《最高人民法院关于适用〈中华人民共和国刑事诉讼法〉的解释》规定了辨认笔录不得作为定案的根据的六种情形，体现了事先询问、混杂辨认、分别辨认、自主辨认等程序要求，以确保辨认结果的客观性、合法性。对于辨认笔录，存在与其他证据种类不同的特点，使得其在证明体系中具有独特的地位，主要涉及的问题有：辨认笔录与证人证言的关系如何？辨认笔录属于直接证据还是间接证据？

（1）辨认笔录和证人证言紧密相连，互相印证。由于事先询问的存在，辨认人作为证人作出证言，证言与辨认结果具有紧密的联系，内容应当互相印证，不能割裂开来将其作为两个独立的证据进行审查判断。因为辨认行为往往在事先询问之后及时组织进行，证言内容和辨认结果往往互相印证、没有矛盾或有矛盾但能得到合理解释，询问笔录和辨认笔录均应当符合规范。在辨认对象是嫌疑人照片的辨认中，辨认结果是证言内容的反映，询问笔录是辨认笔录的依托，询问笔录中对辨认对象的描述应当与辨认结果互相印证，询问笔录不符合证据规范的，其依据证言而进行的辨认证明力也将受到影响。一是辨认时间要规范、正常，符合一般认识规律。辨认对象是嫌疑人照片的情形下，辨认应当在对证人询问之后及时组织进行，辨认时间距离询问时间过久，辨认时间不正常的，应当给出合理解释，没有合理解释的，不得作为定案根据。二是辨认笔录所依托的询问笔录应当规范，询问笔录应当经证人核对确认且内容真实可信。根据《最高人民法院关于适用〈中华人民共和国刑事诉讼法〉的解释》的规定，书面证言没有经证人核对确认的，证人证言不得作为定案的根据。审查证言是否经证人核对确认，可以查看询问同步录音录像。没有录音录像的，应当审查多名证人的证言是否存在高度雷同的情况，若多名证人对同一陌生嫌疑人的具体描述高度雷同，不符合常识，可以确认询问笔录未经证人核对确认而是出于迁就侦查机关才签名按手印，或者虽经证人确认但内容不真实的，则询问笔录不得作为定案根据。前已论述，辨认对象是嫌疑人照片的情形下，证人证言是辨认笔录的依托。询问笔录不得作为定案根据时，相应的辨认笔录也不得作为定案根据。

(2) 准确认定辨认笔录的证据类型，依法综合审查运用全案证据。根据证据与案件主要事实的关系，即证据能否单独证明案件主要事实。证据分为直接证据和间接证据：能够单独证明案件主要事实的证据是直接证据；不能单独证明案件主要事实，而需要与其他证据结合起来才能证明案件主要事实的证据是间接证据。刑事案件的主要事实是被告人是否实施了犯罪行为。能够单独证明被告人实施了犯罪行为或者没有实施犯罪行为的证据，就是直接证据。根据《最高人民法院关于适用〈中华人民共和国刑事诉讼法〉的解释》的规定，对证据的真实性，应当综合全案证据进行审查。对证据的证明力，应当根据具体情况，从证据与案件事实的关联程度、证据之间的联系等方面进行审查判断。因此，认定辨认笔录是直接证据还是间接证据，要结合案件具体情况。在制造毒品刑事案件中，案件主要事实是被告人是否实施制造毒品犯罪行为。证人证言仅陈述被告人出现在制毒现场，且证人并未目睹制造毒品行为的情况下，证人证言及相应的辨认笔录直接证明的事实是被告人出现在制毒现场，而被告人是否实施制造毒品犯罪行为，需要与其他证据结合起来才能予以认定，故此情况下，辨认笔录属于间接证据。对于没有直接证据的案件，应当根据《最高人民法院关于适用〈中华人民共和国刑事诉讼法〉的解释》的规定，综合审查判断。

2. 对本案辨认笔录和全案证据的综合审查运用

（1）对辨认笔录的审查运用。根据《最高人民法院关于适用〈中华人民共和国刑事诉讼法〉的解释》规定，对辨认笔录应当着重审查辨认的过程、方法，以及辨认笔录的制作是否符合有关规定；辨认笔录不得作为定案根据的六种情形是：违反有关规定，不能确定辨认笔录真实性的其他情形。本案中，三名证人辨认出林某系制毒现场人员的证人证言、辨认笔录存在下列严重瑕疵：①辨认时距离作出证言的时间间隔过久，辨认时间不正常；②辨认人与其他证人的证言高度雷同，不能排除采用同一个笔录模板进行记录且辨认人未仔细核实笔录内容真实性的情况，无法保证辨认人证言真实性，亦无法保证辨认人依据其证言所作辨认笔录的真实性。以上两种情形应当认定属于“违反有关规定，不能确定辨认笔录真实性的其他情形”，不得作为定案的根据。故对本案三名证人的辨认笔录不予采信。

（2）对全案证据的审查运用。原判认定被告人有罪的主要证据是三名证人辨认出被告人出现在制毒现场的辨认笔录，而三名证人的辨认笔录因存在上述严重瑕疵不得作为定案的根据，不予采信。现场客观痕迹物证均未比中被告人，没有同案人指证被告人参与作案，涉案人员手机通话清单亦不能证明被告人制造毒品。本案没有直接证据证明被告人实施了制造毒品行为，间接证据薄弱且证明力弱，全案证据不能形成完整证据链，不足以排除合理怀疑，结论不具有唯一性，未能达到证据确实、充分的定罪标准。故原判认定被告人犯制造毒品罪的事实不清、证据不足。检辩双方相关意见成立，予以采纳。经广东省高级人民法院审判委员会讨论决定，依法判决被告人林某无罪。

编写人：广东省高级人民法院　周金华　江发西

39

对间接持有毒品的行为人主观明知的认定

——杨某非法持有毒品案

【案件基本信息】

1. 裁判书字号

湖南省高级人民法院（2021）湘刑终479号刑事裁定书

2. 案由：非法持有毒品罪

【基本案情】

2020年10月20日，陈某（另案处理）受他人指使从云南携带毒品海洛因至张家界市永定区。2020年10月21日上午，谷某某（另案处理）通过电话联系被告人杨某，告诉杨某一个手机号码（即陈某所持手机的号码），要杨某找该号码的持有人取货。杨某随即用手机主叫陈某，在电话中与陈某商谈交货地点等事项。当天13时许，杨某乘坐李某某驾驶的车牌为湘G1××××的小车，与陈某在某酒店河堤边见了面，双方见面后因对交货地点的意见不一致，没有完成交货，各自离开。随后，杨某与陈某多次手机通话，双方仍未对交货地点达成一致。当天16时许，谷某某打电话要求田某某到陈某手中取货，并通过某APP发给田某某一个手机号码（即杨某所持手机的号码），要田某某取货后与该号码的持有人联系。田某某随即通过电话联系陈某，来到某酒店某房间，从陈某手中取得一个黑白相间的手提袋。田某某取得手提袋后立即与杨某电话联系，杨某要求田某某将手提袋送至某办事处某银行。田某某随后准备前往大庸桥时被公安民警连同装有毒品海洛因的手提袋一并当场抓获，杨某在某银行附近被抓获。经张家界市公安局称重，从田某某手中查获的12小块毒品共净重4201.74克；经张家界市公安局刑事科学技术研究所检验，前述12小块毒品中均检出海洛因成分；经长沙市公安局物证鉴定所检验，前述12小块毒品的海洛因含量在17.1%至23.8%。

【案件焦点】

行为人在客观上对毒品进行了有效的控制和支配，又有证据证明行为人主观上具有明知的故意，可否认定行为人的行为构成非法持有毒品罪。

【法院裁判要旨】

湖南省张家界市中级人民法院经审理认为：被告人杨某违反国家对毒品的管理规定，非法持有毒品海洛因4201.74克，其行为构成非法持有毒品罪。经查，认定被告人杨某非法持有毒品的行为有证人陈某、李某某、田某某的证言、通话详单及被告人杨某的供述等证据能够相互印证。杨某与陈某在2020年10月21日相互通话多达16次，杨某在与陈某见面后拒绝在酒店房间取货，坚持在某银行附近取货，谷某某指挥田某某从陈某处取得涉案毒品后，杨某仍要求田某某将毒品送至某银行附近，明显违背合法物品惯常交接方式，且民警从田某某手中查获的本案毒品均检出海洛因成分，可以认定杨某明知谷某某让其向陈某取的物品是毒品。本案中，陈某送毒品给杨某是受谷某某指示，具体送到哪里由杨某决定，田某某取得毒品后，杨某要求田某某将毒品送至某银行附近，实际上，陈某已经完成了毒品的交付，杨某已经通过田某某对涉案毒品进行了间接控制，因此杨某的行为构成非法持有毒品罪。

湖南省张家界市中级人民法院作出一审刑事判决：

一、被告人杨某犯非法持有毒品罪，判处无期徒刑，剥夺政治权利终身，并处罚金人民币10万元；

二、侦查机关查获的毒品海洛因4201.74克，予以没收。

杨某不服提起上诉，湖南省高级人民法院同意一审法院的裁判意见，裁定：驳回上诉，维持原判。

【法官后语】

非法持有毒品罪是违反国家毒品监管法规，明知是毒品而非法持有，且数量较大的行为。构成该罪在主观上表现为直接故意或者间接故意，即明知是毒品还要非法持有或者明知他人委托保管的物品中藏有毒品而持放任的态度去实施保管行为；在客观方面表现为行为人实施了非法持有毒品的行为。本案中，杨某辩称其不知道田某某从陈某处取得的东西是毒品，否认其构成非法持有毒品罪。本案属于非法持有毒品的特殊情形，特殊之处主要表现在杨某没有直接持有毒品，即杨某自己没有随身携带、直接控制毒品，杨某对他人将要送给其的毒品的性质进行了否定。行为人间接控制毒品是否构成非法持有毒品罪，如何判断行为人主观上具有明知的故意值得研究。

《中华人民共和国刑法》第十四条规定了故意犯罪的概念，即明知自己的行为会发生危害社会的结果，并且希望或者放任这种结果发生，因而构成犯罪的。我国刑法理论根据这一规定，将故意分为直接故意和间接故意。直接故意是指行为人明知自己的行为会发生危害社会的结果，并且希望这种结果发生的心理状态；间接故意是指行为人明知自己的行为可能会发生危害社会的结果而采取漠不关心、听之任之的放任态度。构成非法持有毒品罪，要求行为人具有非法持有毒品的故意，即行为人主观上明知是毒品而对毒品进行控制和支配或者明知他人委托保管的物品中藏有毒品而持放任的态度去实施保管行为的心理状态。毒品犯罪中，判断被告人对涉案毒品是否明知，不能仅凭被告人供述，而应当依据被告人实施毒品犯罪行为的过程、方式，毒品被查获时的情形等证据，结合被告人的年龄、阅历、智力等情况，进行综合认定。不能因为行为人否认其具有明知的故意就轻率地、机械地排除行为人的犯罪故意，而是要通过对全案事实的综合分析客观评价行为人主观上的心理状态。

事实推定是指在刑事诉讼过程中，法庭依照法律规定的程序，根据经验法则或者法律规定，从已查明的事实推断另一个事实存在，并允许被告人举证反驳的证明方法。司法实践中，行为人对涉案毒品主观明知是毒品犯罪认定的构成要件之一，但因主观明知属于行为人内心活动，且毒品犯罪场所或者方式经常是隐蔽的，犯罪结果发生又是滞后于实行行为的，导致在审理毒品犯罪案件中对于行为人对毒品是否主观明知很难精准把握，特别是在被告人拒不认罪且缺乏其他直接证据的情况下，往往容易陷入基于证据不足不起诉或宣判无罪的困境。

总之，认定行为人间接持有毒品应根据行为人在特定场所、实施特定行为来判断其对毒品是否主观明知，按照主客观相统一的原则适当采取事实推定规则对行为人的“主观明知”要素的认定。

编写人：湖南省张家界市中级人民法院　刘少廷

40

非法买卖毒品原植物种子罪中“毒品原植物种子”的认定

——魏某非法买卖毒品原植物种子案

【案件基本信息】

1. 裁判书字号

黑龙江省绥化市中级人民法院（2022）黑12刑终141号刑事裁定书

2. 案由：非法买卖毒品原植物种子罪

【基本案情】

被告人魏某系农业科技公司经理，2020年8月15日，因魏某的A国客户向其订购灭活的麻籽以做鸟粮，其便向王某某购买。王某某以价格每吨8100

元，共34吨大麻种子卖给魏某。2020年8月21日，魏某再次向王某某订购大麻种子，并预付20万元，后王某某将筛选后的25吨大麻种子卖给魏某。

【案件焦点】

1. 被告人买卖的大麻种子是否为刑法所禁止的“毒品原植物种子”；2. 是否需要对涉案麻籽作毒品含量鉴定。

【法院裁判要旨】

黑龙江省绥化市望奎县人民法院经审理认为：被告人魏某于2020年8月15日、8月21日从被告人王某某处分别购买大麻种子34吨、25吨，共计59吨。魏某将这59吨大麻种子经翻炒灭活后经海关分两次出口至A国，于2020年11月2日、2021年1月14日经动植物与食品检测中心检验：农业科技公司出口的共54.72吨线麻籽发芽率均为0.0%。被告人魏某非法买卖未经灭活的毒品原植物种子，数量较大，其行为构成非法买卖毒品原植物种子罪。被告人魏某主动到公安机关投案，如实供述犯罪事实，系自首。被告人魏某虽然从被告人王某某处购买59吨大麻种子，但是其经过翻炒灭活处理后合法出口至A国，其行为社会危害性不大，情节较轻，而且其系自首，故依法对其免予刑事处罚。依照《中华人民共和国刑法》第三百五十二条、第二十五条第一款、第二十七条、第三十七条、第五十二条、第五十三条、第六十一条、第六十四条、第六十七条第一款和第三款、第七十二条第一款、第七十三条第二款和第三款，《中华人民共和国刑事诉讼法》第十五条、第二百零一条，《最高人民法院关于审理毒品犯罪案件适用法律若干问题的解释》第十条之规定，判决如下：

被告人魏某犯非法买卖毒品原植物种子罪，免予刑事处罚。

一审宣判后，被告人魏某不服，提起上诉。黑龙江省绥化市中级人民法院经审理认为：上诉人魏某非法买卖未经灭活的毒品原植物种子，数量较大，其行为构成非法买卖毒品原植物种子罪。上诉人魏某犯罪后主动投案，并能供述主要犯罪事实，系自首。《中华人民共和国刑法》第三百五十七条规定，本法所称的毒品，是指鸦片、海洛因、甲基苯丙胺（冰毒）、吗啡、大麻、可卡因以及国家规定管制的其他能够使人形成瘾癖的麻醉药品和精神药品。《最高人民法院关于审理毒品犯罪案件适用法律若干问题的解释》第十条规定，非法买卖未经灭活的大麻种子 50 千克以上、大麻幼苗 5 万株以上的，应当认定为《中华人民共和国刑法》第三百五十二条规定的非法买卖大麻种子数量较大。以及其他司法解释均表述为“大麻”字样，可见法律上现只有大麻的概念。另外，在植物学分类上，大麻属为单一种属，均含有四氢大麻酚，含量多少并不能影响其被利用而提取毒品的性质。大麻属植物均为受管制的毒品原植物，适用国家毒品管制的法律、法规。所以本案所涉大麻种子属于毒品原植物种子的属性。上诉人魏某虽在海关取得出口饲料生产、加工、存放企业检验检疫注册登记证，但不能证明其具有买卖未经灭活的大麻种子资格。一审考虑魏某虽然从被告人王某某处购买 59 吨大麻种子，但是其经过翻炒灭活处理后出口至 A 国，其行为社会危害性不大，情节较轻，对其免予刑事处罚适当。一审判决认定的事实清楚，证据确实、充分，定罪准确，量刑适当。审判程序合法。依照《中华人民共和国刑事诉讼法》第二百三十六条第一款第一项之规定，裁定如下：

驳回上诉，维持原判。

【法官后语】

毒品原植物是制造毒品的原材料，非法买卖，运输毒品原植物种子是导致其他毒品犯罪的主要物质基础。《中华人民共和国禁毒法》第十九条第一款规定，国家对麻醉药品药用原植物种植实行管制。禁止非法种植罂粟、古柯植物、大麻植物以及国家规定管制的可以用于提炼加工毒品的其他原植物。禁止走私或者非法买卖、运输、携带、持有未经灭活的毒品原植物种子或者幼苗。可见非法买卖毒品原植物种子罪中所指的毒品原植物的种类主要有罂粟、古柯植物、大麻植物等。

本案所涉的大麻，别称山丝苗、线麻、胡麻、火麻，分布区域广泛，但主要分布于北半球高纬度地区。其干燥成熟。果实可入药，药材名为火麻仁、其茎皮用于加工纤维，是纺织、造纸、技术纤维等领域的优质原料。因大麻所含有的四氢大麻酚，是能让人致幻成瘾的精神活性成分，也是受到禁毒管控的重要原因。

正是由于大麻在工业领域的广泛应用，本案中被告人及其辩护人提出了其所涉大麻是“工业大麻”，要求鉴定涉案麻籽毒品含量鉴定的辩护意见。本院经审理认为，首先，大麻属植物均为受管制的毒品原植物，适用国家毒品管制的法律、法规。本案所涉大麻种子属于毒品原植物种子的属性。其次，所谓“工业用大麻”并非与毒品大麻属不同种类，其实质是可以在工业上使用的大麻，并不是不受法律管控的其他大麻品种。对于“工业用大麻”的认定，从选种、种植、生产、运输、销售的各个环节均需符合相关法律的规定，有严格的准入及许可制度。

根据《黑龙江省禁毒条例》第二十四条规定，县级以上人民政府应当对工业用大麻的品种选育、种植、销售和加工进行规划引导和监督管理，并加强工业用大麻与毒品大麻的区别等相关知识的宣传教育。单位选育、引进工业用大麻，应当向省农业行政主管部门申请品种认定。经认定符合规定的品种可以种植、销售、加工。第二十五条规定，单位种植、选育和个人在种植工业用大麻，应当在种植后十个工作日内向种植地县级人民政府公安机关备案，提供认定种子或者品种来源凭证，说明种植面积、种植区域、用途等情况。单位或者个人从事工业用大麻花、叶、籽销售，应当在销售后10个工作日内向销售地县级人民政府公安机关备案，说明销售物来源、销售数量、销往地区、购买人等情况，并提交购买单位的营业执照或者个人身份证件、销售合同复印件等证明材料。单位或者个人从事工业用大麻花、叶、籽加工，应当在加工后10个工作日内向加工地县级人民政府公安机关备案，说明原料来源、加工数量、加工损耗等情况。显然根据在案证据本案所涉麻籽并非“工业用大麻”。

根据《最高人民法院关于审理毒品犯罪案件适用法律若干问题的解释》的规定，非法买卖、运输、携带、持有未经灭活的毒品原植物种子或者幼苗，具有下列情形之一的，应当认定为“数量较大”：（1）罂粟种子50克以上、罂粟幼苗5000株以上；（2）大麻种子50千克以上、大麻幼苗5万株以上；（3）其他毒品原植物种子或者幼苗数量较大的。本案所涉麻籽数量高达54吨，但考虑到其经过灭活处理后出口国外，社会危害性不大，情节较轻，一审法院、二审法院对其免予刑事处罚是适当的。

编写人：黑龙江省绥化市中级人民法院 马思宇

（六）组织、强迫、引诱、容留、介绍卖淫罪

41

行为人受雇后负责招募、管理卖淫女，参与对卖淫活动的管理、调度等组织行为构成组织卖淫罪

——吴某某、张某某组织卖淫、协助组织卖淫案

【案件基本信息】

1. 裁判书字号

广西壮族自治区贵港市中级人民法院（2022）桂08刑终292号刑事裁定书

2. 案由：组织卖淫、协助组织卖淫罪

【基本案情】

2018年吴某1（在逃）为牟取不法利益，在某酒店三楼经营一家沐足会所，该会所由吴某1出资经营，以经营沐足场所作为掩护，进行卖淫嫖娼违法活动，卖淫价格分为398元、598元、798元三种套餐。吴某1先后雇请被告人吴某某、张某某以及陆某某、谭某某、覃某某、曾某某、谢某某（五人已判刑）在会所工作，其中被告人吴某某负责管理卖淫女，包括发放卖淫提成、出

勤请假以及处理与嫖客之间的纠纷等。此外，被告人吴某某对会所的工作人员也进行上下班管理、考勤请假等，并召集开会布置会所的工作。同时，被告人吴某某还招揽了卖淫女到会所，在微信群招揽嫖客前来消费。陆某某、谢某某负责外厅前台接待工作，当有嫖客提出要嫖娼时，陆某某、谢某某则通过对讲机与内厅的覃某某联系开门。覃某某负责接到开门指示后将嫖客带入房间内，再将卖淫女分批带给嫖客选择。谭某某具体负责内厅的前台工作，通过微信、支付宝或现金的方式收取嫖客的嫖资。曾某某负责在宇洋酒店一楼望风，有公安人员到一楼就马上通过微信或者对讲机向沐足会所前台人员通风报信。被告人张某某负责带卖淫女给嫖客挑选和收钱。2021 年 4 月 25 日，公安机关对沐足会所店进行查处，抓获卖淫嫖娼人员王某、马某某、吕某、白某某、谢某某等人。截至案发，经查，沐足会所店在 2020 年 5 月 1 日至 2021 年 4 月 25 日，非法获利共 2310781 元，其中 2021 年 2 月 1 日至 4 月 25 日，非法获利共 807044 元。在参与沐足会所店违法经营中，被告人吴某某非法获利 20000 元，被告人张某某非法获利 9500 元。被告人吴某某于 2022 年 3 月 7 日主动到公安机关投案自首，被告人张某某于 3 月 10 日被抓获到案。

【案件焦点】

被告人吴某某的受雇“打工”行为如何定性。

【法院裁判要旨】

广西壮族自治区桂平市人民法院经审理认为：被告人吴某某组织他人进行卖淫活动，情节严重，其行为已触犯《中华人民共和国刑法》，构成组织卖淫罪。被告人张某某明知他人卖淫而提供帮助，其行为已触犯《中华人民共和国刑法》，构成协助组织卖淫罪。公诉机关指控被告人吴某某犯组织卖淫罪、被告人张某某犯协助组织卖淫罪的罪名成立。在组织卖淫的共同犯罪中，吴某 1 是出资人，被告人吴某某根据吴某 1 的安排管理卖淫活动，在共同犯罪中起次要作用，是从犯，依法应当减轻处罚，故判处如下：

被告人吴某某犯组织卖淫罪，判处有期徒刑五年六个月，并处罚金人民币

10 万元；被告人张某某犯协助组织卖淫罪，判处有期徒刑一年四个月，并处罚金人民币 1 万元；被告人吴某某违法所得赃款 20000 元，被告人张某某违法所得赃款 9500 元予以追缴，没收并上缴国库。

吴某某、张某某提起上诉。广西壮族自治区贵港市中级人民法院经审理认为：上诉人吴某某组织他人进行卖淫活动，情节严重，其行为已构成组织卖淫罪。上诉人张某某明知他人卖淫而提供帮助，其行为已构成协助组织卖淫罪。在组织卖淫的共同犯罪中，吴某 1 是出资人，吴某某根据吴某 1 的安排管理卖淫活动，在共同犯罪中起次要作用，是从犯，应当减轻处罚。吴某某主动投案并如实供述自己的犯罪事实，是自首，可以从轻或者减轻处罚。张某某认罪认罚，可以从轻处罚。上诉人吴某某提出，其不是管理人，其是按照老板安排工作，经查，根据在卷的同案犯供述、证人证言等证据，足以证实吴某某招募、管理卖淫女，参与对卖淫活动的管理、调度等组织行为，系卖淫活动的管理者的事实，故对该意见不予采纳。上诉人吴某某、张某某均提出，一审对量刑过重，经查，一审在对两上诉人量刑时，已充分考虑其犯罪事实、情节，对于社会的危害程度等情形，所作量刑适当，故对该上诉意见，本院依法不予采纳。综上，原判认定事实清楚，证据确实、充分，定性准确，量刑适当。审判程序合法，依法应予维持。故作出如下裁定：

驳回上诉，维持原判。

【法官后语】

本案争议的焦点在于被告人吴某某的“打工”行为是属于组织卖淫还是协助组织卖淫。

吴某某构成组织卖淫罪。根据《中华人民共和国刑法》第三百五十八条的规定，组织卖淫罪是指以招募、雇佣、强迫、引诱、容留等手段，控制他人从事卖淫活动的行为，主要体现为对卖淫人员和卖淫活动的管理及控制。协助组织卖淫是指为组织卖淫的人招募、运送人员或者有其他协助组织他人卖淫行为；本罪的客观方面，表现为行为人实施了帮助他人组织卖淫的行为，所谓帮助，是指行为人为组织卖淫的犯罪分子提供某种方便。从字面来看，组织卖淫罪无论主从犯，强调的是在犯罪中的组织性；而协助组织卖淫罪是组织卖淫罪的一种帮助行为。但由于立法者把此种“帮助”行为作为一种独立的犯罪加以规定，它就不再是一般共同犯罪中的帮助行为。

对比分析组织卖淫罪的从犯与协助组织卖淫罪实施的不同犯罪事实，确定可以掌握的差别就是被告人是否参与管理或控制的事实。总结刑事审判中卖淫类案件的事实认定，可以清晰地捋出一条差异化的脉络，即被告人是否参与涉案卖淫人员的管理或控制行为。具体管理或控制行为可能表现为参与卖淫场所的经营或管理，或是为卖淫场所提供资金、场所，或是制定卖淫行为、违法获利分成的方式以及应对公安检查的方案；也可以表现为对卖淫人员的直接管理，召集、调配、安排卖淫人员。哪怕被告人只是在集团中担任所谓的助理，但只要负责管理部分陪侍人员，就是存在管理、控制他人卖淫的行为，应当认定为《中华人民共和国刑法》第三百五十八条所规定的“组织、强迫他人卖淫”。只要查明被告人参与上述管理或控制行为，即可认定其符合组织他人卖淫的犯罪特征；若被告人还要自称构成协助组织卖淫罪，则法院可以认定为与查明事实不符。

本案中，吴某某管理卖淫女，招募卖淫女和嫖客，参与实施了对卖淫活动的管理、控制、安排、调度等组织行为，系卖淫活动的管理者，其行为构成组织卖淫罪。

综上，在认定组织卖淫罪时，要查实行为人的行为是否有对卖淫人员和卖淫活动的管理及控制。以招募、雇佣、强迫、引诱、容留等手段，控制他人从事卖淫活动的行为，主要体现为对卖淫人员和卖淫活动的管理及控制。而协助组织卖淫罪是指为组织卖淫的人招募、运送人员或者有其他协助组织他人卖淫行为，表现为行为人实施了帮助他人组织卖淫的行为。组织卖淫罪在控制他人从事卖淫的活动中，具有一定的管理性或控制性。而管理性或控制性是协助组织卖淫罪所不具备的。组织卖淫罪的组织性和控制性，体现在建立卖淫组织、管理卖淫人员和组织、安排卖淫活动三个方面。

编写人：广西壮族自治区桂平市人民法院　罗静

42

制定有卖淫活动简易规则，卖淫人员在卖淫活动中亦有较高自由度的情况下，构成组织卖淫罪还是容留、介绍卖淫罪

——尹某某等容留、介绍卖淫案

【案件基本信息】

1. 裁判书字号

广西壮族自治区柳州市中级人民法院（2022）桂02刑终84号刑事判决书

2. 案由：容留、介绍卖淫罪

【基本案情】

2019年7月18日，被告人尹某某承租了某商城×区×号房，租期至2020年7月20日止。2019年8月14日，尹某某取得柳州市某商城×区×号房的所有权。2020年6月，尹某某明知卖淫女陈某某、滕某某从事卖淫活动仍将其承租的上述×号房转租给二人。卖淫女黄某某到柳州市参与卖淫后租住在尹某某购买的上述×号房内，每月缴纳租金人民币1000元。

被告人尹某某与卖淫女陈某某、滕某某、黄某某约定，由尹某某帮忙招揽嫖客，双方按照六四分成。为了拓宽招嫖途径，尹某某先后雇用了被告人蒋某某、韦某某、闭某某利用网络进行招嫖，尹某某按照每次交易金额的20%向招嫖人员支付报酬。此后，尹某某还建立了网络聊天群，并将陈某某、滕某某、黄某某、蒋某某、韦某某、闭某某等拉入此群，招嫖人员成功“聊单”后即将“接单”信息发布在网络聊天群里。卖淫女与嫖客碰面后，若嫖客另提出低于

事先约定的交易价格的，卖淫女可以单独决定是否接受。卖淫女负责向嫖客收取嫖资，卖淫女扣除自己应得部分后按实际收取嫖资的四成转给尹某某或蒋某某。卖淫女日常还可自己招揽嫖客，自己招揽嫖客所得无须分成给尹某某等人。

2020 年 6 月 23 日，公安机关在某商城×区×号房将被告人尹某某、蒋某某、韦某某、闭某某及其他涉案人员抓获，四被告人违法所得分别为人民币 2000 元、1200 元、1000 元、500 元。

【案件焦点】

被告人尹某某提供卖淫场所、雇用招嫖人员、建立卖淫“接单”网络聊天群、确定分成比例和卖淫活动流程，但三个卖淫女可自主决定卖淫对象、次数、时间和价格等，是定组织卖淫罪还是容留、介绍卖淫罪。

【法院裁判要旨】

广西壮族自治区柳州市柳南区人民法院经审理认为：被告人尹某某并未对卖淫活动进行实际控制，其行为不构成组织卖淫罪，公诉机关指控的组织卖淫罪罪名不当，予以变更。被告人尹某某为他人卖淫活动提供场所，并在卖淫人员与嫖客之间牵线搭桥，其行为构成容留、介绍卖淫罪；被告人蒋某某、韦某某、闭某某为卖淫人员与嫖客牵线搭桥，沟通撮合，三人的行为均构成介绍卖淫罪。在共同犯罪中，尹某某起主要作用，是主犯，依法应当按照其所参与的或者组织、指挥的全部犯罪处罚；蒋某某、韦某某、闭某某起次要作用，是从犯，依法应当从轻、减轻处罚或者免除处罚。四被告人到案后如实供述自己的罪行，认罪认罚，依法可以从轻处罚。综上情节，决定对四被告人从轻处罚。据此，判决如下：

一、被告人尹某某犯容留、介绍卖淫罪，判处有期徒刑三年六个月，并处罚金人民币 15000 元；

二、被告人蒋某某犯介绍卖淫罪，判处有期徒刑一年四个月，并处罚金人民币 13000 元；

三、被告人韦某某犯介绍卖淫罪，判处有期徒刑一年二个月，并处罚金人民币12000元；

四、被告人闭某某犯介绍卖淫罪，判处有期徒刑一年，并处罚金人民币1万元；

五、被告人尹某某、蒋某某、韦某某、闭某某分别违法所得人民币2000元、1200元、1000元、500元，予以追缴，上缴国库。

广西壮族自治区柳州市柳南区人民检察院提起抗诉，一审四被告人提起上诉。广西壮族自治区柳州市中级人民法院经审理认为：一审判决定性正确，量刑适当，依法应予维持。二审中检察机关随案移送的四上诉人用于联系招嫖信息的手机，依法予以没收。据此，判决如下：

一、驳回抗诉、上诉，维持原判；

二、对随案移送的尹某某的手机一部、蒋某某的手机一部、韦某某的手机一部、闭某某的手机一部予以没收，上缴国库。

【法官后语】

本案的争议焦点在于被告人尹某某虽然制定了卖淫活动简易规则，但三个卖淫人员在卖淫活动中有较高的自由度，是定组织卖淫罪还是容留、介绍卖淫罪。

一、组织卖淫罪与引诱、容留、介绍卖淫罪的界分难点

容留、介绍卖淫罪的表象可以与组织卖淫罪“招募、雇佣、纠集”的表象高度相似、重合，据表象无法准确界分二罪。“管理或控制他人卖淫”是组织卖淫罪的本质特征，是区分二罪之关键，但单纯从文义上来看，无论力量强弱，都可称得上管理和控制。对“管理”“控制”需要进一步解释和限缩。

二、组织卖淫罪中“管理”“控制”应强有力

通说认为，法定最低主刑为3年有期徒刑之罪为重罪，《中华人民共和国刑法》仅有约2%的罪名法定最低主刑为5年。组织卖淫罪法定最低主刑为5年有期徒刑，是重罪中的重罪。刑罚设置的轻重反映通常情况下法益侵害的程度，“刑”对“罪”具有制约作用和解释功能。从“以刑释罪”角度来看，组织卖淫罪中的被告人主观恶性和其行为社会危害性极大。

组织卖淫活动中，只有管理、控制强有力，卖淫活动才能系统化进行、“做大做强”，被告人主观恶性和行为社会危害性才能达到配置法定最低主刑5年以上有期徒刑的程度。此外，组织卖淫罪与强迫卖淫罪归属同一法条、配置相同刑罚，二者侵害法益相近。强迫卖淫的核心是卖淫人员受到极强控制，意志完全不自由。因此，组织卖淫罪中的卖淫人员身体或精神也应受到组织较强的控制，其自由很有限，卖淫活动的核心要素其无法轻易改变。

三、强有力“管理”“控制”的核心要件

制定卖淫有约束力的流程和规则，尤其是有力的奖惩规则，是控制卖淫人员身体或精神、限制其自由之关键，是组织卖淫活动强有力管理、控制的核心要件。奖励积极遵守规则者，以鼓励其他人员，增强卖淫组织凝聚力；制裁违反规则者，如暴力威胁、言语侮辱、心理强制、财产利益“剥夺”等，增强卖淫组织“市场”竞争力。即使卖淫人员自愿卖淫，因其逐利性强导致财产利益“剥夺”惩罚依然对其有极强约束力。此外，卖淫活动的核心要素为人物、卖淫内容、价款、分成等，这些要素由被告人确定或其与卖淫人员事前约定，一旦定下后卖淫人员不得随意改变。

本案中，整个卖淫活动中，并不存在奖惩措施；卖淫人员可以自行“聊单”，可以自由决定卖淫对象、次数、时间并改变被告人定下的价格，其自由度极高、对组织依赖较弱。因此，组织的管理和控制力弱，被告人行为不构成组织卖淫罪。引诱、容留、介绍卖淫罪的第一档刑罚为“五年以下有期徒刑、拘役或者管制，并处罚金”，法定最低刑低，构成此罪对被告人主观恶性和行为社会危害性要求相对低。被告人尹某某为他人卖淫活动提供场所，并在卖淫人员与嫖客之间牵线搭桥，其行为构成容留、介绍卖淫罪；其他被告人为卖淫人员与嫖客牵线搭桥，沟通撮合，其行为均构成介绍卖淫罪。

编写人：广西壮族自治区柳州市柳南区人民法院　付凡胜

43

将幼女介绍给不特定的人卖淫的构成介绍卖淫罪

——胡某某、陆某某等介绍卖淫案

【案件基本信息】

1. 裁判书字号

江苏省宿迁市中级人民法院（2022）苏 13 刑终 157 号刑事裁定书

2. 案由：介绍卖淫罪

【基本案情】

2021 年 9 月 30 日，被告人王某某和黄某某（另案处理）等人商议，利用被害人官某某（女，时年 10 周岁）卖淫赚钱。三人在某小学门口找到被害人官某某，以赚钱买手机等物品为诱饵诱使被害人同意。后被告人王某某等人将被害人带至某县，与被告人胡某某、陆某某等人商议共同为被害人联系嫖娼人员，非法获利后共同使用。2021 年 9 月 30 日至 10 月 11 日，被害人官某某被介绍向陈某某、曹某、邓某、吴某某、张某、丁某某（均已判刑）等人卖淫，嫖资共计人民币 4250 元。

【案件焦点】

被告人胡某某、陆某某明知官某某系幼女，介绍官某某卖淫的行为，以介绍卖淫罪还是以介绍、帮助他人实施强奸而构成强奸罪来定罪处罚，二者的界限如何界定。

【法院裁判要旨】

江苏省宿迁市泗阳县人民法院经审理认为：被告人陆某某、胡某某某介绍未成年人卖淫，其行为已构成介绍卖淫罪。依照《中华人民共和国刑法》第三百五十九条第一款、第二十五条第一款、第六十九条、第十七条、第六十七条第三款、第六十四条，《中华人民共和国刑事诉讼法》第十五条之规定，作出如下判决：

陆某某犯介绍卖淫罪，判处有期徒刑三年，并处罚金人民币3000元。胡某某犯介绍卖淫罪，判处有期徒刑三年，并处罚金人民币3000元。

其他原审被告人提出上诉，江苏省宿迁市中级人民法院经审理认为：原审判决认定的事实清楚，证据确实、充分，定罪准确，量刑适当，审判程序合法，应予以维持。依照《中华人民共和国刑事诉讼法》第二百三十六条第一款第一项之规定，作出如下裁定：

驳回上诉，维持原判。

【法官后语】

从立法上看，《中华人民共和国刑法》第二百三十六条第二款规定“奸淫不满十四周岁的幼女的，以强奸论，从重处罚”，此规定废除了嫖宿幼女罪，实践中，明知被害人系幼女而与其发生性关系的，均以强奸罪定罪处罚。但奸淫幼女案件种类多样，情况复杂，尤其是嫖宿幼女罪废除后，对于嫖宿幼女相关联的介绍卖淫行为如何界定较难把握。对于强奸的帮助犯，类似于本案中介绍幼女卖淫的，是否也一律按强奸罪定罪处罚？笔者认为，实践中介绍行为多样、复杂，不能一概而论，应严格界定介绍幼女卖淫与强奸帮助犯的界限。对于事先通谋，把幼女介绍给特定人奸淫的，应以强奸罪帮助犯论处，对于以营利为目的，把幼女介绍给不特定的人卖淫的，应定介绍卖淫罪，在量刑时考虑幼女的情形从重处罚。理由如下。

第一，从立法原意上来看，取消嫖宿幼女罪，并不意味着所有涉及幼女卖淫的关联犯罪行为应统一以强奸罪论处。嫖宿幼女罪虽然针对的是现实中存在的丑恶犯罪情况，但对嫖宿的幼女而言，客观上会造成“污名化”的后果，实践中对于嫖宿幼女的行为处理严厉程度不够。同时实践中，嫖宿幼女普遍适用较轻刑罚，从有利于受害幼女权利保护的角度，立法机关取消了嫖宿幼女罪。

但对于幼女卖淫的关联犯罪行为并没有作统一的规定，实践中应该按照刑法及相关司法解释等规定进行认定。《中华人民共和国刑法》第三百五十八条规定组织、强迫未成年人卖淫的，应依照组织、强迫卖淫罪从重处罚。《最高人民法院、最高人民检察院关于办理组织、强迫、引诱、容留、介绍卖淫刑事案件适用法律若干问题的解释》（以下简称《司法解释》）没有将强迫幼女卖淫同步回归到强奸罪，而仍然作为强迫卖淫的加重情节之一。根据《司法解释》的规定，对介绍卖淫入罪标准进行规定时，也规定了介绍、容留1名未成年人即入罪，这里的未成年人当然包含幼女。综上，可以看出，《中华人民共和国刑法》及《司法解释》没有对涉及幼女卖淫的关联行为统一以强奸入罪。

第二，从侵害法益的评价上来看，强奸罪不能全面评价介绍幼女卖淫的危害性。卖淫的本质是性交易行为，因此《中华人民共和国刑法》将与卖淫相关的犯罪列入"妨害社会管理秩序罪"章节。所谓介绍卖淫行为，是指为卖淫人员与嫖客寻找对象，并在他们中间牵线搭桥的行为，一般来说，行为人通过牵线搭桥实现获取经济利益的目的。不论是幼女还是妇女，对介绍卖淫人员来讲，其收取的是介绍行为的报酬，如果以强奸罪来认定介绍行为，其获取的非法利益以及社会管理秩序乃至社会风化的危害无法进行评价。

第三，从认定犯罪的思路上来看，若将介绍幼女卖淫的行为界定为强奸犯罪，在犯罪形态及行为认定上均取决于他人"嫖宿"行为的认定。当嫖娼者不"明知"卖淫女系幼女时，其不构成强奸罪，而介绍者明知卖淫女系幼女而介绍其被人强奸，属强奸罪的间接正犯。当嫖娼者"明知"卖淫女系幼女时，嫖娼者当然构成强奸，故介绍者只能是强奸罪的帮助犯。以帮助犯或者间接正犯的形式入罪，在犯罪形态的认定上，将取决于嫖宿行为是否完成，而不论其介绍行为是何种状态。尽管介绍幼女卖淫具有奸淫幼女型强奸罪帮助犯的特征，但在刑法对介绍卖淫已有规定，已经将帮助行为正犯化的情况下，就应当以介绍卖淫罪论处。

第四，从行为特征上分析，介绍幼女卖淫行为与强奸罪帮助行为有明显不同，不能统一以强奸罪论处。强奸罪帮助行为系在强奸行为中起辅助或帮助作用的行为，其目的是帮助强奸犯罪的实现，实践中表现为武力压制、将被害人灌醉等，犯罪对象具有特定性，其对于主犯要实施的强奸行为系明知的，与主犯有事前或事中的通谋，若被害人系幼女的，幼女有可能是自愿，也有可能不是自愿。而介绍卖淫行为，主要是为了从卖淫活动中获利，是为了促成交易发生，介绍幼女卖淫的，幼女是自愿的，把幼女介绍给不同的人以此来获得更多的利益。以上两种行为明显不同，应严格按照罪刑法定原则。只有介绍人与奸淫者事前有通谋，介绍人明知奸淫者要实施奸淫幼女的行为，还将幼女介绍给其，才能以强奸罪帮助犯入罪，否则，对于将介绍幼女给不特定的人奸淫的，奸淫者构成强奸，但介绍人应以介绍卖淫罪定罪处罚。

编写人：　江苏省宿迁市中级人民法院　戴建军　陈青

二、贪污贿赂罪

44

没有本人占有故意不影响内外勾结型贪污罪的认定

——韦某某、韦某1贪污案

【案件基本信息】

1. 裁判书字号

广西壮族自治区柳州市中级人民法院（2022）桂02刑终286号刑事裁定书

2. 案由：贪污罪

【基本案情】

2020年至2021年，被告人韦某某作为某甲公司的实际管理人，明知本人及某甲公司不符合领取国家售粮补贴的条件，在国有某乙公司粮库主任即被告人韦某1等人的帮助下，通过伪造租地合同、租地证明、租水田人员信息名单等售粮材料，利用某甲公司与某乙公司签订的《售粮计划单》，向某乙公司销售稻谷共计1489159公斤。后，韦某1利用其具有为国家收购粮食、协助人民政府发放国家粮食补贴的职责，为完成粮库的收粮任务，明知韦某某及某甲公司不符合领取国家售粮补贴的条件，所提供的租地合同、租水田人员信息名单等售粮材料系伪造的，仍利用职务便利，帮助韦某某修改售粮材料，并安排粮库工作人员将上述售粮材料提交办理售粮补贴，使得韦某某以某甲公司的名义骗取国家售粮补贴共计411198.16元。案发后，韦某某的亲属已代其全部退缴。

【案件焦点】

1. 国家工作人员无本人占有故意，与他人内外勾结骗取国家补贴的，是否构成贪污罪；2. 单位贪污是否影响贪污罪的成立。

【法院裁判要旨】

广西壮族自治区柳城县人民法院经审理认为：被告人韦某1身为国有某乙公司粮库主任，具有为国家收购粮食、协助人民政府发放国家粮食补贴的职责，是刑法规定的国家工作人员，符合贪污罪的主体要件。韦某1虽主观上没有将国家补贴款占为己有的意图，但其有利用职务便利为他人非法占有国家补贴款的故意，符合贪污罪非法占有公共财物的主观要件。韦某1明知某甲公司不符合领取售粮补贴的条件，却与某甲公司共同伪造虚假材料，并利用其协助政府发放售粮补贴的职务便利进行申报补贴，为某甲公司骗取了数额巨大的国家专项补贴资金，系内外勾结型的共同贪污犯罪。韦某某作为某甲公司的实际控制人，是该公司上述贪污行为的组织、策划、实施者，依法应当以贪污罪追究其刑事责任。韦某1与某甲公司共同贪污国家补贴款，利用的是韦某1的职务便利，所获取款项由某甲公司占有，而韦某某是某甲公司的实际控制人，是该公司上述行为的组织、策划、实施者，即韦某1、韦某某各自分工而共同完成贪污行为，犯罪地位、作用相当，均是主犯。

广西壮族自治区柳城县人民法院于2022年9月7日作出（2022）桂0222刑初180号刑事判决，判决：

一、被告人韦某某犯贪污罪，判处有期徒刑三年，并处罚金人民币20万元；

二、被告人韦某1犯贪污罪，判处有期徒刑三年，并处罚金人民币20万元；

三、退缴在案的违法所得人民币411198.16元，予以返还给被害单位某财政所。

一审宣判后，韦某某、韦某1提起上诉。广西壮族自治区柳州市中级人民法院经审理认为：上诉人（原审被告人）韦某某、韦某1的行为均已构成贪污罪，且数额巨大。原判认定的事实清楚，证据确实、充分，定罪准确，审判程序合法；并根据本案的事实、性质、对社会的危害程度，二人在犯罪中的地位作用能如实供述罪行，赃款均已退出等的具体情节，依法分别予以科处的刑罚，量刑适当，处理正确。韦某某、韦某1贪污数额巨大，不属于犯罪情节较轻，不符合适用缓刑的法定条件。据此，依照《中华人民共和国刑事诉讼法》第二百三十六条第一款第一项的规定，裁定如下：

驳回上诉，维持原判。

【法官后语】

本案中，韦某1明知他人骗取国家补贴款，仍利用职务之便帮助他人骗取国家补贴，但其本人没有占有国家补贴款的故意，实际未分得国家补贴款，此内外勾结骗取国家专项补贴资金的行为，属于诈骗、滥用职权，或者贪污，直接影响到本案的定罪量刑。笔者认为，要厘清本案，需从以下几个方面入手。

1. 从主观故意看，成立贪污罪不要求为本人占有。贪污罪中的非法占有主观上并不限于占为己有。贪污罪的保护法益是复杂法益，除职务的廉洁性外，还包括公共财物的所有权。从公共财物所有权这一法益来看，只要意图使公共财物脱离单位控制就侵犯了本罪的保护法益，而行为人是想要为自己占有，还是为他人占有，并不影响“非法占有目的”的认定，其意图都是使单位丧失对公共财物的控制，侵犯了单位对财产的占有权。故成立贪污罪的前提是具有非法占有公共财物的主观故意，而不以国家工作人员为本人非法占有公共财物为必要。本案中，韦某1明知他人骗取国家补贴款，为了他人非法占有公共财物，仍利用职务之便帮助他人骗取国家补贴，具备构成贪污罪的主观要件。

2. 从客观行为看，成立贪污罪不要求本人占有。侵财类共同犯罪中，常常出现个别行为人不分赃的情形，认定不分赃的行为是否构成犯罪、构成何种犯罪往往存在争议。对此，认定的关键并不在于行为人是否分得财物或者分得多少财物，毕竟分赃与否、分赃多少等只是犯罪后对赃款的处理；而应看行为所实施的行为是否导致刑法所保护的财产关系被侵犯、谁的行为导致了财产关系被侵犯。在贪污共同犯罪中，亦多有个别行为人不分赃或者分赃甚少，但倘若不分赃行为人的行为是导致公共财物被侵犯的原因行为，即使其不分赃，亦不影响贪污罪的成立。

3. 从共同犯罪看，内外勾结下应成立贪污罪的共犯。本案是共同犯罪案件，韦某1明知他人骗取国家补贴款，仍为他人骗取国家补贴款提供帮助，与某甲公司共同实施骗取国家公告财产，行为人内外勾结，各起作用，缺一不可，实现犯罪目的，属于共同犯罪。其一，对国家机关工作人员或者以国家工作人员论的国有公司、企业、事业单位人员以贪污或者滥用职权论处，对“外部人员”如骗补者、请托者等，如何定罪处罚，需要具体分析。内外勾结定性为共同贪污的，当然以贪污共犯论。其二，对内外勾结即存在犯意沟通，伙同贪污，即使国家工作人员个人最终没有非法占有任何公共财物的，只要其与他人具有共同的贪污故意和行为，由他人最终非法占有公共财物，就具备了贪污罪中的非法占有，仍以共同贪污论处。

4. 从单位犯罪看，单位贪污的不影响个人贪污罪的成立。本案中，某甲公司虽不能成为贪污罪的主体，但该公司上述骗取国家补贴款的组织、策划、实施者是该公司的控制人韦某某，依照《全国人民代表大会常务委员会关于〈中华人民共和国刑法〉第三十条的解释》的规定，公司、企业、事业单位、机关、团体等单位实施刑法规定的危害社会的行为，刑法分则和其他法律未规定追究单位刑事责任的，对组织、策划、实施该危害社会行为的人依法追究刑事责任。

编写人：广西壮族自治区柳城县人民法院　韦文武　杨院宜

45

贪污罪与职务侵占罪、诈骗罪的本质区别

——覃某某贪污案

【案件基本信息】

1. 裁判书字号

广西壮族自治区来宾市中级人民法院（2021）桂13刑终189号刑事裁定书

2. 案由：贪污罪

【基本案情】

1995年4月24日，某市人民政府成立某收费所用于收取车辆通行费偿还贷款。后某收费所向某银行借款1700万元（以下简称某银行债权）用于改建二级公路某段的建设。1998年12月30日，某市人民政府成立某经营总公司，为具有独立企业法人资格的国有企业。1999年2月8日，某市人民政府将某二级公路某段委托给某经营总公司建设、经营、管理和维护。后某经营总公司更名为某公司。2007年8月30日，某公司的股东变更为柳州某公司（法定代表人系覃某某）和国有资产经营公司，经营代理收取车辆通行费，柳州某公司占股80%，国有资产经营公司占股20%，法定代表人系覃某某。

2005年8月8日，某银行广西分行将某银行债权转让给某办事处。2008年4月2日，某市人民政府发函给某办事处拟协议回购该办事处所属某收费所的不良资产债权，并委托覃某某全权代表某公司进行商谈。2009年8月12日，某办事处告知市交通局、某收费所近期将处置单位所欠的贷款本息。同月19日，某市人民政府向某办事处发函称有意向以协议转让回购某收费所债权，委托某公司负责与办事处协商有关事宜。

2009年9月10日，上述签订《债权转让协议》，某公司以120万元回购某银行债权。后覃某某伪造价格为1120万元的债权转让协议和柳州市某公司代某公司支付1000万元的某1银行凭证交给市交通局和财政局。2010年12月20日，覃某某以柳州某公司代某公司支付1000万元为由，利用其同时担任某公司和柳州某公司法定代表人的便利，未经同意，将某银行债权以120万元的价格转让给柳州某公司。

2012年至2015年，被告人覃某某以代柳州某公司收取某银行债权为由，多次将某公司收取的车辆通行费26334367.03元转入其个人账户。

2012年1月至2015年12月，某公司将收取的车辆通行费先存入其公司账户，再转存至市财政局专户，后再以支出管理费和还贷为由请求市财政局拨付或返还。

覃某某因犯故意杀人罪，被判处有期徒刑五年。

【案件焦点】

覃某某行为性质的认定。

【法院裁判要旨】

广西壮族自治区忻城县人民法院经审理认为：被告人覃某某受市人民政府委托，代表市人民政府与某办事处洽谈处理回购某收费所欠某银行债务问题，处理的是政府债权债务等问题，属受国家机关委托管理、经营国有资产的人员。覃某某在处理回购某收费所与某银行之间的债权债务事务中，按债权转让协议及债权转让确认函，某公司用120万元已购回某办事处对某收费所享有的4488.73万元债权，某银行与某收费所债权债务就已灭失。但覃某某以非法占有为目的，利用受委托处理该事务便利，虚构以1120万元的价格向某办事处购买某银行债权的事实，又伪造债权转让协议及柳州某公司代某公司支付1000万元债权转让款的银行转账凭证，从而伪造新的债权人（柳州某公司），以归还某银行债权为名骗取市人民政府共计26334367.03元，予以侵吞，覃某某的行为构成贪污罪。公诉机关指控覃某某犯职务侵占罪不当，予以纠正。覃某某的犯罪行为虽发生在《中华人民共和国刑法修正案（九）》实施以前，根据从旧兼从轻的原则，应依照《中华人民共和国刑法修正案（九）》及相关司法解释对其定罪处罚。覃某某贪污数额为26334367.03元，属数额特别巨大，依法应当判处十年以上有期徒刑或者无期徒刑，并处罚金或者没收财产。覃某某在判决宣告以后，刑罚执行完毕以前，发现在判决宣告以前还有其他罪没有判决，应当实行数罪并罚。判决：

一、被告人覃某某犯贪污罪，判处有期徒刑十五年，剥夺政治权利一年，并处罚金500万元；与原犯故意杀人罪被广西壮族自治区南宁市中级人民法院（2019）桂01刑终177号刑事判决有期徒刑五年并罚；决定执行有期徒刑十八年，剥夺政治权利一年，并处罚金500万元；

二、追缴被告人覃某某违法所得26334367.03元，发还给被害单位市人民政府。

广西壮族自治区来宾市中级人民法院同意一审法院裁判意见，裁定：

驳回上诉，维持原判。

【法官后语】

本案被告人覃某某的行为应构成贪污罪。

贪污罪系身份犯，根据《中华人民共和国刑法》第九十三条第二款之规定，国有公司、企业、事业单位、人民团体中从事公务的人员和国家机关、国有公司、企业、事业单位委派到非国有公司、企业、事业单位、社会团体从事公务的人员，以及其他依照法律从事公务的人员，以国家工作人员论。故认定被告人的身份为本案定性的关键之一；贪污罪客观方面表现为利用职务之便，侵吞、窃取、骗取或者以其他手段非法占有公共财物的行为，“利用职务上的便利”是指利用职务上主管、管理、经手公共财物的权力及方便条件，包括利用本人职务上主管、管理公共财物的职务便利，也包括利用职务上有隶属关系的其他国家工作人员的职务便利。故认定被告人的行为性质为本案定性的关键之二。

具体到本案，一是从利用职务便利的权力来源看，某公司前身系某经营总公司，该公司受市人民政府委托经营某二级公路的建设、经营、管理和维护，收取的车辆通行费属于国有资产。为解决债务问题，市人民政府委托公司法定代表人覃某某与某办事处商谈该事宜，本质上覃某某是国家机关委托管理、经营国有财产的人员。

二是从行为侵犯客体的本质属性上看，某公司在成立之初即具有国有企业性质，负责二级公路的建设、经营、管理和维护，股东变更、覃某某成为法定代表人之后，该公司经营范围为代理收取车辆通行费，此时市人民政府仍占股20%，经营的范围和事项仍为政府委托，覃某某以代收某银行债权为由，将收取的车辆通行费占为己有，本质上是将市人民政府财政资金收入占为己有。

三是从侵犯财产的行为方式上看，覃某某在处理回购某收费所与某银行之间的债权债务事务中，按债权转让协议及债权转让确认函，某公司用120万元已购回某银行对某收费所享有的4488.73万元债权，某银行与某收费所债权债务关系就已消灭。但覃某某在未经某市人民政府的同意下，利用受委托处理该事务便利，虚构以1120万元的价格向某办事处购买某银行债权的事实，又伪造债权转让协议及柳州某某公司支付1000万元债权转让款的银行转账凭证，从而伪造新的债权人，以归还某银行债权为名骗取某市人民政府共计2633.4367万元，予以侵吞。覃某某利用受某市人民政府委托处理政府债权债务的职务便利，采用骗取手段非法占有公共财物的行为，符合贪污罪的客观要件。覃某某代表某市人民政府与某办事处洽谈处理回购某银行对某收费所享有的债权问题，明知用120万元回购某银行的债权后，某收费所与某银行之间的债权债务不再存在，但其还利用职务便利，虚增回购款及新债主的事实来骗取某市人民政府的款项，非法占有公共财物的主观故意明显，构成贪污罪。

综上，贪污罪区别于职务侵占、诈骗等财产性犯罪的重要特征是贪污罪客观方面表现为利用职务之便，侵吞、窃取、骗取或者以其他手段非法占有公共财物。在司法实践中应正确把握好此罪与彼罪的界限，正确区分犯罪主体身份、财产属性、行为性质，同时还要把三者互相结合进行动态的辨析，透过现象看到本质，准确地对犯罪行为进行定性，做到不错不漏、不枉不纵，实现政治效果、法律效果、社会效果的统一。

编写人：广西壮族自治区来宾市中级人民法院　杨飞

46

国有资本占比的国家出资企业中贪污罪犯罪数额的认定

——杜某某贪污案

【案件基本信息】

1. 裁判书字号

山东省德州市中级人民法院（2023）鲁 14 刑终 10 号刑事裁定书

2. 案由：贪污罪

【基本案情】

被告人杜某某于 2005 年 3 月至 2011 年 11 月任粮食局党委书记、局长，2004 年 6 月至 2006 年 1 月，兼任粮食储备库法定代表人、主任。2005 年 11 月，粮食储备库按照规定进行股份制改造，以粮食储备库的国有资产投入进行控股，职工以现金入股。粮食储备库改制后更名粮食储备公司。国有资产管理局要求粮食局对改制后的国有资产加强管理。2005 年 11 月至 2008 年 1 月，被告人杜某某兼任粮食储备公司法定代表人、董事长。

2005 年 11 月至 2007 年 5 月，粮食储备库投资比例为 68.38%，杜某某个人投资比例为 14.71%；2007 年 5 月至 2008 年 1 月 25 日，粮食储备库投资比例为 47.79%，杜某某个人投资比例为 24.28%；2008 年 1 月 25 日国有资本全部退出。

2005 年 6 月至 2007 年 7 月，被告人杜某某在任职期间，利用职务便利，为谋取个人利益，采取虚构公司债务、伪造还款单据等方式将出借款项在公司平账及采取收入与支出不记账的方式，套取粮食储备库的公款及粮食储备公司资金 1107.1 万元借给他人用于经营性活动，将套取的上述款项及非法获取的孳息 935.78 万元由其非法占有并进行支配。

【案件焦点】

1. 没有委派手续，在国家出资企业中持有个人股份或同时接受非国有股东委托的，能否认定为国家工作人员；2. 在国家出资企业中是否按照国有资本所占比例予以区分计算贪污罪犯罪数额，即贪污罪犯罪对象的认定。

【法院裁判要旨】

山东省夏津县人民法院经审理认为：被告人杜某某身为国家工作人员，利用职务便利，采取收入、支出不计入账目的方式侵吞公款；个人决定以单位名义挪用本单位资金给私有公司、企业使用，进行营利活动，谋取个人利益，后又指使他人采取虚假单据平账等手段，使所挪用的公款已难以在单位财务账目上反映出来，在相关公司归还本金及利息后，其为非法获利再次出借给他人或者为子女购买房产，没有归还行为，其行为已构成贪污罪。据此，以贪污罪判处杜某某有期徒刑十二年，并处罚金人民币 200 万元。

杜某某持原审辩解提起上诉。山东省德州市中级人民法院经审理认为：原审判决认定事实清楚，证据确实、充分，定罪准确，量刑适当，审判程序合法。裁定：

驳回上诉，维持原判。

【法官后语】

本案的争议焦点在于在国家出资企业中，没有委派手续，且在国家出资企业中持有个人股份及同时接受非国有股东委托的，能否认定为国家工作人员；国有资本占比的国家出资企业中贪污罪犯罪数额的认定。

一、杜某某具有构成贪污罪所要求具备的身份要件

粮食储备库改制前，属国有公司，被告人杜某某身为公职人员，经任命为该公司的主要负责人，符合《中华人民共和国刑法》第九十三条的规定，系国家工作人员，符合贪污罪所要求的身份要件。在改制后粮食储备公司系国有控股公司，关于被告人杜某某的身份问题，从形式上看，其是经过公司董事会选举担任董事长，并担任法定代表人，但不能据此排除其受委派从事公务的主体资格。根据《全国法院审理经济犯罪案件工作座谈会纪要》的规定，区分是否委派的关键不在于行为人管理职位的直接来源，而是在于其管理职位与相关国有单位的意志行为是否具有关联性和延续性。委派的形式可以多种多样，在具体认定是否代表国有单位从事公务的认定问题上，应更多关注实际情况，而不是只看有无委派手续。即使原国有公司工作人员因各种原因未获得任何形式的委派手续，但其仍代表国有投资主体管理、监督国家资产的职责，即从事公务活动，同样应以国家工作人员论。具体依照何种程序、形式取得非国有企业的管理职位，对于成立委派与否的认定不具有决定性意义。国家出资企业中的国家工作人员，在国家出资企业中持有个人股份或者同时接受非国有股东委托的，不影响其国家工作人员身份的认定。国有粮食企业改革直接关系到国家粮食安全和社会稳定，本案中，国有资产管理局明确要求夏津县粮食局对改制后粮食储备库折股后的资产加强管理，确保安全完整。被告人杜某某具有多重身份，虽然在改制后其在粮食储备公司任职没有国家机关、国有公司、事业单位的委派手续，但其管理职位的获得，与国有出资单位的指派密不可分，与相关国有单位的意志行为具有紧密关联性和延续性，其作为原国有公司及与其具有隶属关系的行政管理部门负责人，作为企业改制的重要参与者、执行者，作为代表国有出资单位特定身份的人，作为代表国有投资主体对公司进行组织、领导、监督、管理等职务活动，负责国有资产的保值、增值，保持粮食系统稳定的大局，既是其权力，也是其应尽的义务。因此，其具备国家工作人员的身份，符合贪污罪所要求具备的身份要件。

二、在国家出资企业中贪污罪犯罪数额的认定

笔者认为，贪污罪的犯罪对象应不限于公共财物。根据《中华人民共和国

刑法》第一百八十三条、第二百七十一条、第三百九十四条的规定，国内外公务活动中接受的应当交公的礼物，含有公共财产成分的混合制经济组织的财物，以及一些较大规模的私营经济实体的财产，均可能成为贪污罪的对象。随着我国经济体制改革制度的推行，出现了合作、合资及股份制公司等组织形态，且这些新的经济组织主体大多数是其资产重新优化组合而成的多种所有制经济的混合体。这些混合体的财产按法律规定不能全部认为是国有或集体所有财产、私人财产，如本案。如果按照《中华人民共和国刑法》第三百八十二条第一款规定贪污罪的对象只能是公共财产，对于利用职务便利非法占有单位部分公共财产、部分非公共财产的混合制经济组织中的法人财产，只能先区分哪些是公共财产，区分后对于公共财产部分定贪污，其余部分定职务侵占，一是现实中有时很难区分国有与非国有，二是区分后予以数罪并罚也不符合立法精神。

本案中，指控的粮食储备公司系资产重新优化组合而成的国家控股公司，虽然不属于刑法上的国有公司，但其公司所经营的财物，在犯罪主体具备法定条件下同样可以成为贪污罪的犯罪对象。本案中，粮食储备库改制后，被告人杜某某系被委派到非国有公司从事公务的国家工作人员，其利用职务上的便利，套取本单位的财物非法占有，其行为已构成贪污罪。对其贪污的数额应以其非法占有的数额全额计算，不应按照国有资本所占股份比例只计算国有资产的数额。但鉴于其个人在公司中持有一定股份，在量刑时酌情予以考量。

另外，本案中被告人拥有代表公司对公司资产做出处置的实际权力，其主观上已具有非法占有的故意，客观上利用职务便利，采取收入、支出不计入账目的方式个人决定以单位名义挪用本单位资金给私有公司、企业使用，进行营利活动，谋取个人利益，后又指使他人采取虚假单据平账等手段，使所挪用的公款已难以在单位财务账目上反映出来，在相关公司归还本金及利息后，其为非法获利再次出借给他人或者为子女购买房产，没有归还行为，其行为构成贪污罪，而非挪用公款罪。

编写人：山东省德州市夏津县人民法院　李玉双

47

侦查人员利用办案之机窃取涉案虚拟货币行为的分析

——颜某某贪污案

【案件基本信息】

1. 裁判书字号

湖南省高级人民法院（2022）湘刑终209号刑事裁定书

2. 案由：贪污罪

【基本案情】

被告人颜某某原系公安局民警，2019年初颜某某在公安局某派出所工作期间被抽调参与侦办“某”组织、领导传销案。其间，颜某某接触到该案被羁押的犯罪嫌疑人张某某、廖某某等人的手机、手提电脑，从而获取了二犯罪嫌疑人虚拟数字货币账户账号及密钥，但未将这些账号和密钥上报专案组，而是在工作结束后私自留存，并将上述账号和密钥从张某某、廖某某的手机中删除，再将手机上交专案组。2019年5月底，颜某某调离专案组。自2019年5月至10月，颜某某利用掌握的账户和密钥，多次将张某某、廖某某的虚拟数字货币账户中共计价值人民币2098万元的各类虚拟数字货币转至自己的账户，先后将其中部分虚拟数字货币抛售，变现金额338800.12元，并用变现金额人民币202257元重新购入虚拟数字货币。具体事实如下：

1. 2019年5月初，颜某某清理“某”组织、领导传销案涉案财物时，发现嫌疑人张某某的手机中安装了某网应用程序（APP）。颜某某利用这部手机获取了某网平台登录验证码，并根据掌握的张某某设置密码的习惯套开了张某某的某网账户。颜某某用自己的手机下载了某网APP，开通了某网交易账户，还下载购买了某钱包APP，购买了某钱包。同年5月15日起，颜某某私自将张某某某网账户中价值1548万元的虚拟数字货币转至自己某网APP账户、手机在线钱包APP和某钱包对应的数字货币地址，并将其中部分虚拟数字货币分四次向他人出售，获利71161.47元。后专案组决定请第三方科技公司清理“某”组织、领导传销案嫌疑人张某某、廖某某等人的虚拟数字货币账户。颜某某因害怕被发现，遂将已转至自己账户尚未抛售的虚拟数字货币陆续转回张某某的账户。

2. 2019年5月，颜某某清理涉案财物时还发现嫌疑人廖某某手机中有某钱包的密钥图片。颜某某便在自己的电脑中操作，恢复廖某某的某钱包功能后，将廖某某账户时价50万元的22520075个虚拟数字货币转移至自己某网交易平台账户，并将虚拟数字货币多次抛售后获利266638.65元。5月下旬，颜某某获知廖某某手机上某网账户，修改该账户密码后，将该账户绑定下载在自己手机中的验证器。同年6月30日至10月6日，颜某某将廖某某账户中当时价值人民币500万元的虚拟数字货币购买了数字合约。案发后，颜某某配合侦查机关将廖某某的账户平仓。

【案件焦点】

1. 本案指控的罪名是盗窃罪，依法由公安机关侦查，后因定性改变为贪污罪，依法应由监察机关办理，本案办理程序是否合法，如何做好程序衔接；2. 本案犯罪对象系虚拟货币，其价值如何认定。

【法院裁判要旨】

湖南省岳阳市中级人民法院经审理认为：被告人颜某某身为公安干警，在办案过程中，利用职务上的便利，窃取公安机关在办理刑事案件过程中应予追缴并及时变现后上缴国库的虚拟货币，其行为已构成贪污罪，且数额特别巨大。公诉机关指控颜某某犯盗窃罪不当，应予纠正。颜某某控制并支配的所有涉案虚拟货币，均属犯罪既遂；其将未变现的剩余虚拟货币返还张某某、廖某某账户的行为，系其犯罪既遂的后续行为，可酌情从轻处罚。

被告人颜某某提出，指控的第一笔犯罪事实中虚拟货币的价值认定没有法律依据。经查，起诉指控颜某某窃取的第一笔虚拟货币按照案发当日网络上交易均价计算价值为1000余万元人民币，并无不当。

湖南省岳阳市中级人民法院依照《中华人民共和国刑法》第三百八十二条、第三百八十三条第一款第三项、第六十七条第三款、第五十五条第一款、第五十六条第一款、第六十四条之规定，作出如下判决：

一、被告人颜某某犯贪污罪，判处有期徒刑十一年，并处罚金人民币50万元，剥夺政治权利二年；

二、责令被告人颜某某退赃人民币135543.12元及其某网账户上的虚拟数字货币。

原审被告人颜某某持原审辩解提起上诉外，另上诉提出原审程序违法：其一，公安机关不是适格侦查主体，所取证据系非法证据，依法应予排除；二是原审法院径行改变案件定性，剥夺了原审被告人的辩护权。

湖南省高级人民法院经审理认为：本案系公安机关以颜某某涉嫌犯掩饰、隐瞒犯罪所得、犯罪所得收益罪立案侦查。公诉机关以颜某某涉嫌犯盗窃罪批准逮捕并提起公诉。一审法院第一次开庭审理后认为公诉机关指控的事实清楚，证据确实、充分，但指控罪名不当，为此组织第二次开庭，组织控辩双方围绕被告人构成何罪进行辩论，充分保障了控辩双方的诉讼权利。上诉人颜某某的上诉理由不能成立，应予驳回。

湖南省高级人民法院依照《中华人民共和国刑事诉讼法》第二百二十五条的规定，作出如下裁定：

驳回上诉，维持原判。

【法官后语】

一、关于本案办理程序的问题

本案公安机关以颜某某涉嫌犯掩饰、隐瞒犯罪所得、犯罪所得收益罪立案侦查，而公诉机关另以涉嫌盗窃罪对颜某某批准逮捕并提起公诉。对于上述几类犯罪，均系公安机关侦查职能范围，由公安机关进行侦查并无不当。一审法院第一次开庭后，认为公诉机关指控罪名有误，本案被告人颜某某系职务犯罪。

二、关于本案的定性问题

《中华人民共和国刑法》第三百八十二条规定："国家工作人员利用职务上的便利，侵吞、窃取、骗取或者以其他手段非法占有公共财物的，是贪污罪……"由于贪污罪的犯罪手段包括"窃取"，因此在认定贪污罪时存在与盗窃罪相混淆的情况。"窃取型"贪污行为和普通盗窃行为的区别在于行为人实施窃取时是否与其职务有关，是否利用了职务上的便利。

就本案而言，认定被告人颜某某构成贪污罪主要从以下几个方面研判：

其一，颜某某在本案中的窃取行为是否利用了职务之便。本案中，颜某某作为公安民警被抽调参与侦办"某"组织、领导传销案，作为专案组成员，其接触、保管和依法上交犯罪嫌疑人张某某、廖某某的手机等财物系办案职责所在，颜某某后来获取经手管理的手机中的虚拟货币账户和密钥，利用虚拟账户和密钥窃取账户内的虚拟货币，正是利用了专案组成员办案的职务之便。

其二，涉案的虚拟货币是否符合"财物"特征。虚拟货币的"虚拟"并非价值的"虚拟"，而是相对传统财物的形态差异。判断虚拟货物是否符合"财物"特征，一看是否具有管理性，虚拟货币唯一凭证是密钥，密钥是主体占有、支配虚拟货币的标志；二看是否具有转移性，虚拟货币可以通过密钥、硬件等方式转移、交换；三看是否具有价值性，是否具有交换价值和使用价值。本案中涉案的虚拟货币在未被公安机关扣押之前由嫌疑人实际控制，扣押之后属于在公安机关管理中，颜某某在专案组工作过程中获悉了虚拟货币账户和密钥后将该虚拟货币转至自己所控制的虚拟货币账户，先后将其中部分虚拟货币抛售、变现。综合以上分析，本案涉案的虚拟货币符合管理性、转移性、价值性的"财物"特征。

其三，颜某某窃取的虚拟货币是否应认定为公共财物。《中华人民共和国刑法》第九十一条第二款规定："在国家机关、国有公司、企业、集体企业和人民团体管理、使用或者运输中的私人财产，以公共财产论。"因此"某"专案中犯罪嫌疑人被查扣的手机等财物因处于专案组管理之下，依法应认定为公共财产，对此是没有异议的。对于手机中虚拟数字货币账户内的虚拟货币，是否属于公共财产，出现了两种分歧意见。一种意见认为，该虚拟货币属于

“某”专案中犯罪嫌疑人手机内的隐秘财物，公安机关在查获手机时并没有掌握、管理该笔财产，不能以公共财产论。另一种意见认为，法院另案判决已经确认了在“某”组织、领导传销案中，张某某、廖某某用赃款购买了比特币、以太坊等虚拟数字货币，从而将“某”组织、领导传销专案组查扣、管理张某某、廖某某的涉案财产不仅及于手机、电脑等物品，也延伸包括手机、电脑内的虚拟数字货币账户内的虚拟货币，且即使专案组在查扣张某某、廖某某手机、电脑等物品时尚未发现涉案虚拟货币，但颜某某作为专案组的办案人员在工作中发现嫌疑人的虚拟数字货币账户和密钥后，亦有职责将该情况上报由专案组依法处置。因此对于在案虚拟货币，应以公共财产论。

综上，被告人颜某某身为国家工作人员，利用职务上的便利，窃取办案过程中应予追缴的涉案公共财物，一审、二审法院均认定其构成贪污罪，是正确的。

关于颜某某是否构成盗窃罪或者非法获取计算机信息系统数据罪的问题。盗窃罪不能准确全面评价颜某某的行为，故本案不应认定颜某某构成盗窃罪。另外，颜某某作为专案组办案人员，其获取计算机信息系统数据是基于职务行为，不能认定为非法获取。颜某某是在获取犯罪嫌疑人手机内的虚拟货币账户和密钥后，才产生窃取虚拟货币账户内虚拟货币的主观犯意，并实施了窃取行为。故对颜某某的行为应整体评价，不能认定其构成非法获取计算机信息系统数据罪。

三、关于本案贪污犯罪数额即涉案虚拟货币的价格认定问题

本案被告人颜某某的犯罪对象是虚拟数字货币，在我国境内是不受法律认可和保护的，因此也导致司法实务中对虚拟货币的价格认定缺乏统一和规范的标准，出现多种多样的价格认定方式，如通过价格认证中心出具报告，通过鉴定的方式进行认定，参照平台交易价格进行认定，以销赃的数额进行认定等。但在实践中，上述价格认定方式都存在或多或少的问题。针对虚拟货币市场不稳定、价格落差较大的情况，在实践中以具体犯罪行为发生时虚拟货币的市场价格来认定涉案虚拟货币的价格，无疑是具有合理性的。本案在认定犯罪数额时，就是以颜某某实施犯罪行为时涉案虚拟货币在网络上的实时交易均价来进行的折算。

编写人：湖南省岳阳市中级人民法院　李强斌　王继华　喻蓓蓓

48

职务犯罪中实际控制人的认定

——李某某贪污案

【案件基本信息】

1. 裁判书字号

河北省高级人民法院（2021）冀刑终295号刑事裁定书

2. 案由：贪污罪

【基本案情】

2003年至2013年，李某某利用其担任经营处处长、景区办副主任等职务上的便利，借负责国家水利风景区评审、管理工作及有关规划、财政项目之机，采用虚构项目完成主体、假借名目转移课题经费等手段，非法占有综合事业局及其下属单位、企业资金共计人民币1007万元。具体事实如下。

1. 2006年至2010年，李某某利用职务便利，借负责财政项目之机，为实业公司设立对外委托课题，并安排经营处工作人员及相关专家完成课题。李某某在明知其实际控制的规划中心并未参与该项目的情况下，仍通过协调实业公司以签订虚假合作协议的方式将综合事业局课题经费转至规划中心非法占有。

2. 2003年至2006年，李某某利用职务便利，借负责水利枢纽环境规划项目之机，在明知上述项目由经营处组织综合事业局有关外聘专家编制完成、规划中心并未参与项目工作的情况下，仍协调开发中心及相关企业与规划中心签订虚假合作协议或项目委托合同，将开发中心及下属单位资金骗至规划中心非法占有。

3. 2008年，李某某利用职务便利，借负责项目之机，在明知规划中心并未参与相关工作的情况下，仍将该项目以课题形式交规划中心承揽，并假借课题名义陆续将综合事业局项目资金骗至规划中心非法占有。

4. 2006年至2013年，李某某利用职务便利，借负责财政项目之机，以帮助解决部分规划经费为名，为同意委托规划中心编制景区规划的地方水利单位及企业设立对外委托课题，待综合事业局支付课题经费后，按事前约定由下属单位、企业与规划中心签订虚假规划合作协议，并陆续将课题经费以规划费名义支付给规划中心，李某某借此非法占有课题经费。

【案件焦点】

李某某是否应认定为规划中心的实际控制人。

【法院裁判要旨】

河北省廊坊市中级人民法院经审理认为：现有证据足以证实李某某系规划中心的实际控制人。在实业公司项目中，李某某在设置对外委托项目前就提出课题要通过实业公司委托其他公司来做，主观上有骗取公共财物的故意。涉案课题研究工作的完成与规划中心无关，客观上李某某实施了骗取公共财物的行为。因此足以认定李某某贪污的事实。

在水利枢纽环境规划项目中，规划中心均未实际参与，既未付出人力资源，也未付出资金成本，但李某某假借课题名义陆续将项目资金骗至规划中心非法占有，其行为依法应认定为贪污。

在项目中，李某某作为该项目的联系人，利用综合事业局的人力、资金资源，组织景区办工作人员及专家完成了课题项目，同时又虚构规划中心完成课题成果的事实，将相应财政资金据为己有。其行为依法应认定为贪污。

在财政项目中，李某某以规划内容预设课题研究方向，使上述地方单位在规划完成后，稍加变动即可作为课题成果提交，并利用其课题负责人的职务便利，主导课题通过验收。李某某在课题与规划本不存在必然联系的情况下，通过规划中心承揽上述地方规划项目的途径，将课题经费转至规划中心。综上，足以认定李某某通过以课题资金做规划来掩盖其实际非法占有财政资金的事实。其行为依法应认定为贪污。

李某某身为国家工作人员，利用职务上的便利，采取侵吞、骗取等手段非法占有公共资金，数额特别巨大，其行为构成贪污罪。

河北省廊坊市中级人民法院依照《中华人民共和国刑法》第三百八十二条第一款、第三百八十三条第一款第三项和第二款、第五十二条、第五十三条第一款、第四十七条、第六十四条之规定，作出如下判决：

一、被告人李某某犯贪污罪，判处有期徒刑十三年，并处罚金人民币100万元；

二、中央纪委国家监委驻水利部纪检监察组所扣押的涉案款454.033289万元予以追缴（现扣押在廊坊市人民检察院），对违法所得不足部分继续予以追缴。

李某某上诉称其行为不构成贪污罪。河北省高级人民法院经审理认为：上诉人李某某身为国家工作人员，利用职务上的便利，采取侵吞、骗取等手段非法占有公共资金，其行为已构成贪污罪，且属数额特别巨大。一审法院根据李某某犯罪的事实、犯罪的性质、情节和对社会的危害程度，所处刑罚并无不当。一审判决认定的犯罪事实清楚，证据确实、充分，定罪准确，量刑适当。审判程序合法。依照《中华人民共和国刑事诉讼法》第二百三十六条第一款第一项、第二百四十四条之规定，作出如下裁定：

驳回上诉，维持原判。

【法官后语】

近年来，随着国家反腐力度的进一步加大，贪腐行为逐渐呈现出隐蔽性、间接性、复杂性和多样性等特征，并衍生出国家工作人员通过实际控制企业实施职务犯罪的问题。这种情形下，国家工作人员往往以隐蔽的方式，利用其职权或职务影响力，以配偶、子女等亲属或其他特定关系人的名义设立“影子公司”，作为将手中的公权力变现为经济利益的工具。企业经营与市场活动本身具有复杂性，“影子公司”腐败行为隐匿其中，与一般腐败相比，司法机关在对该类腐败行为的认定方面面临新的挑战。本案中，李某某以其同学和好友的名义设立的规划中心即属于典型的“影子公司”。李某某隐身幕后，以披着合法外衣的规划中心作为骗取公共财物的工具，形式上具有隐蔽性，对其与规划中心的实际控制关系需要依据全案证据从多方面分析认定。司法实践中，对国家工作人员是否系企业实际控制人，一般应从以下四个方面分析研判：

1. 企业重大事项的决策程序

在涉及“影子公司”的职务犯罪案件中，国家工作人员不以自己的名义参与企业经营管理，而是通过控制企业的业务来源、人事安排等掌握企业重大事项决策权，从而实现对企业的实际控制。本案中，李某某形式上虽与规划中心没有直接关联，但实质上其在该公司的经营运作中扮演了极其重要的角色。李某某不仅直接参与了该公司从设立到经营再到注销的整个过程，还将该公司的经营发展权、财务决策权、人事任免权等权力牢牢抓在手中，以此控制整个公司为其实现权力变现。李某某全面控制规划中心的经营业务，该公司主要业务人员及有关专家均在其安排下代表公司从事承接规划项目、履行项目手续等具体工作。该公司存续期间承揽的22个项目或来源于李某某本人直接决策，或由李某某及其下属推荐。因此，应认定李某某对规划中心的重大事项具有决策权。

2. 企业资金流向

无论是设立“影子公司”，还是充当“影子股东”，背后的根本目的均是以权谋私，实现权力变现，通过“影子公司”牟取利益，并将利益转移给幕后的实际控制人直接或间接占有。在相关案件的处理中，要牢牢抓住资金流向这个关键问题，根据“影子公司”的资金流向判断实际控制人与公司的关系。公司利用国家工作人员的职权或影响力营利，取得的收益全部或部分由该国家工作人员占有、使用，或由该国家工作人员决定将收益分配给特定对象的，应作为认定“影子公司”的重要情节予以考量。本案中，从2004年开始，李某某即通过多环节、多链条、小额交易等方式隐藏规划中心通过虚假合同所骗取课题经费的真实流向，尽可能撇清自己与课题经费之间的关系，16笔涉案资金多以30万元至50万元的小笔合同款项形式流入规划中心，具有很强的隐蔽性，但根据每笔款项的支付主体和合同的签订及履行情况，足以认定相关款项系李某某利用职务便利通过虚假合同骗取的课题经费。同时，李某某控制规划中心的资金运转，每笔资金进出均在李某某支配之下，部分大额款项直接用于李某某的家庭开支，这也是认定李某某为实际控制人的依据之一。

3. 企业主要负责人与国家工作人员的关系

为便于对“影子公司”实施控制，有些国家工作人员以亲属或其他特定关系人作为公司设立人、法定代表人及主要负责人，有些国家工作人员以亲朋好友名义入股已设立的公司，安排这些人员在台前充当傀儡，自己在幕后利用公权力为公司站台撑腰、招揽业务，牟取非法利益。对此，要通过审查公司法定代表人、股东、高管、财务人员等的身份资料，查明上述人员与国家工作人员的关系；还要审查上述人员的近亲属与国家工作人员是否存在特殊关系。本案中，李某某表面宣称规划中心“是北京林业大学刘教授的”以掩盖自己经商办企业的事实，实际将其好友和同学注册为该公司股东，以其妻子为出纳，以其妹妹之名在银行备案，利用上述人员实现对该公司的实际控制。虽然李某某表面上与该公司并无关系，工商登记信息和银行账户并无李某某及其妻子的名字，但该公司法定代表人、股东、财务人员等与李某某均存在关联关系，这在认定李某某为实际控制人时也是应纳入考虑的重要情节。

4. 企业主营业务与国家工作人员职权的关系

“影子公司”大多得益于国家工作人员利用职权或职务影响力对其进行的利益输送，业务类型、经营范围往往和国家工作人员职权管辖范围、资源影响领域紧密关联，公司与国家工作人员任职部门或下属单位的合作关系往往较为稳固，形成相对固定的、长期的利益输送模式；且随着国家工作人员的职务调整或工作调动，“影子公司”通常在业务类型和区域布局等方面亦作出相应的调整，形成“公司跟着领导走，业务围着权力转”的局面。在相关职务犯罪案件中，国家工作人员事实上具有双重身份，一方面掌握着公权力，另一方面掌握着公司的实际控制权，在官商双重角色中不断切换。本案中，李某某负责国家水利风景区的评审、管理工作及多项规划项目的组织、实施，而其控制的规划中心的主营业务正是水利风景区规划编制，该公司存续期间承接的22个项目全部为水利风景区规划项目。李某某除利用职务之便把对外委托课题直接交由规划中心承接外，还经常借赴水利风景区调研考察之机，为规划中心招揽业务、洽谈合同，协调甚至要挟地方水利单位与规划中心签订虚假合同，既当甲方又当乙方，利用职权向规划中心输送不正当利益，综合本案其他情节，足以认定李某某系规划中心的实际控制人。

此外，在办理相关案件时，还应注意审查"影子公司"与其他市场主体所签订合同的真实性，区分正常交易行为与非法利益输送，从而准确认定犯罪数额。实践中，主要根据合同的签订背景、内容及履行情况，分析合同的真实性。本案中，规划中心在李某某的实际控制下与地方水利单位签订合同，约定由地方水利单位委托规划中心编制景区规划，实际目的系侵吞课题经费。李某某在合同签订前实施大量预备行为，合同无真实供需背景；其中部分合同系李某某要挟地方水利单位被迫签订，部分合同价款明显高于市场价格，规划中心未实际履行合同义务而收受了合同价款，故应认定相关合同系以骗取公共财物为目的的虚假合同。

编写人：河北省廊坊市中级人民法院　徐兵

49

外逃人员自愿接受遣返并如实供述自己罪行的构成自首

——许某贪污、挪用公款案

【案件基本信息】

1. 裁判书字号

广东省江门市中级人民法院（2019）粤07刑初36号刑事判决书

2. 案由：贪污、挪用公款罪

【基本案情】

自1993年始，许某利用担任某银行开平支行行长、某银行广东省分行公司业务处处长等职务便利，伙同余某某等人，指使某银行开平支行下属员工，采用办理虚假贷款套取银行资金、占有公司正常还贷资金或者直接转款等手段贪污公款6221.73余万美元、1.29亿余港元，挪用公款人民币3.55亿余元、2000万港元、1.24亿余美元用于投资经营、日常挥霍及赌博等。许某于2001年10月畏罪外逃A国，2002年1月被国际刑警组织发布国际红色通报，在A国因洗钱、转移盗取资金等犯罪被羁押近十三年。经其自愿选择，于2018年7月被A国联邦执法机构遣返回国。

【案件焦点】

1. 外逃人员在遣返程序中放弃救济权利主动要求回国，被遣返归案后如实供述罪行，是否构成自首；2. 被告人在境外被先行羁押的时间，能否依照《中华人民共和国刑法》第四十七条的规定折抵刑期。

【法院裁判要旨】

广东省江门市中级人民法院经审理认为：被告人许某利用职务便利将国有银行资金非法占为己有，又挪用公款进行营利活动及非法活动，数额巨大不退还，其行为构成贪污罪、挪用公款罪，应依法予以惩处。鉴于许某自愿回国受审，到案后如实供述自己罪行，具有自首情节，认罪悔罪，依法可对其减轻处罚。据此，判决如下：

一、被告人许某犯贪污罪，判处有期徒刑十二年，并处罚金人民币200万元；犯挪用公款罪，判处有期徒刑十一年，决定执行有期徒刑十三年，并处罚金人民币200万元；

二、继续追缴被告人许某涉案款物及孳息，发还被害单位或上缴国库。

一审判决后，被告未提起上诉，检察机关未提起抗诉，该判决已发生法律效力。

【法官后语】

追逃追赃案件中自首认定标准应宽则宽、能宽则宽，即使对负隅顽抗的犯罪分子，只要其最终放弃对抗，愿意回国投案，均应兑现政策给予从宽处罚；被告人在境外被先行羁押的期限能否折抵刑期应从法律规定、引渡条约、外交承诺等方面考量。

（一）外逃人员主动放弃利用遣返国的各种救济程序而滞留不归的机会，自愿接受遣返，回国归案后又如实供述自己罪行的，应当认定为自首

实践中，外逃人员大多因使用虚假身份证明、隐瞒犯罪记录、洗钱等行为触犯所在国法律，涉嫌移民欺诈，被所在国启动遣返程序。不少国家对被申请遣返人设置了包括行政审查、司法审查、人权保护等烦琐的救济程序。如果被申请遣返人穷尽遣返国所有救济途径阻挠对抗遣返进程，将会耗费相当长的时间，且遣返本质上属于一国内部行政管理行为，最终是否遣返，由遣返国根据各方面因素自行决定，具有独立、排他的管辖权力和不确定性。如外逃人员主动放弃利用遣返国的各种救济程序，自愿接受遣返，避免因他国潜在的审查或者诉讼程序徒增消耗，则在主观上具备自动投案的自动性和自愿性，客观上直接有效终止了司法机关的追逃行为，符合自首规定的精神和实质，应当视为自动投案。本案中，许某外逃后被A国司法机关拘押。我国与A国并未缔结引渡条约，许某经相关部门劝返后，自愿作出回国受审的选择，实现归案接受审判的结果，有效节约司法资源，应认定为“自动投案”，其到案后始终如实供述自己全部犯罪事实，依法应当认定为自首。

（二）非基于法律规定、引渡条约、外交承诺等原因，境外被先行羁押的期限不能依照刑法第四十七条规定折抵国内审判的刑期

《中华人民共和国刑法》第四十七条规定：“有期徒刑的刑期，从判决执行之日起计算；判决执行以前先行羁押的，羁押一日折抵刑期一日。”被告人在境外被先行羁押的期限能否折抵刑期，应从以下方面进行考量：

法律规定层面。《最高人民法院、最高人民检察院、公安部关于办理电信网络诈骗等刑事案件适用法律若干问题的意见（二）》规定，对境外司法机关

抓获并羁押的电信网络诈骗犯罪嫌疑人，在境内接受审判的，境外的羁押期限可以折抵刑期。可见我国对于境外羁押期限折抵刑期持肯定态度，但仅限于“境外羁押、境内审判”，不包含“境外羁押、境外审判”情形。因为案件一经外国审判，即涉及司法主权，一个独立自主的主权国家，理应不受外国判决效力的约束。本案中，许某外逃后被A国司法机关拘押并审判，属“境外羁押、境外审判”，我国刑法并未承认外国所作的刑事判决，故许某被A国判处并实际服刑的刑期不能折抵中国判处的刑期。

引渡条约层面。当前，我国与部分国家签订的引渡条约中规定“在紧急情况下，一方可以请求另一方在收到正式的引渡请求前临时羁押被请求引渡人”。从法理上看，被请求国基于请求国的引渡请求而对外逃人员采取羁押措施的，请求国应承担相应法律后果，《中华人民共和国引渡法》中也明确规定了请求国提出请求后撤销、放弃引渡请求的，由请求国承担责任。故被请求引渡人在被请求国被羁押的期限理应折抵请求国判处的刑期。我国部分国家签订的引渡条约也规定了境外羁押期限可以折抵相应刑期。如外逃人员是从上述国家被引渡回国，被请求引渡国提出了刑期折抵的要求，我国审核后应予准许。本案中，我国与A国并未签订相关引渡条约，对许某量刑不存在引渡条约的限制。

外交承诺层面。在国际追逃追赃工作中，往往需要请求他国提供刑事司法协助，被请求国基于各种因素会对被告人的权利保护、被判处的刑罚等提出要求。这就涉及我国对他国司法制度的尊重、让步和妥协，外交承诺就是该种尊重、让步和妥协的具体体现，其本质是不违背司法主权的个案变通处理。我国也会在不违背司法主权和国家利益的前提下对被请求国作出承诺。而外交承诺一旦作出就应当严格遵守，否则将有损我国政府在国际社会中的形象。本案中，经许某自愿选择，A国联邦执法机构将许某遣返回国，我国就本案与A国开展刑事司法协助过程中，并未向美方作出许某在境外被羁押的期限可以折抵刑期的承诺，故许某刑期的起算日应为其被遣返回国之日。

（三）对本案量刑的考量

本案对许某的量刑，需综合考虑法律、外交、政策等各方面因素，充分发挥司法的震慑和感召功能。人民法院根据许某自首情节，对其减轻、从轻处罚，在法定刑幅度内对其判决执行有期徒刑十三年，给予最大限度的从宽处罚，体现了“给政策、给出路”的宽严相济刑事政策，对境外在逃人员形成感化触动，对境外追逃追赃工作具有积极的推动作用。

编写人：广东省江门市中级人民法院　翁儒科

50

授权委托程序不正规是否影响认定受托人具有国家工作人员身份

——邓某挪用公款、受贿案

【案件基本信息】

1. 裁判书字号

广西壮族自治区崇左市中级人民法院（2022）桂14刑终6号刑事判决书

2. 案由：挪用公款罪、受贿罪

【基本案情】

彩印厂于1993年6月成立，系全民所有制企业，属独立法人，系纺织厂一个分厂，由某县工信局主管。2014年7月8日，彩印厂负责人张某某全权委托邓某办理彩印厂危旧房改造、办理房屋产权证等事宜。为便于办理印厂土地权属证以及危旧房改造事宜。2014年8月7日，某县工信局分管副局长黄某某在没有经过局领导班子讨论决定和征求局主要领导同意的情况下，授意局办工作人员，在授权委托书上盖上某县工信局的公章。主要犯罪事实如下。

1. 挪用公款事实

2016年5月6日，邓某以彩印厂代理厂长的身份，代表彩印厂与农某某签订了《合作开发协议》《补充协议（一）》，约定双方合作开发位于某路77号、79号地块，由农某某以现金投资，彩印厂以宗地作为投资，合作开发房地产项目建成住宅小区等事项。由农某某先行垫支，数额控制在150万元手续费用以内。邓某以彩印厂已被吊销营业执照无法设立对公账户为由，让农某某将150万元汇入邓某个人账户，作为邓某支付相关启动工作的费用。2016年4月28日、5月6日，农某某将150万元汇入邓某银行账户。邓某收到150万元工作经费后，安排自己的团队进行前期开发工作，给该团队在办理彩印厂旧房改造前期工作事务中发放业务经费、工薪报酬等共计744919.34元，尚余755080.66元被邓某挪用于个人开支、支付给其儿子办理婚事活动，并将其中的620000元用于投资与祝某某合作的某公路××地块开发项目的营利活动中。

2. 受贿事实

在彩印厂与农某某合同履约期间，邓某于2016年8月25日又代表彩印厂与房地产公司签订《危旧房改住房改造项目代建合同》，合作开发彩印厂所在的某路77号、79号地块。2016年8月27日至2016年9月14日，邓某以需要“打招呼”“攻山头”为由，向房地产公司索取费用，房地产公司为了能够推进该项目，于2016年8月30日、9月25日、10月31日分别以咨询费的名义向邓某的个人账户转账好处费共计50万元。

【案件焦点】

受托人经国家出资企业中负有管理、监督国有资产职责的国家机关某县工信局的授权委托，代为办理彩印厂的土地登记及房产运作事项，但授权委托书未经正规程序审批，能否认定该受托人具有国家工作人员的身份。

【法院裁判要旨】

广西壮族自治区扶绥县人民法院经审理认为：被告人邓某受国家机关委托管理、经营国有财产期间，利用职务上的便利，挪用国有资金755080.66元归个人使用及进行营利活动，数额较大，其行为构成挪用资金罪。邓某在受国家机关委托管理、经营国有财产期间，利用职务上的便利，索取他人钱财500000

元，数额巨大，构成非国家工作人员受贿罪。邓某一人犯数罪，依法数罪并罚。邓某索贿，依法应从重处罚。依照《中华人民共和国刑法》第二百七十二条第一款、第一百六十三条第一款、第三百八十六条、第九十一条、第六十九条第一款和第三款、第五十二条、第五十三条、第六十四条、第六十一条，《最高人民法院、最高人民检察院关于办理贪污贿赂刑事案件适用法律若干问题的解释》第二条、第六条、第十一条、第十九条之规定，判决如下：

一、被告人邓某犯挪用资金罪，判处有期徒刑三年；犯非国家工作人员受贿罪，判处有期徒刑三年六个月，并处罚金10万元；总和刑期六年六个月，并处罚金10万元；决定执行有期徒刑五年六个月，并处罚金10万元；

二、被告人邓某挪用资金755080.66元，予以追缴，发还给被害单位彩印厂；

三、责令被告人邓某退出受贿赃款500000元，并予以没收，上缴国库。

广西壮族自治区崇左市中级人民法院经审理认为：上诉人（原审被告人）邓某犯挪用公款罪、受贿罪。邓某一人犯数罪，依法数罪并罚。邓某索取他人财物，应从重处罚。对邓某提出在2017年以前，工信局不是彩印厂的主管单位的意见、邓某提出委托书没有原件，不应作为证据的意见，不予采纳。原审判决认定的事实清楚，证据确实充分，审判程序合法，唯适用法律错误，定性不准确，本院予以纠正。抗诉机关的抗诉意见，与事实相符，符合法律规定，予以支持。经本院审判委员会讨论决定，依照《中华人民共和国刑法》第三百八十四条、第三百八十五条、第三百八十六条、第三百八十三条、第九十三条、第九十一条、第六十九条第一款和第三款、第五十二条、第五十三条、第六十四条、第六十一条，《最高人民法院、最高人民检察院关于办理贪污贿赂刑事案件适用法律若干问题的解释》第二条、第六条、第十九条，《中华人民共和国刑事诉讼法》第二百三十六条第一款第二项之规定，判决如下：

一、维持广西壮族自治区扶绥县人民法院（2021）桂1421刑初25号刑事判决的第三项，即责令被告人邓某退出受贿赃款500000元，并予以没收，上缴国库；

二、撤销广西壮族自治区扶绥县人民法院（2021）桂 1421 刑初 25 号刑事判决的第一项、第二项，即被告人邓某犯挪用资金罪，判处有期徒刑三年；犯非国家工作人员受贿罪，判处有期徒刑三年六个月，并处罚金 10 万元；总和刑期六年六个月，并处罚金 10 万元；决定执行有期徒刑五年六个月，并处罚金 10 万元；被告人邓某挪用资金 755080.66 元，予以追缴，发还给被害单位彩印厂；

三、上诉人（原审被告人）邓某犯挪用公款罪，判处有期徒刑三年六个月；犯受贿罪，判处有期徒刑四年，并处罚金 20 万元。数罪并罚，决定执行有期徒刑六年，并处罚金 20 万元；

四、上诉人（原审被告人）邓某挪用的公款 755080.66 元，予以追缴，发还给彩印厂。

【法官后语】

该案经过一审、二审程序，一审法院认为邓某构成挪用资金罪和非国家工作人员受贿罪；二审法院认为邓某构成挪用公款罪和受贿罪。认定邓某是此罪还是彼罪关键在于邓某是否具有国家工作人员身份。

综合本案的情况，笔者认为，虽然某县工信局在授权委托邓某代为办理彩印厂的土地登记及房产运作事项不正规，但是不影响邓某具有国家工作人员身份的认定，理由如下。

1. 某县工信局作为彩印厂主管部门对彩印厂厂长职务具有人事任免权。实践中，经国家机关、国有公司、企业、事业单位提名、推荐、任命、批准等，在国有控股、参股公司及其分支机构中从事公务的人员，应当认定为国家工作人员。具体的任命机构和程序，不影响国家工作人员的认定。经国家出资企业中负有管理、监督国有资产职责的组织批准或者研究决定，代表其在国有控股、参股公司及其分支机构中从事组织、领导、监督、经营、管理工作的人员，应当认定为国家工作人员。

本案中，彩印厂系麻纺厂下属企业，经济性质是国有企业，由某县工信局主管。根据组织原则，某县工信局对彩印厂厂长职务，具有决定人事任免权。虽然某县工信局的委托书没有经过程序审批，但委托书上的印章是真实有效的，对外界具有公信力。

2. 邓某被授权履行监督、管理、经营彩印厂国有资产的职责。某县工信局作为彩印厂的主管部门，是法律上负有管理、监督国有资产职责的组织，其授权邓某全权负责彩印厂在某路77号、79号的土地和房产等资产运作事项，属于对国有资产的监督、经营、管理，属于“从事公务”行为。

综上，认定某县工信局授权邓某代理彩印厂厂长职务的行为符合法律规定的形式要件，邓某是具有国家工作人员身份的人员，构成挪用公款罪、受贿罪。

此外，因大型国企改制后管理运营模式尚未发生大的转变，管理人员的身份和职责也基本没变。“二次委派”不属于委派的传统认定模式，国家出资企业中受委派从事公务的国家工作人员是司法认定中的一个难点，对委派主体及被委派人员身份及委派形式等要作适度扩张解释。如对委派的形式不局限于委任、派遣、任命、指派、提名、批准等，也不论被委派的人身份如何，只要是接受国家机关、国有公司、企业、事业单位委派，代表国家机关、国有公司、企业、事业单位在非国有公司、企业、事业单位、社会团体中从事组织、领导、监督、管理等工作，均可认定为国家机关、国有公司、企业、事业单位委派到非国有公司、企业、事业单位、社会团体从事公务的人员。这样才能真实反映当前国家出资企业的经营管理实际，从事公务活动这一认定国家工作人员的实质要求，确保认定范围的正当性、确定性和内敛性。

编写人：广西壮族自治区扶绥县人民法院　陈启风　吴鸿亮

51

受贿人对行贿人代为保管的财物具有足够控制力的，成立受贿罪既遂

——梁某受贿案

【案件基本信息】

1. 裁判书字号

广西壮族自治区北海市中级人民法院（2022）桂05刑终65号刑事裁定书

2. 案由：受贿罪

【基本案情】

2017年至2019年，被告人梁某利用担任某区征地办主任职务上的便利，接受他人请托，为他人在征地补偿审批、征地补偿款拨付等方面谋取利益，多次收受他人贿赂共计370万元。具体犯罪事实如下：

1. 市人民政府分别于2016年2月、2018年4月发布征收公告，资源贸易公司名下的再生资源市场所在地块在征收范围内。2017年，经被告人梁某介绍，刘某与唐某某、莫某某共同出资收购了资源贸易公司。2018年春节期间，为了顺利获得征地补偿款，刘某与被告人梁某商定，在资源贸易公司名下的再生资源市场所在地块被征收后，刘某将所得征收补偿款的30%作为好处费送给被告人梁某。被告人梁某接受刘某的请托，利用其担任某区征地办主任职务上的便利，在明知再生资源市场无合法报建手续的情况下，仍签字审批通过再生资源市场所在地块的征收补偿材料，为刘某谋取利益。2018年11月，某区征地办支付再生资源市场地上附着物征收补偿款2656.1411万元，其中，刘某分得补偿款1039.5637万元。2019年1月，为感谢被告人梁某的帮助，刘某按事

前约定，行贿给被告人梁某好处费320万元，被告人梁某予以收受，并约定由刘某代为保管。2019年2月，被告人梁某从上述好处费中支取100万元与刘某合伙养殖大蚝。2020年5月，被告人梁某从上述好处费中支取现金20万元。至案发时，剩余200万元好处费由刘某代为保管。

2. 2018年上半年，被告人梁某接受马某的请托，利用其担任某区征地办主任职务上的便利，在财政资金到位后按照程序审批拨付园林苗木基地征收补偿款给马某，为马某谋取利益。后马某分别于2018年9月、12月在某路边分两次行贿给被告人梁某共计50万元，被告人梁某予以收受。2020年5月，被告人梁某应马某要求和出于害怕被查处的心理，分两次将上述50万元好处费退还给马某。

2021年4月12日，被告人梁某被查获归案。归案后，被告人梁某如实供述自己罪行。

被告人梁某家属代其在市监察委员会退出20万元；马某退出从被告人梁某处领回的行贿款50万元。刘某家属代其在市监察委员会退出1019万元，代其在某区人民检察院退出5637元。

【案件焦点】

被告人梁某与行贿人双方口头约定由行贿人代为保管的320万元，对其中尚未支取的200万元应认定受贿既遂还是受贿未遂。

【法院裁判要旨】

广西壮族自治区北海市海城区人民法院经审理认为：被告人梁某的行为已构成受贿罪。针对被告人梁某与行贿人双方口头约定由行贿人代为保管320万元，对其中尚未支取的200万元应认定受贿既遂还是受贿未遂的问题，法院审理后认为，事前被告人梁某与刘某约定好处费为刘某所获得征收补偿款的30%，刘某获得征收补偿款后，依约定将好处费320万元送给被告人梁某，被告人梁某亦予以收受。虽然双方约定该320万元好处费由刘某代为保管，但刘某和被告人梁某已经达成行贿、受贿的合意，同时亦对该320万元的处置（即由刘某代为保管）形成合意，行贿、受贿双方均明知该320万元系刘某送给被告人梁某的好处费，在案证据亦证明被告人梁某已从上述好处费中支取现金20万元，又指示刘某从上述好处费中支取100万元与刘某合伙养殖大蚝，刘某亦予以配合，可见被告人梁某可随时支取该320万元好处费，被告人梁某对该320万元具有支配权，被告人梁某收受刘某的该320万元全部均属于犯罪既遂。据此，判处如下：

一、被告人梁某犯受贿罪，判处有期徒刑十年六个月，并处罚金人民币100万元；

二、被告人梁某退出的犯罪所得人民币70万元予以没收，上缴国库。

被告人梁某不服一审判决，并提起上诉。

广西壮族自治区北海市中级人民法院经审理认为：被告人梁某和刘某已就贿赂款的处置达成新的合意，在该合意中虽然刘某以行贿人的身份来保管贿赂款，但梁某源利用其身份、地位的优势以及两人的朋友关系可以对刘某形成一定的控制力，继而通过刘某来实现对贿赂款的支配；而且之后梁某通过刘某将其中的100万元用于投资养殖，以及提取现金20万元，事实上行使了对该320万元的支配权。因此，应当认定该320万元整体上已经交付梁某并按照其意愿进行了处置，该处置行为除了投资、提现外还包括委托刘某保管余款，不能将刘某代为保管的200万元割裂出去认定为受贿未遂。上诉人梁某及其辩护人提出应认定梁某受贿既遂170万元、未遂200万元的上诉和辩护意见，没有事实和法律依据，不予采纳。原判适用法律正确，量刑适当，依法应予维持。据此，判决如下：

驳回上诉，维持原判。

【法官后语】

本案属于典型的约定保管型受贿犯罪。控辩双方对被告人梁某构成行贿罪并无争议，本案争议的焦点在于被告人梁某与行贿人双方口头约定由行贿人代为保管的320万元，对其中尚未支取的200万元应认定受贿既遂还是受贿未遂？

笔者认为本案中被告人梁某约定由行贿人代为保管的320万元均应认定为

犯罪既遂。主要理由如下。

1. 区分受贿既遂和未遂的标准关键在于受贿人对行贿人代为保管的财物是否具有足够的控制力

如何认定行贿人代为保管财物是否构成受贿既遂的标准，目前我国并无明确的司法解释对此作出统一规范，在理论及司法实践层面亦有争议。笔者认为，约定保管型受贿案件，区分受贿既遂和未遂的标准关键在于受贿人对行贿人代为保管的财物是否实际控制财物。2003年最高人民法院关于《全国法院审理经济犯罪案件工作座谈会纪要》中对“贪污罪既遂与未遂的认定”进行了明确，“贪污罪……与盗窃、诈骗、抢夺等侵犯财产罪一样，应当以行为人是否实际控制财物作为区分贪污罪既遂与未遂的标准”。可见，最高人民法院明确提出行为人“是否实际控制财物”是区分贪污罪既遂与未遂的标准，笔者认为受贿罪可参照适用该标准，符合我国刑法理论与司法实践。

2. 对控制力的认定，可从行受贿双方的关系、行为表现以及财物所处的状态等多方面综合考量

（1）行受贿双方的关系

如果行受贿双方关系密切，相互信任，或基于亲属、上下级等身份从属关系及优势地位，足以使受贿人安全把控行贿人代为保管的财物，达到对财物随取随用的支配状态，则可认定受贿人对行贿人代为保管的财物具有一定的控制力。本案中，刘某虽以行贿人的身份代被告人梁某保管贿赂款，但被告人梁某利用其身份、地位的优势以及两人系多年亲密好友、商业合作伙伴的关系可以对刘某形成一定的控制力，继而通过刘某来实现对该320万元贿赂款的控制和支配。

（2）行受贿双方的行为表现

如果行贿人并无私自占有财物的意图，主观上已认为该款项不属于自己而归属受贿人，其仅是代为保管的关系，受贿人支取、使用款项时行贿人均予以配合，未设障碍，此时行贿人只是受贿人处置财物时的“工具人”，受贿人实际上已间接取得、控制财物。本案中，在案证据可证明被告人梁某因急需用钱，

便从刘某镇代为保管的好处费中支取现金20万元，又因想养殖大蚝，指示刘某从上述好处费中支取100万元与刘某合伙养殖大蚝，刘某均按被告人梁某的要求积极予以配合，行受贿双方的一系列行为表现，充分显示被告人梁某可无障碍地随时取用、支配该320万元好处费，事实上对该320万元进行了使用，即该320万元整体上已经交付梁某并按照其意愿进行了处置，该处置行为除投资、提现外，还包括委托刘某保管余款，不能将刘某代为保管的200万元割裂出去认定为受贿未遂。被告人梁某对该320万元具有足够的支配力和控制力，均应认定为受贿既遂。

（3）财物所处的状态

如果财物所处的状态系稳定、可控的，如行贿人单独开立其个人账户保管财物，或将财物存入利害关系人的账户等，则一般认定受贿人对财物具有控制权。反之，如果行贿人没有对财物稳定保管，甚至将其保管的财物任意挥霍，随意转移，则可认定受贿人对该财物并未取得实际控制。本案中，刘某借用刘某靖等利害关系人的身份开立账户接收征收补偿款，并与被告人梁某约定征收补偿款中的320万元系被告人梁某的好处费。刘某对账户中的受贿款320万元并未任意使用，该受贿款对于被告人梁某来说，始终处于稳定、可控的状态，足以保证被告人梁某对该笔受贿款随取随用。尽管被告人梁某仅使用了其中的120万元，仍有200万元在刘某处代为保管，但该200万元稳定留存于刘某开立的账户中，以待被告人梁某随时支取。故被告人梁某对该320万元均已实际控制，均属受贿既遂。

综上，全面考虑被告人梁某与刘某的关系、双方的行为表现以及财物所处的状态，被告人梁某已实际取得或控制该笔行贿款320万元，该320万元均属于犯罪既遂。

编写人：广西壮族自治区北海市海城区人民法院　林小娟　李新敏

52

非特定关系人成立受贿罪共犯之认定

——李某某受贿案

【案件基本信息】

1. 裁判书字号

广西壮族自治区钦州市中级人民法院（2021）桂07刑终109号刑事判决书

2. 案由：受贿罪

【基本案情】

被告人李某某平时喜欢帮人看风水，被身边朋友称“李大师”。2016年6月，其通过帮人看风水认识申某某，之后通过申某某与申某1（系申某某胞兄，另案处理）相识。经过一段时间的交往，申某1对被告人李某某在看风水方面比较认可，后来李某某为申某1找了两块墓地，并安葬了申某1的母亲和大哥。2017年下半年，李某某提出想在钦州买房，申某1将房地产公司董事长郑某某介绍与李某某相识，并让郑某某给李某某多一点优惠。后来李某某在房地产公司定购了某小区某户房产。2018年3月，李某某通过刷卡交付了10万元首期购房款。2018年7月，因房地产公司多次向李某某催要该房产的购房尾款，李某某就找申某1帮忙。申某1应李某某请求，要求郑某某帮李某某解决购房尾款问题。郑某某在得到申某1的授意后，考虑到公司之前在房地产开发上一直得到申某1的支持和关照，同意由公司为李某某支付购房尾款。之后，通过公司财务人员从公司备用金中拿出44.719万元现金，然后由其交付给李某某用于支付该房产的购房尾款。李某某当时知道这笔44.719万元是郑某某送给申某1的，并将此事告诉了申某1，申某1表示知道了。

【案件焦点】

被告人的行为是否应认定为受贿罪。

【法院裁判要旨】

广西壮族自治区钦州市钦北区人民法院经审理认为：被告人李某某伙同国家工作人员申某1利用职务之便，非法收受他人财物，为他人谋取利益，数额巨大，其行为已触犯《中华人民共和国刑法》第三百八十五条第一款、第三百八十六条之规定，构成受贿罪。公诉机关指控被告人李某某犯受贿罪成立。在共同犯罪中，被告人李某某系从犯，依法应当从轻、减轻或免除处罚。被告人李某某归案后能如实供述其犯罪事实，依法可以从轻处罚。被告人李某某积极退缴赃款，可以酌情从轻处罚。本案中，被告人李某某虽然是在接到公安机关的电话通知后自动到案，并于到案后如实供述其犯罪的事实，但其是在市监察委对其伙同申某1共同受贿等违纪问题进行调查过程中才逐步交代共同受贿的犯罪事实，且在庭审中又对之前的部分供述予以翻供，因此，不能视为自动投案，不构成自首。据此，以受贿罪判处被告人李某某有期徒刑二年六个月，并处罚金人民币10万元。

被告人李某某提出上诉。广西壮族自治区钦州市中级人民法院经审理认为：上诉人李某某伙同国家工作人员申某1利用职务之便，非法收受他人财物，为他人谋取利益，数额巨大，其行为已构成受贿罪。在共同犯罪中，上诉人李某某系从犯，依法应当从轻、减轻或免除处罚。上诉人李某某归案后能如实供述其犯罪事实，依法可以从轻处罚。上诉人李某某退缴部分赃款，可以酌情从轻处罚。原审根据上诉人李某某的犯罪事实、性质、情节和对社会的危害程度，对其在法定的量刑幅度内进行量刑，并无不当。上诉人李某某及其辩护人有关其行为不构成受贿罪的上诉意见及辩护意见，不能成立，本院不予采纳。钦州市人民检察院的意见成立，本院予以支持。综上所述，原判认定事实清楚、证据确实充分、定罪和适用法律正确、量刑适当、审判程序合法，依照《中华人民共和国刑事诉讼法》第二百三十六条第一款第一项、第二百四十四条的规定，裁定如下：

驳回上诉，维持原判。

【法官后语】

本案在审理过程中，被告人李某某收受郑某某所送财物的事实客观存在，控辩双方的争议主要在于李某某的行为是否成立受贿罪共犯。

一种观点认为，李某某与申某 1 没有共同受贿的主观故意，客观上没有共同受贿的行为，故不能认定其构成受贿罪共犯。李某某明知在郑某某的房地产公司办公室里给其的款物是郑某某送给申某 1 的受贿犯罪所得，而予以支付自己的房款费用，应以掩饰、隐瞒犯罪所得罪定罪处罚。

另一种观点认为，在案证据证实李某某与申某 1 关系较好，李某某要求申某 1 帮忙解决房款款项问题，其在明知郑某某系为感谢和讨好申某 1 而给予其财物，明知申某 1 利用职务便利为郑某某谋取了利益的情况下，仍收受郑某某给予的财物并于事后告知了申某 1，足以认定其具有与申某 1 共同受贿的故意，并参与实施了共同受贿的行为，符合共同犯罪的构成要件，应当作为受贿罪的共犯论处。

笔者同意第二种观点，具体理由如下：

根据《中华人民共和国刑法》的规定及共同犯罪理论，二人以上基于共同的故意实施共同的犯罪行为即成立共同犯罪。这里的共同故意既包括“事前通谋”的情况，也包括“事中通谋”的情况。同时，同一犯罪可以由不同行为环节构成，各行为人在共同犯罪故意的支配下分别实施了构成共同犯罪整体行为的某一部分行为，即可认定为共同参与了犯罪实施。就受贿罪而言，受贿行为由两部分组成：一是为他人谋利，二是收受他人财物。据此，行为人只要主观上与国家工作人员形成受贿的通谋，客观上实施了部分受贿行为，对其以受贿罪共犯论处是符合刑法规定和共同犯罪理论的。对于非国家工作人员成立受贿罪共犯的认定，虽然近亲属以外的其他人收受请托人财物构成受贿罪共犯的条件是双方共同占有，但司法实践中不能将此规定作为认定非特定关系人成立受贿罪共犯的排他性标准。根据刑法关于共同犯罪的规定，非国家工作人员与国家工作人员伙同受贿的，应当以受贿罪的共犯追究刑事责任，非国家工作人员是否构成受贿罪共犯，取决于双方有无共同受贿的故意和行为。虽不具有双方共同占有的事实，但非特定关系人与国家工作人员具有受贿通谋和行为的，仍构成受贿罪共犯。

本案中，申某1对李某某较为信任，二人关系较好。在案证据证实，李某某对于请托人郑某某与申某1之间具有请托谋利关系知情，即李某某明知郑某某系为感谢和讨好申某1并得到申某1职务上的帮助、关照而给予其财物，其向申某1提出解决房款一事，在明知申某1利用职务便利为郑某某谋取了利益的情况下，收受郑某某给予的财物并于事后告知了申某1，申某1对之予以认可，足以认定其与申某1形成了受贿“通谋”，二人具有共同受贿的故意，李某某收受郑某某财物的行为系申某1受贿行为的组成部分，李某某构成受贿罪的共犯。

编写人：广西壮族自治区钦州市钦北区人民法院　黄彦嘉

53

根据事前约定仅将房屋权属变更登记但暂不转移占有、直至案发时仍未实际控制的构成受贿罪未遂

——夏某受贿案

【案件基本信息】

1. 裁判书字号

江苏省宿迁市中级人民法院（2022）苏13刑初8号刑事判决书

2. 案由：受贿罪

【基本案情】

2004年至2021年，被告人夏某利用担任原建设局行政审批中心负责人、档案管理处主任、房地产管理处副主任及主任、住房公积金管理中心主任等职

务上的便利，以及职权或者地位形成的便利条件，为项目公司及周某某等利益共同体、俞某某、刘某某等单位和个人在资质办理、工程款结算、预售许可证办理、工程抵押等方面提供帮助，被告人夏某直接或通过特定关系人夏某某、吴某某非法收受项目公司董事长周某某、俞某某、刘某某等 17 人给予的财物，折合人民币共计 352.4055 万元。

就控辩双方存在争议的主要事实，具体查明事实如下：2014 年上半年，被告人夏某与周某某通谋由周某某购买某商厦门面房送给被告人夏某，但周某某提出因其资金紧张，该房产购买后其要用于抵押贷款，且该房产前几年要由其出租使用，要求该房产过户到被告人夏某的弟弟夏某某名下之后，夏某某要配合其完成抵押贷款手续且将租金交由其使用，被告人夏某同意且在之后指示夏某某配合周某某完成相关手续事宜。之后，周某某借款筹集 270.589524 万元购买该房产，且于 2014 年 7 月 15 日将该房产过户到夏某某、吴某某名下，夏某某、吴某某配合完成房产过户及抵押贷款等手续，该房产由周某某控制出租且每年租金亦由周某某支配使用。从 2014 年至 2020 年，周某某利用该房产每年都抵押贷款一次，每次贷款数额从 380 万元至 450 万元不等，贷款还款期限均为一年，在上一年度贷款到期偿还后再借出新的贷款。直至 2021 年 8 月案发，该房产仍然被抵押贷款 380 余万元且尚未清偿。

【案件焦点】

根据行受贿合意房屋权属已经转移登记到受贿人名下，但根据事前约定行贿人暂时不向受贿人交付房屋，直至案发时房屋仍由行贿人占有控制的，对该种情形的既未遂犯罪形态如何认定。

【法院裁判要旨】

江苏省宿迁市中级人民法院经审理认为：受贿本质是权钱交易，是否构成受贿既遂判断标准在于受贿人是否已实际占有并控制贿赂物。对收受房屋不动产类受贿案件类型而言，受贿既未遂形态的判断标准在于行贿人是否交付房屋使受贿人形成对房屋的实际占有控制，房屋是否转移登记到受贿人名下不是决定性条件。刑法讲求的是实质评价，受贿罪非法占有目的的实现，必然要求对财物进行占有控制。根据行受贿合意房屋权属已经转移登记到受贿人名下，但行贿人尚未向受贿人交付房屋、房屋仍处于行贿人占有控制之下的，应当评价为受贿未遂。被告人夏某身为国家工作人员，利用职务上的便利，或者利用其职权或者地位形成的便利条件，为他人谋取利益，非法收受他人财物价值共计人民币352.4055万元，数额特别巨大，其行为构成受贿罪；其中270.589524万元属于受贿未遂部分，可以比照既遂犯从轻或者减轻处罚。除该起受贿未遂事实外，公诉机关提出的其他指控意见定性准确，事实清楚，证据确实、充分，予以采纳。被告人夏某归案后如实供述调查机关已掌握的其受贿犯罪事实，还如实供述调查机关尚未掌握的其他受贿犯罪事实，可以从轻处罚。关于被告人夏某受贿的违法所得，除周某某所送三套房产需要依法追缴外，其余违法所得已退还，对其可以酌情从轻处罚。综合全案情节，决定对被告人夏某减轻处罚。据此，以受贿罪判处被告人夏某有期徒刑六年六个月，并处罚金人民币40万元。

一审判决后，被告未提起上诉，检察机关未提起抗诉，该判决已发生法律效力。

【法官后语】

本案的争议焦点在于根据行受贿合意房屋权属已经转移登记到受贿人名下，但根据事前约定行贿人暂时不向受贿人交付房屋，直至案发时房屋仍由行贿人占有控制的，对该种情形的既未遂犯罪形态如何认定。

产权登记系行政机关为确认财产归属而作出，就其作用本身而言，仅是以登记的形式确认财产的权利归属而不是实现财产的事实归属，财产的事实归属仍然需要通过占有来完成。虽然从民事法律上讲，登记是财产归属的实质要件，登记赋予了登记者占有或者请求占有的权利，但这不意味着登记者即一定等同于财产的占有者或财产的实际归属者。虽然登记与占有的统一是财产归属及其归属权利的应然形态，但在一些特殊情形下，登记者和财产占有者并不是同一人。因此，登记并不是目的，更不代表已达到目的，登记只是达到目的的一种手段，只有占有和通过占有实现对财产支配利益才是实在的权利目的与实现。因此，对于房屋不动产而言，占有是实现财产归属和财产权利的必要条件。而刑法讲求的正是实质评价，受贿罪非法占有目的的实现，必然要求对财物进行占有控制。只有占有和通过占有实现的对财产支配利益才是非法占有目的的实现，而房屋权属登记仅意味着以登记的形式确认了房屋的权利归属，这种形式确认不代表即刻实现了房屋支配利益，行贿人尚未向受贿人交付房屋，受贿人暂时就无法实现对房屋的占有、使用、收益和处分等支配利益，非法占有目的就尚未实现。所有权系所有人对所有物为全面支配的物权，这种支配权并不止于抽象的存在，而是通常表现为若干具体的形式，这些形式即所有权的权能。所有权的不同权能表现了所有权的不同作用，所有权的全部内容即由这些不同权能而有机组成。占有、使用、收益和处分即为所有权的四项权能。如果行贿人尚未向受贿人交付房屋，受贿人尚不能实际享有所有权的占有、使用、收益和处分权能，即使房屋已登记在受贿人或其特定关系人名下，也不能说明其在实质上已享有了所有权所带来的权能收益。

本案中，被告人夏某在侦查阶段的供述和行贿人的证言证实，行贿人购买某商厦门面房具有进行资金操作和向被告人夏某行贿的双重动机，这种特殊动机决定了在根据行受贿合意将房屋登记到被告人夏某的特定关系人名下后，该房屋财产支配利益仍然由行贿人暂时享有。并且，行贿人对房屋的继续占有控制是基于行受贿双方在达成行受贿合意之时即已产生的事前约定，不同于受贿人收受房屋后才产生的对贿赂物的再处置行为。按照双方的事前约定，行贿人在房屋权属转移登记后，并未将该房屋交付给被告人夏某，且行贿人利用该房屋进行抵押贷款和出租赚取租金，截至案发之时，该房屋仍处于行贿人的占有控制之下，租金收益一直为行贿人所享有，且有高达380余万元的抵押贷款尚未清偿，被告人夏某尚未享受到该房屋的支配利益，无法实际行使对该房屋的所有权，应当评价为受贿未遂。

编写人：江苏省宿迁市中级人民法院　殷志浩

54

利用职务便利收受安置房购买指标应认定为“交易型”受贿

——颜某受贿案

【案件基本信息】

1. 裁判书字号

重庆市沙坪坝区人民法院（2021）渝 0106 刑初 985 号刑事判决书

2. 案由：受贿罪

【基本案情】

2016 年至 2020 年，被告人颜某利用担任建设公司总经理的职务之便，收受房地产开发公司和房地产公司提供的安置房购买指标，通过自己及亲属购买低于市场价的安置房 4 套，赚取差价。经司法评估，上述 4 套房屋价值共计 469.02 万元，而颜某及其亲属实际支付购房款共计 235.60822 万元，两者相差 233.41178 万元。公诉机关认为被告人颜某的行为构成受贿罪，受贿金额即为差价部分 233.41178 万元。

被告人颜某及其辩护人对公诉机关指控的罪名和主要事实无异议，但认为颜某收受房地产开发公司、房地产公司受贿款 233.41178 万元的指控不能成立。第一，颜某并未以“明显低于市场价格”购买，仅违规获取了安置房购买指标；第二，涉案安置房的购买指标可以私下转让，享受安置房购买价格的购买群体具有实质上的不特定性；第三，涉案房地产公司不存在经济损失。

【案件焦点】

1. 国家工作人员利用职务便利收受安置房购买指标的，是否构成“交易型”受贿；2. 受贿金额如何计算。

【法院裁判要旨】

重庆市沙坪坝区人民法院经审理认为：颜某本不具备购买安置房的资格和条件，却通过行贿方的操作获取了安置人员的身份，并凭借该身份以安置的价格购买安置房，在取得房产证后即可上市交易，其购房行为本质上就是以明显低于商品房的市场价格来购买取得房产证即可上市交易的安置房，属于以安置房的价格来购买商品房，从而牟取房屋差价，其受贿行为获利的部分即是商品房与安置房之间的差价，符合“交易型”受贿的法律特征。至于安置房是否能够买卖以及安置房买卖群体的性质，并不影响颜某在本案中接受行贿方以上述方式来行贿的事实。

据此，法院判决如下：

一、被告人颜某犯受贿罪，判处有期徒刑七年八个月，并处罚金50万元；

二、将被告人颜某已经退还的违法所得174.041万元、金条1根（200克），予以没收；继续向颜某追缴违法所得121.8708万元。

一审判决后，被告未提起上诉，检察机关未提起抗诉，该判决已发生法律效力。

【法官后语】

本案的焦点是国家工作人员利用职务便利收受安置房购买资格的行为定性与受贿数额的计算问题。

一、国家工作人员利用职务便利收受安置房购买指标的，属于“交易型”受贿

交易型受贿，是指国家工作人员利用职务之便为请托人谋取利益，以市场交易的方式，将非法利益输送给国家工作人员的行为。[①] 早在20世纪80年代初

---

① 白洁：《新形态贿赂犯罪疑难问题探讨》，载《法律适用》2018年第19期。

期，这种“以购代贿”的贿赂形式就在我们的生活中存在。[①] 早期相关司法解释对此类行为作出了明确规定。《最高人民法院、最高人民检察院关于办理受贿刑事案件适用法律若干问题的意见》第一条将交易型受贿总结为三种，以明显低于市场价格向请托人购买大宗财物（低买型）；以明显高于市场价格向请托人销售大宗财物（高卖型）；其他采取能够从中获取收益的（实践中主要是以物换物型）。

本案中，颜某构成“交易型”受贿有三个理由：一是颜某本身不具备安置人员身份，不应享有安置房购买指标。如前所述，安置房购买指标是低于市场价购买商品房的交易机会，可以评价为一种财产性利益，颜某收受安置房购买指标的目的也是赚取市场价和购入价的价差，符合交易型受贿利用交易机会收受财物的行为特征。二是颜某的购入价格远远低于市场价。颜某的购入安置房的价格是按照政府批量购买安置房的价格。其购入某安置房的安置价格为4500元/平方米，购入某1安置房安置价格为5180元/平方米，而两楼盘周边商品房的市场价达到10000元/平方米到12000元/平方米，价差超过一倍，可以评价为“明显低于市场的价格”。三是颜某主观上具有明显的受贿故意。传统的受贿方式一般都是请托人直接给予国家工作人员以金钱或者财物，而在交易型受贿中，取而代之的是一种更加隐蔽的间接交换。行为人主观上必须认识到权钱交易的事实，才能认定其具有受贿的故意。颜某主观上已经认识到安置房购买指标是购买低价房源的交易机会，也认识到请托人看重的是其手中掌握的权力。其收受安置房购买指标并为请托人提供帮助表明其具有明显的权钱交易的故意，即受贿的故意。

二、关于收受安置房购买指标的受贿数额计算问题

根据《最高人民法院、最高人民检察院关于办理受贿刑事案件适用法律若干问题的意见》第一条的规定，交易型受贿的受贿数额按照交易时当地市场价格与实际支付价格的差额计算。基于此，颜某构成交易型受贿，受贿的数额应当以4套房屋的市场价与购房价之间的价差确定。安置房购买指标本身并无价

---

① 孙国祥：《以交易形式收受贿赂的方式与界限解读》，载《人民检察》2007年第16期。

值，有价值的是以低于市场价购买房屋的交易机会。颜某利用该交易机会完成购房，获得价差应属交易型受贿，受贿数额即为价差。

综上所述。国家工作人员利用职务便利收受安置房购买指标的，符合“以明显低于市场的价格向请托人购买房屋”，构成“交易型”受贿，应以所购买安置房的市场价格与实际支付价格之间的差额计算受贿金额。

编写人：重庆市沙坪坝区人民法院　田文军　刘锋

55

利用职务便利，以民间借贷形式借给受托人从银行贷款的款项收取利息差的行为的认定

——赵某受贿案

【案件基本信息】

1. 裁判书字号

湖南省衡阳市中级人民法院（2022）湘04刑终288号刑事判决书

2. 案由：受贿罪

【基本案情】

2012年，袁某因投资需要资金，考虑到赵某的职务身份，今后还需要找赵某在项目开发上提供帮助，遂与赵某达成借款意向，以月息2分的利率（年利率24%）向赵某借款。同年5月，赵某以其妻子易某的名义，虚构借款用途，以朋友和自己家的房产做抵押，向某银行南岳镇支行贷款1250000元，年利率为12.42%，袁某在其间积极促成。同时，赵某夫妇还以支付较低利息的方式向亲戚朋友借款，自筹了部分资金出借给袁某，从中赚取利息差。自2012年5月至2020年5月，赵某夫妇出借给袁某的资金为2000000元至4500000元不

等。在借款期间，易某的银行贷款利息由袁某按期支付，剩余利息由袁某每年与易某结算一次。截至 2020 年 5 月，赵某以收取利息差的方式共收受袁某 3914800 元。

（其余部分事实略）。

【案件焦点】

国家工作人员利用职务便利，以民间借贷形式借给受托人从银行贷款的款项收取利息差的行为如何认定。

【法院裁判要旨】

湖南省衡阳市雁峰区人民法院经审理认为：被告人赵某身为国家工作人员，利用职务上的便利，非法收受他人财物，为他人谋取利益，数额特别巨大，其行为构成受贿罪。

被告人赵某提出收受袁某以利息方式支付的 391.48 万元属民间借贷，不应认定为受贿以及对向银行贷款转贷部分认定为高利转贷的意见不能成立，不予采纳。首先，赵某以利息方式收取的 391.48 万元应当认定为受贿。其理由：（1）赵某具有监督管理房地产市场、规划监管建设工程的职权，袁某从事房地产开发，系赵某的职权管理对象。赵某在自己并不具备出借大额资金能力的情况下，却在袁某的帮助下，将大量资金长期以借贷为名提供给袁某以赚取高额利息，是基于两人之间的特殊职业和职权关系。（2）在借贷行为发生前，赵某与袁某就有多次权钱交易行为。（3）袁某供认其本来有更低利息的借款途径，但是基于赵某特定身份才找他借钱，以便保持良好的关系。同时赵某的供述中也印证了双方对以借贷为名收受好处费并心照不宣的事实。总而言之，没有赵某的职权，袁某不会向其借款并长期支付高息。这种长期的“感情投资”的本质是“权钱交易”，影响国家工作人员职权的正确行使，应当以受贿论处。其次，赵某向银行贷款并转借给袁某赚取利息差是一种高利转贷行为，已触犯刑法，但在本案中是其为实施受贿的手段行为，依据刑法相关理论，可择一重罪即受贿罪处罚。

湖南省衡阳市雁峰区人民法院依照《中华人民共和国刑法》第三百八十五条第一款、第三百八十六条、第三百八十三条第一款第三项和第二款和第三款、第六十七条第三款、第六十一条、第六十四条，《最高人民法院、最高人民检察院关于办理贪污贿赂刑事案件适用法律若干问题的解释》第三条、第十八条、第十九条第一款之规定，作出如下判决：

一、被告人赵某犯受贿罪，判处有期徒刑十年六个月，并处罚金人民币60万元；

二、对赵某退缴的违法所得4982063元，依法予以没收，由办案单位上缴国库。

赵某持原审辩解提起上诉。湖南省衡阳市中级人民法院经审理认为：赵某身为国家工作人员，利用职务上的便利，非法收受他人财物1067263元，为他人谋取利益，数额巨大，其行为构成受贿罪。赵某以转贷牟利为目的，套取金融机构信贷资金高利转贷他人，违法所得数额达115.38万元，其行为构成高利转贷罪。上诉人赵某一人犯数罪，依法应数罪并罚。

赵某上诉提出，赵某收取袁某利息款391.48万元不属于受贿金额。经查，袁某在向赵某借款的同时，也向其他人借款，且利息相差不大，均在民间借贷的正常范围内，说明其本身确有借款需求。赵某所借出的资金亦存在一定的成本投入与风险。将该笔利息不予认定为受贿金额，符合主客观相统一的原则及有利于被告人的原则。原判认定该笔利息为受贿金额不当，依法予以纠正。

湖南省衡阳市中级人民法院依照《中华人民共和国刑法》第三百八十五条第一款、第一百七十五条第一款、第三百八十六条、第三百八十三条第一款第二项和第二款和第三款、第六十七条第三款、第六十九条、第六十四条，《最高人民法院、最高人民检察院关于办理贪污贿赂刑事案件适用法律若干问题的解释》第三条、第十八条、第十九条第一款，《中华人民共和国刑事诉讼法》第二百三十六条第一款第二项之规定，作出如下判决：

一、撤销湖南省衡阳市雁峰区人民法院（2021）湘0406刑初178号刑事判决；

二、上诉人赵某犯受贿罪，判处有期徒刑五年，并处罚金人民币 20 万元；上诉人赵某犯高利转贷罪，判处有期徒刑四年，并处罚金人民币 40 万元。决定执行有期徒刑七年，并处罚金人民币 60 万元；

三、对赵某退缴的违法所得 2221063 元，依法予以没收，上缴国库。

【法官后语】

本案处理重点主要在于国家工作人员利用职务便利，以民间借贷形式借给受托人从银行贷款的款项收取利息差的行为的认定。国家工作人员正常出借资金收取利息的权利应予保护。国家工作人员作为社会的一员，也享有正常出借资金并收取利息的权利，国家工作人员与其他平等民事主体之间发生的借款及收取利息的行为受到法律保护。根据《最高人民法院关于审理民间借贷案件适用法律若干问题的规定》（以下简称《民间借贷规定》），以借贷合同成立时一年期贷款市场报价利率的四倍为法律保护的上限。国家工作人员参与正常合法的民间借贷关系，当然也应适用该借贷规定予以保护。

但是，国家工作人员与请托人之间以借贷为名的贿赂关系与正常民间借贷有本质区别，表现在：

1. 从双方之间的关系来看，在正常民间借贷中，一般双方原来就有经济往来，或者双方是亲戚、朋友、同事、同学等较密切关系；在请托人和受托人之间的借贷中，出借人是国家工作人员，借款人是国家工作人员管理、制约、监督的对象，双方平时没有经济往来，借款通常发生在双方达成权钱交易的合意之后。

2. 从是否有借款需求来看，在正常民间借贷中，借款人有借款需求，一般主动向出借人提出借款要求；在请托人和受托人之间的借贷中，出借人不管借款人是否需要资金，有些甚至主动提出出借资金来为后续的利益输送布局。

3. 从借款后的行为表现来看，在正常民间借贷中，借款人为了使出借人放心将资金借给他，一般会告知出借人借用资金的目的、使用过程，以及归还日期、利息等，以言语和行动表达资金处于安全之中；在请托人和受托人之间的借贷中，出借人通常既不过问或不具体过问资金用途、还款保障、借款利息，也不关心何时可以归还。

4. 从出借资金的来源来看，在正常民间借贷中，出借人一般是将自有资金借给对方。在请托人和受托人之间的借贷中，不但有出借人将自有资金出借给对方的情况，还存在出借人将从他人处以无息或低息借款的资金再出借给借款人，从而赚取高额差价的情况。

5. 从回报上来看，在正常民间借贷中，借款人给出借人的利息一般与正常经济活动所产生的收益相匹配；在请托人和受托人之间的借贷中，借款人给予出借人高额的利息，获取的利息与资金正常产生的收益严重不成比例。

本案中，赵某身为国家工作人员，利用职务上的便利，以收取利息差的方式收受袁某款项，但利息在民间借贷的正常范围内，因部分借款系赵某从银行贷款所得后以较高利息借给袁某，结合上述国家工作人员与请托人之间以借贷为名的贿赂关系与正常民间借贷的区别，可以看出赵某的该行为不构成受贿罪。

综上，赵某以转贷牟利为目的，套取金融机构信贷资金高利转贷他人，违法所得数额较大，符合高利转贷罪的犯罪构成，应认定为高利转贷罪。

编写人：湖南省衡阳县人民法院　颜飞雁

56

国家工作人员利用职务上的便利为他人谋取利益收受股权，应以是否实质获益作为区分既遂与未遂的标准

——卢某某受贿案

【案件基本信息】

1. 裁判书字号

北京市第三中级人民法院（2020）京03刑初85号刑事判决书

2. 案由：受贿罪

【基本案情】

2006年至2019年，被告人卢某某在任某国家机关工作人员期间，利用职务上的便利以及职权、地位形成的便利条件，在申请政策性贷款、申报财政补贴、人员录用等事项为他人提供帮助，收受他人给予的354.5万元等财物。其中，2013年至2019年，被告人卢某某担任上述职务期间，利用职务便利，为山东某公司在相关事项提供帮助，卢某某先后收受该公司法定代表人罗某给予山东某公司1000万元出资额对应的股权以及5万元现金。

2019年9月3日，被告人卢某某被查获归案。

【案件焦点】

国家工作人员利用职务上的便利为他人谋取利益收受股权，应以何标准认定既遂与未遂。

【法院裁判要旨】

北京市第三中级人民法院经审理认为：被告人卢某某身为国家工作人员，利用职务便利，为他人谋取利益，还利用本人职权、地位形成的便利条件，通过其他国家工作人员职务上的行为，为他人谋取不正当利益，收受他人财物，数额特别巨大，其行为已构成受贿罪。被告人卢某某收受他人给予的股权尚未产生财产性利益，系犯罪未遂；又鉴于被告人卢某某自愿认罪认罚，其亲属代为退缴违法所得，依法对其所犯受贿罪从轻处罚。故依法判决：

一、被告人卢某某犯受贿罪，判处有期徒刑十一年，罚金人民币100万元；

二、山东某公司股权，依法予以没收，在案冻结银行账户内钱款，其中人民币3545000元，依法予以没收，人民币100万元，用于执行被告人卢某某之罚金，余款退回市人民检察院第三分院。

一审判决后，被告未提起上诉，检察机关未提起抗诉，该判决已发生法律效力。

【法官后语】

在受贿案件中，国家工作人员利用职务上的便利为他人谋取利益后，收受股权的现象并不鲜见，《最高人民法院、最高人民检察院关于办理受贿刑事案件适用法律若干问题的意见》（以下简称《受贿意见》），其中“二、关于收受干股问题”及“三、关于以开办公司等合作投资名义收受贿赂问题”部分内容对上述问题的解决起到了重要指导作用。但是，在收受股权相关案件的具体审理过程中，关于在具体案情下如何准确理解与适用上述规定，仍然容易产生分歧，本案即是一例。

本案审理过程中，对于被告人卢某某以他人名义持有山东某公司股权的行为如何定性，存在两种不同意见。

第一种意见认为，卢某某收受罗某给予山东某公司20%股权且以他人名义持有，构成受贿罪既遂，受贿数额为对应的出资额1000万元。第二种意见认为，卢某某收受罗某给予山东某公司20%股权，属于《受贿意见》中规定的以开办公司等合作投资名义收受贿赂，本案中系犯罪未遂。

笔者同意第二种意见，理由如下。

第一，国家工作人员利用职务上的便利为他人谋取利益收受有限责任公司股权的，属于《受贿意见》中规定的“合作”开办公司或者进行其他“合作”投资，应以受贿论处。《受贿意见》规定，“国家工作人员利用职务上的便利为请托人谋取利益，由请托人出资，‘合作’开办公司或者进行其他‘合作’投资的，以受贿论处”。国家工作人员经由请托人安排“出资”购买股权或“出资”受让股权后，即成为有限责任公司股东，属于有限责任公司的初始投资人或在其存续过程中入局的投资人，享有所有者权益；而该所有者权益系由请托人安排达成，请托人与国家工作人员之间实际系以“合作投资”为名，行利益输送之实，该行为符合受贿罪的犯罪构成要件，应以受贿论处。“‘合作’开办公司或者进行其他‘合作’投资”的表述相对较为宽泛，以“投资”属性为核心，将实践中除干股外的股权、投资份额、合伙份额等均纳入受贿对象范围，有效彰显了刑法的实质性判断立场，避免了因商事技术性处理可能导致的遗漏犯罪。

本案中，被告人卢某某利用职务上的便利为请托人谋取利益后，收受并以他人名义持有山东某公司20%股权，符合《受贿意见》中规定的由请托人出资进行其他“合作”投资的情形，应以受贿论处。

第二，关于犯罪形态，应秉承实质获益标准，以是否实际控制股权，以及所控制股权是否具有实际价值区分犯罪既遂与未遂。受贿罪的既遂要求被告人“收受他人财物”，在该“财物”为股权的情况下，“收受”要求被告人实际对股权取得直接或间接控制，即处于可随时以股东身份对公司行使股东权利，或者可随时对外转让实现股权交换价值的状态。关于股权变动时点，《全国法院民商事审判工作会议纪要》规定，当事人之间转让有限责任公司股权，受让人以其姓名或者名称已记载于股东名册为由主张其已经取得股权的，人民法院依法予以支持，但法律、行政法规规定应当办理批准手续生效的股权转让除外。未向公司登记机关办理股权变更登记的，不得对抗善意相对人。在该条文的理解与适用中，则进一步阐述称，“以转让方式变动有限责任公司股权的，有限责任公司股权转让合同自签订时生效，附条件的自所附条件成就时生效，公司股东名册变更登记与公司登记机关变更登记不影响股权转让合同本身的效力；股权转让生效时点以股东名册变更为准，法律、行政法规规定应当办理批准手续才能生效的，则以股东名册变更与办理批准手续完成为准；股权变动未经公司登记机关变更登记的，不得对抗善意相对人。”“虽然公司法中明确要求有限责任公司应当置备股东名册，但是目前实践中部分公司管理不规范，存在股东名册形同虚设甚至不设股东名册的情况……在不存在规范股东名册的情况下，有关的公司文件，如公司章程、会议纪要等，只要能够证明公司认可受让人为新股东的，都可以产生相应的效力。”① 从上述规定可以看出，私法上，有限责任公司股权变动基本以中观层面（股东与公司之间）的股东名册变更（或其他有关证明文件）为准，微观层面上转让人与受让人之间仅涉及合同当事人之间的合同本身生效与否的问题，宏观层面上更多考虑股权变动公示的对外效力，即善意相对人保护的问题。参照上述规定，在受贿案件中，可以从三个层面分

---

① 参见最高人民法院民事审判第二庭编著：《〈全国法院民商事审判工作会议纪要〉理解与适用》，人民法院出版社2019年版。

析是否“收受”了股权即对股权取得实际控制：一是公司已经将股权变更登记至受贿人名下或其控制的其他人员名下时，可以认为股权已处于受贿人实际掌控之中，“收受”行为已完成，构成犯罪既遂；二是虽未进行股权变更登记，但股东名册、公司其他文件或其他证据显示股权已实际转让至受贿人或其所控制人员手中时，股权转让在公司层面已生效，应当认为“收受”行为已完成，构成犯罪既遂；三是除转让人与受让人之间的合意或股权转让合同外，无任何证据证明股权变动事实，则不能认定受贿人已实际控制股权，其相关行为只能视情节认定为犯罪预备或未遂。《受贿意见》在“关于收受干股问题”部分规定，“进行了股权转让登记，或者相关证据证明股份发生了实际转让的，受贿数额按转让行为时股份价值计算，所分红利按受贿孳息处理”，一定程度上对上述标准进行了印证。需要注意的是，上述讨论的股权均是在其具有实际价值的股权的前提下进行的，如股权本身没有实际资金依托，例如存在公司本身为空壳公司、自始至终无任何人出资、出资后抽逃出资、名义上“给予”股权仅仅作为“分红”的手段等情形，则该所谓“股权”没有实际价值，即便履行了变更登记或实际控制了该“股权”，亦不能认为构成受贿罪既遂。《受贿意见》规定：“股份未实际转让，以股份分红名义获取利益的，实际获利数额应当认定为受贿数额”“国家工作人员利用职务上的便利为请托人谋取利益，以合作开办公司或者其他合作投资的名义获取‘利润’，没有实际出资和参与管理、经营的，以受贿论处”，即是针对上述无实际资金依托、仅作为利益输送手段的所谓“股份”“投资”，规定实际获取“分红”“利润”时方能构成既遂，在此之前只能视情节认定为犯罪预备或未遂。当然，这里存在一个问题是，部分股权虽没有实际资金依托，但仍有可能实现对外转让（虽然标的股权上存在权利瑕疵），受贿人仍有可能借此先行获益（即便事后可能被追偿），此时该股权的收受行为是否构成犯罪既遂？笔者认为，既遂与否应当以受贿人所收受财物在收受时点是否具有实际价值判断，在此意义上，收受无实际资金依托的股权本身不应构成犯罪既遂；但是，如将该股权转让给他人使自身获益，则本质上仍是通过请托人安排借由“股权”获取财产性利益，在其实际获得转让收入的时点构成受贿罪既遂。

本案中，在案证据能够证实，卢某某以他人名义出资的1000万元中，卢某某出资800万元，罗某出资200万元，卢某某出资的800万元已经通过走账方式取回，即卢某某并未实际出资；对于罗某出资的200万元，根据罗某供述，是其通过某公司将200万元注资款转账至某1公司，再由某1公司转账至他人，最后他人再将200万元转账至山东某公司，实际就是走账。由此能够认定，对于卢某某以他人名义持有的股权，卢某某及罗某均未实际向山东某公司进行出资。因此，卢某某以他人名义持有的山东某公司股权缺乏实际资金依托；此外，卢某某不参与该公司管理、经营，该公司尚未进行利润分配，且卢某某亦未将其持有的股权转让获益，卢某某未因持有该股权实际获得财产性利益。综上，卢某某的收受股权行为应当认定为犯罪未遂。

编写人：北京市第三中级人民法院　池天慧

57

斡旋型受贿行为的认定

——罗某受贿案

【案件基本信息】

1. 裁判书字号

北京市第一中级人民法院（2022）京01刑终55号刑事裁定书

2. 案由：受贿罪

【基本案情】

投资管理公司注册地位于本市某街道。2019年该公司投资建设的某商厦4层和5层项目被认定为违法建设。被告人罗某原系某区商务局流通发展科主任科员，与某街道办事处主任周某因工作关系结识，为保住上述违法建设不被拆除，投资管理公司总经理刘某欲通过被告人罗某帮助协调周某提供帮助。后于2019年7月16日，被告人罗某组织刘某、周某聚餐商议上述事宜，次日被告人罗某收取刘某人民币现金50万元并答应帮助其斡旋周某。后罗某多次与周某联系，请求周某帮忙不要拆除该违法建设或者延缓拆除程序，但未告知周某其收受现金50万元的事实。2019年10月至11月，因涉案违法建筑面临被拆除腾退，被告人罗某分两次将50万元退还给刘某。

【案件焦点】

罗某的行为是否成立斡旋型受贿行为，构成受贿罪。

【法院裁判要旨】

北京市海淀区人民法院经审理认为：被告人罗某身为国家工作人员，利用本人职权形成的便利条件，通过其他国家工作人员职务上的行为，为请托人谋取不正当利益，收受请托人财物，数额巨大，其行为已构成受贿罪，应予惩处。鉴于被告人罗某到案后如实供述自己的罪行，认罪态度较好，依法对其从轻处罚。据此，以受贿罪，判处罗某有期徒刑三年，并处罚金人民币20万元。

一审判决后，罗某不服提起上诉。北京市第一中级人民法院经审理认为：上诉人罗某身为国家工作人员，利用本人职权形成的便利条件，通过其他国家工作人员职务上的行为，为请托人谋取不正当利益，收受请托人财物，数额巨大，其行为已构成受贿罪，依法应予惩处。一审法院根据罗某犯罪的事实，犯罪的性质、情节及对社会的危害程度所作出的判决，事实清楚，证据确实、充分，定罪正确，量刑适当，审判程序合法。二审审理期间，罗某对一审期间所作认罪认罚予以反悔，根据上诉不加刑原则，应予维持原判。罗某不符合适用取保候审的条件。据此，依照《中华人民共和国刑事诉讼法》第二百三十六条第一款第一项之规定，裁定如下：

驳回上诉，维持原判。

【法官后语】

《中华人民共和国刑法》第三百八十八条规定，国家工作人员利用本人职权或者地位形成的便利条件，通过其他国家工作人员职务上的行为，为请托人谋取不正当利益，索取请托人财物或者收受请托人财物的，以受贿论。前述行为在刑法理论上被称为斡旋型受贿，本案的核心争议焦点即为斡旋型受贿行为的认定。

1. 斡旋型受贿成立的核心要件认定

斡旋型受贿与普通受贿的行为主体并无差别，均为国家工作人员，二者的核心区别在于斡旋行为和谋取利益的不正当性的认定，普通受贿是国家工作人员利用自己的职务便利为他人谋取利益，索取或收受他人财物，谋取利益是否正当在所不问，而斡旋型受贿是国家工作人员斡旋其他国家工作人员利用职务行为为他人谋取不正当利益。斡旋型受贿的核心要件亦为斡旋行为和谋取不正当利益的认定。

（1）斡旋行为的认定标准

斡旋行为是国家工作人员利用本人职权或地位形成的便利条件，通过其他国家工作人员职务上的行为，为请托人谋取不正当利益。《全国法院审理经济犯罪案件工作座谈会纪要》第三条第三项规定，《中华人民共和国刑法》第三百八十八条规定的“利用本人职权或者地位形成的便利条件”，是指行为人与被其利用的国家工作人员之间在职务上虽然没有隶属、制约关系，但是行为人利用了本人职权或者地位产生的影响和一定的工作联系，如单位内不同部门的国家工作人员之间、上下级单位没有职务上隶属、制约关系的国家工作人员之间、有工作联系的不同单位的国家工作人员之间等。前述规定实际上明确了斡旋者只是单纯基于自身的国家工作人员身份开展斡旋，斡旋者与职务行为者之间并不存在支配关系，斡旋者也并未利用支配关系中所处的优势地位。否则斡旋者利用支配关系优势地位，即成立普通受贿罪。但斡旋者与职务行为者之间至少应具有工作上的联系，当行为者与职务行为者并不存在工作联系，二者存在家庭关系、特殊社会关系等特定关系时，则不符合斡旋行为的要件，符合利用影响力受贿罪的构成要件。

(2) 不正当利益的认定标准

刑法学界对于"不正当利益"的理解,主要有三种观点:一是不正当利益包括非法利益和背职利益。前者是指对利益本身具有违法性,后者是要求国家工作人员或有关单位提供违反法律、法规、国家政策和国务院部门规章的帮助或者方便条件。[①] 二是不正当利益包括非法利益和不确定利益。不确定利益,又称可得利益,是指根据有关法律、法规、政策,任何具备一定条件的人都可能取得的利益,但是最终是否取得是不确定的。这种利益由其不确定的特性所决定,或者说国家工作人员在选择上拥有一定的裁量权,因而其取得具有竞争性。[②] 三是不正当利益包括非法利益和其他不应当得到的利益。所谓不正当利益是指取得利益的手段是不正当的,这种不正当利益的取得,侵犯的是他人应当得到的利益。[③]

司法实践亦认可了上述学术观点。2012年,《最高人民法院、最高人民检察院关于办理行贿刑事案件具体应用法律若干问题的解释》第十二条规定,行贿犯罪中的"谋取不正当利益",是指行贿人谋取的利益违反法律、法规、规章、政策规定,或者要求国家工作人员违反法律、法规、规章、政策、行业规范的规定,为自己提供帮助或者方便条件。根据前述司法解释的规定,不正当利益不仅包括实体上不正当的利益,还包括实体上正当但程序上通过违规方式获取的利益。在实践中,长期不结算项目款,在国家工作人员勒索要求项目方给予钱款的情况下,对于项目方来说,项目款是实体上应当合法获得的利益,结算款项的程序亦是正当的,但因国家工作人员以不给予好处费即不结算款项

---

① 周强等主编:《中华人民共和国刑法案典(下)》,人民法院出版社2018年版,第2196页。

② 周强等主编:《中华人民共和国刑法案典(下)》,人民法院出版社2018年版,第2196~2197页。引自陈兴良主编:《刑法疏议》,中国人民公安大学出版社1997年版,第640页。

③ 周强等主编:《中华人民共和国刑法案典(下)》,人民法院出版社2018年版,第2197页。

为名进行勒索，对于项目方而言，该项利益即为正当利益。

2. 本案关于斡旋受贿的认定

关于斡旋行为的认定。在案证据能够证明2015年开始全市进行非首都功能疏解工作，由各级发改委牵头，商务局是成员单位，主要任务是市场疏解提升、配套便民服务体系等。周某时任区发改委副主任，负责该项疏解工作的牵头工作，罗某时任商务局行业管理科工作人员，直接参与疏解工作，二人具有工作的关联性。虽然在后续请托事项时，周某担任街道办主任，罗某仍为商务局干部，二人看似不具有工作联系，但国家工作人员现实工作中经常会出现调动情况，不能因工作调动就机械认为二者之间不存在工作联系。请托人看中的就是罗某与周某通过工作联系建立的影响力，希望通过罗某的斡旋行为，实现自己的不正当利益，罗某收受请托人钱款实际上已侵犯了国家工作人员的职权或地位所形成的便利条件的不可收买性。故本案中，罗某的行为符合斡旋行为的认定标准。

关于不正当利益的认定。罗某辩称无证据证明谋利事项是不正当利益，但在案证据显示请托人在向罗某请托时即告知街道已函告案涉建筑系违法建筑，罗某在向周某斡旋时，周某亦告知罗某案涉建筑系违法建筑，且在案书证证明案涉建筑自始未取得规划手续，罗某在明知案涉建筑系违法建筑的情况下仍承诺帮助请托人联系周某解决违法建筑问题，该事项违反国家法律、法规、规章、政策等规定，显然属于不正当利益。

综上，罗某身为国家工作人员，利用本人职权形成的便利条件，通过其他国家工作人员职务上的行为，为请托人谋取不正当利益，收受请托人财物，已经构成斡旋型受贿，成立受贿罪。

编写人：北京市第一中级人民法院 江伟 李悦

58

单位受贿罪中“体现单位意志”“为单位牟取利益”条件辨析

——岑某受贿案

【案件基本信息】

1. 裁判书字号

广西壮族自治区柳州市中级人民法院（2023）桂02刑终25号刑事裁定书

2. 案由：受贿罪

【基本案情】

2010年，时任房改办副主任的被告人岑某向评估公司法定代表人朱某提出，由其推荐来房改办办理业务的单位、个人到评估公司办理房产评估业务，单位、个人分别按70%、60%返点评估费，朱某表示同意，并与房改办除主任、常务副主任外的在职在编工作人员达成共识，通过房改办工作人员推荐前来办理业务的单位、个人到相关评估公司进行房地产价格评估，与评估公司合作并参与评估费分成用于提高福利待遇，具体操作由岑某负责与评估公司对接。后岑某自己或安排房改办工作人员，在有单位、个人需要对房地产进行评估时，就推荐到评估公司办理房地产评估业务。2010年至2017年，岑某多次将涉及评估公司评估业务的统计表交给朱某，朱某核对后按约定比例返还评估费给岑某共计147.2万元。其中，分给除房改办主任、常务副主任外的在职在编工作人员共计25.1万元，剩余122.1万元自行支配。

2022年6月22日，岑某被区监察委员会从单位带走接受调查，并于当日留置。案发后，岑某及其家属主动退出违法所得人民币291000元。

【案件焦点】

岑某的行为构成单位受贿罪还是自然人受贿罪。

【法院裁判要旨】

广西壮族自治区柳州市柳江区人民法院经审理认为：被告人岑某身为国家工作人员，利用职务上的便利，为他人谋取利益，收受他人贿赂，数额巨大，其行为已构成受贿罪。公诉机关的指控成立。被告人岑某归案后如实供述自己的罪行，愿意接受处罚，依法予以从轻处罚。被告人岑某及其家属退出部分赃款，酌情予以从轻处罚。涉案行为房改办的主任、常务副主任被排除在外，时任房改办副主任的岑某与其他工作人员的涉案行为，不能代表单位的整体意志，且涉案违法所得亦只用于岑某与其他工作人员分赃，利益归属不属于单位，涉案行为应定性为自然人受贿罪，而不是单位受贿罪。据此判决如下：

一、被告人岑某犯受贿罪，判处有期徒刑四年，并处罚金人民币 40 万元；

二、被告人岑某退出的违法所得人民币 291000 元，予以没收，上交国库；

三、依法追缴被告人岑某违法所得人民币 930000 元。

广西壮族自治区柳州市中级人民法院经审理认为：上诉人岑某找朱某商议、收取评估费分成的事实有证人朱某、韦某某等的证言证实，事实清楚，证据确实、充分。单位受贿罪包含两个方面的重要特征：一是经领导单位机构决策后以单位名义的犯罪行为，未经单位领导机构的研究决定或者法定代表人的决定、同意事实的行为不能代表单位整体意志；二是受贿的目的是单位集体利益，集体占有非法所得。本案中，房改办设有主任、常务副主任、副主任，共同组成单位的领导机构，主任为单位法定代表人。岑某虽长期担任常务副主任或副主任一职，但其与除主任、常务副主任外的其他工作人员达成共识后实施的受贿行为，仍然不能代表单位意志；且收受的违法所得亦未归单位集体所有，而是与除主任、常务副主任外的其他工作人员分赃，综上，岑某实施的受贿行为不符合单位受贿罪的构成要件。上诉人的行为确已构成受贿罪，且数额巨大。原判认定的事实清楚，证据确实、充分，定罪准确，审判程序合法，量刑适当，处理结果正确，裁定：

驳回上诉，维持原判。

【法官后语】

本案审理过程中，出现两种观点：一是认为被告人构成单位受贿罪；二是认为被告人构成自然人受贿罪。

1. 被告人构成自然人受贿罪

（1）本案受贿行为不能体现单位意志。体现单位意志需要全体领导班子经过特定程序作出作为单位统一意见的标志，而本案中房改办主任没有参与到受贿活动中，也没有经过领导班子集体讨论决议的程序，不符合体现单位意志的表现。

（2）本案受贿行为不是为单位牟利。单位受贿罪要求其目的是单位集体利益，并且集体占有犯罪所得。而本案中房改办未从受贿行为中获得单位利益，而实际受贿所得由被告人及单位其他成员分赃，用于买房等个人开支，不属于牟取单位利益。

2. 被告人构成单位受贿罪

根据《中华人民共和国刑法》第三百八十七条第一款的规定，国家机关、国有公司、企业、事业单位、人民团体，索取、非法收受他人财物，为他人谋取利益，情节严重的，对单位判处罚金，并对其直接负责的主管人员和其他直接责任人员，处三年以下有期徒刑或者拘役；情节特别严重的，处三年以上十年以下有期徒刑。单位受贿罪的两个要件，一是受贿行为体现单位意志，二是为单位牟取利益。

（1）本案受贿行为体现了单位意志。能否体现单位整体意志，是区分单位行为与个人行为的决定性因素，不仅要从形式上把握，更要从实质上进行分析和判断。

本案中房改办主任为区住建局局长兼任，常务副主任人员变动频繁，且不参与日常核心业务，而岑某一直是副主任或常务副主任，与单位其他成员形成了固定的利益共同体，并就收受评估公司回扣的行为达成共识。此外，涉案行为需整体单位成员知晓配合、参与才能完成，并且是以单位名义实施，如介绍和推荐行为，行贿人亦认为其是与单位合作。因此，本案受贿行为实质上是经单位全体成员或是大部分成员作出的决定，即单位集体研究决定，而不是单位中的某个人以个人名义擅自作出的决定，体现了单位的意志。岑某的行为亦是执行单位意志的具体体现。

（2）本案受贿行为可以认定为单位牟利。一是本案受贿行为所收受的回扣是被告人以现金、购物卡等多种形式发放给所有职工，实际上是为单位所有人员牟取利益；二是受贿行为“为单位牟利”不应作过于严格的解释，涉案违法所得被用于单位成员福利发放，符合单位犯罪违法所得去向与归属的实践惯例。

笔者认可第一种观点。我国刑法对单位受贿罪实行“双罚制”，其立法目的在于利用财产刑和对责任人员的处罚，削弱单位再次犯罪的可能性，以达到惩戒目的。本案中，房改办不是受贿资金的占有、控制主体，也无法以单位名义使用该款项，如对房改办处以财产刑，有违罪责刑相适应原则。此外，从量刑上看，单位受贿罪相较自然人受贿罪量刑明显偏轻，如被告人采取了受贿后分赃给单位其他人的行为，其即可以此为由，从自然人受贿罪出罪，而转变为单位受贿罪，这给了职务犯罪行为以规避和降低惩罚的漏洞。

综上，被告人的受贿行为不符合单位受贿罪“体现单位意志”“为单位牟取利益”的要件，应以自然人受贿罪追究其刑事责任。

编写人：广西壮族自治区柳州市柳江区人民法院　杨萌

59

放贷收息型受贿的司法认定

——凌某受贿案

【案件基本信息】

1. 裁判书字号

江西省永丰县人民法院（2022）赣0825刑初119号刑事判决书

2. 案由：受贿罪

【基本案情】

2010 年至 2021 年，被告人凌某利用担任某乡党委书记及某县发改委党组书记、主任职务上的便利，为他人谋取利益，非法收受曾某某、陈某某、余某某、龚某某、李某某、罗某某等人财物折合人民币共计 98.629805 万元。其中收受罗某某财物 52.6 万元详情如下：

2017 年，塑胶材料公司向某县发改委成功申报和实施了年产 4 万吨纳米碳酸钙产品节能技术改造项目（以下简称年产 4 万吨技改项目），项目投资 2837 万元，塑胶材料公司共获得国家补助资金 340 万元，该公司法定代表人罗某某与凌某约定按补助资金 10%作为好处费送给凌某。2017 年至 2019 年每年春节前，罗某某以年节走访形式共送给凌某 3.6 万元现金。2018 年 5 月，罗某某以代付购房款的方式送给凌某 25 万元。2020 年 5 月初，罗某某考虑到之前约定好给凌某的 10%好处费还未全部结清，罗某某与凌某商议以借款付息方式向凌某支付。之后，凌某分三次共转了 75 万元给罗某某。2020 年 7 月至 2021 年 10 月，罗某某按照约定向凌某指定账户支付“利息”24 万元。

凌某另有挪用公款、滥用职权等犯罪事实。

【案件焦点】

凌某确实向罗某某提供了 75 万元借款，其收取 24 万元“利息”的行为是否构成受贿。

【法院裁判要旨】

江西省永丰县人民法院经审理认为：被告人凌某身为国家工作人员，利用职务上的便利，先后挪用公款共计 115 万元进行营利活动，为他人谋取利益并非法收受他人财物价值合计 98.629805 万元，滥用职权，以权谋私，造成国家利益 110.734 万元的重大损失，其行为分别构成挪用公款罪、受贿罪、滥用职权罪。综合考虑其认罪悔罪态度、积极退赃等情节，依照《中华人民共和国刑法》第三百八十三条、第三百八十四条第一款、第三百八十五条第一款、第三百八十六条、第三百九十七条第二款等规定，判决如下：

一、被告人凌某犯受贿罪，判处有期徒刑三年零四个月，并处罚金人民币26万元；犯滥用职权罪，判处有期徒刑二年；犯挪用公款罪，判处拘役六个月；数罪并罚，合并执行有期徒刑四年，并处罚金人民币26万元；

二、扣押在案的被告人凌某的违法犯罪所得予以没收，上缴国库。

一审判决后，被告未提起上诉，检察机关未提起抗诉，该判决已发生法律效力。

【法官后语】

随着市场经济的不断发展和交易方式的日益复杂，越来越多的行贿、受贿行为试图以合法外衣掩盖违法犯罪本质，放贷收息型受贿犯罪近年来呈现频发、多发态势，该类犯罪具有迷惑性大、隐蔽性强的特点，判断是属于借贷还是构成受贿，核心是判断双方是否属于钱权交易。具体而言，可从以下五个方面着手：

第一，从双方关系看，正常民间借贷关系中，双方往往是原本就有经济往来或者是其他平等关系，而在放贷收息型受贿当中，双方一般是请托关系，借款人是有求于出借人的请托人，或者早已接受了出借人的权力帮助，双方关系的本质是权钱交易。

第二，从借款需求看，正常民间借贷关系中，借款人一般存在现实的资金需求，而在放贷收息型受贿当中则借款人不考虑自己是否有借款需求，出借人也不关心对方是否有借款需求。

第三，从借款提议看，正常民间借贷关系中，一般是借款人因有资金需求而提出借款并告知借款用途、约定计息方式、还款方式等，而放贷收息型受贿中则是双方对请托事项心知肚明，有的是出借人首先提出放钱“吃息”，也有的是借款人主动提出借钱“付息”，但双方本意不离权钱交易。

第四，从借后表现看，正常民间借贷关系中，出借人最关心的是资金安全问题，即能否正常还本付息，故出借人往往既关注所出借的使用、归还问题，也相应关注出借人的经济状况，而放贷收息型受贿案中“借款人”为达成请托事项，往往对资金安全作出了足够担保，出借人对此亦有足够信任。

第五，从借款回报看，正常民间借贷关系中，借贷双方往往事前明确约定具体的利率、归还时间和方式等并按照约定履行，利率根据用途、金额大小、借款期限等因素确定且符合一般常情，而放贷收息型案件中借贷是幌子，实际是借利息之名输送利益，借款人所支出的利息与所借款项产生的收益往往不成正比。

准确界定正常的民间借贷和借贷收息型受贿，在从以上五个方面进行判断的同时，还必须根据主客观相一致原则，围绕受贿罪犯罪构成要件进行审查。首先，审查是否存在出借人即国家工作人员利用职务便利为借款人即请托人谋取利益这一前提；其次，审查出借人是否明知借款人无现实借款需求，双方是否清楚借贷事宜的发生、利息的支付是因前述请托事项而存在，如是，则属利益输送、钱权交易。

本案中，罗某某公司在凌某帮助下，违规顺利申报年产4万吨技改项目并获得国家补助资金340万元，在项目申报、验收、资金拨付等过程中，凌某作为主管单位“一把手”给予了诸多帮助，显然利用职务便利为罗某某谋取了不正当利益，在该过程中双方还商定由罗某某将所获补助资金的10%送给凌某并通过支付购房款的方式支付了25万元。在此背景下，双方共同商定以提供借款、收取利息的方式继续支付剩余“好处费”。之后，在罗某某资金充裕、并无借款需求的情况下，凌某借给罗某某75万元，至案发前共收取利息24万元。

综上，罗某某为兑现此前“好处费”承诺而在无借款需求的情况下向凌某借钱并支付高额利息，凌某的行为显然构成受贿罪且所收受的24万元利息均系受贿金额。

编写人：江西省永丰县人民法院　陈春英　赵文娟

60

民营企业单位犯罪意志的司法认定

——李某行贿案

【案件基本信息】

1. 裁判书字号

重庆市第一中级人民法院（2021）渝01刑终436号刑事判决书

2. 案由：行贿罪

【基本案情】

2004年至2017年，被告人李某为谋取不正当利益，为在拆迁安置指挥部、投资公司获得工程建设，向时任某区副书记、某区开发建设指挥部指挥长、某区危旧房改造工作指挥部指挥长、投资公司董事长王某请托，并输送、约定贿赂。被告人李某在王某的关照下获得竞争优势，在没有资质或者资质不够的情况下先后承建了某1号和某2号代建安置房工程；在投资公司先后挂靠建设公司、建设1公司、建设2公司，实际承建了某隧道工程、某小区一期一、二标段及二期项目。为感谢王某，李某共向王某行贿人民币9250万元（以下均为人民币）。2014年至2017年，李某共支付贿赂款581.2825万元归王某使用。

【案件焦点】

民营企业经营者为企业承揽业务而实施贿赂国家工作人员的行为，该行为是否应认定为单位犯罪。

【法院裁判要旨】

重庆市潼南区人民法院经审理认为：上诉人李某为承揽工程项目，给予或承诺给予国家工作人员贿赂共计 9250 万元，数额特别巨大，已构成行贿罪。李某 2、李某 1 等人的证言证明，李某向王某行贿，某 1 公司、某 2 公司、某 3 公司其他股东均不知情，可见行贿并非公司意志；李某及其亲友的个人财产与公司财产混同，无法证明公司财产独立性。上诉人关于本案构成单位犯罪的意见不予支持。故判决：

被告人李某犯行贿罪，判处有期徒刑十年六个月，并处罚金人民币 150 万元。

一审宣判后，原审被告人李某不服，上诉称本案应认定为单位犯罪。重庆市第一中级人民法院经审理认为：原判证据确实充分，量刑适当，审判程序合法，故裁定：

驳回上诉，维持原判。

【法官后语】

当前，以法治保障民营经济高质量发展，促进民营经济发展壮大是重要的司法政策。与此同时，受政策落实不力、民企内部治理不规范等因素影响，民营企业单位犯罪案件数量居高不下，结合审判实践分析，区分民营企业罪与非罪的关键在于合理认定民营企业单位犯罪意志，这也是此类案件审理的难点和焦点。

一、民营企业单位犯罪意志司法认定的困境

第一，单位犯罪立法规范滞后于实践发展。我国单位犯罪立法最早出现在 1987 年《中华人民共和国海关法》，1997 年《中华人民共和国刑法》修改虽吸收了单位犯罪类型，但并未对其内涵予以界定，最高人民法院、最高人民检察院针对单位犯罪制定的司法解释也缺乏对单位犯罪主观方面的规定和判断标准。

第二，民营企业内部治理不规范增加认定难度。大多数民营企业经营管理方式上具有较强的家族式特征，企业经营决策和管理执行界限模糊，易导致决策意志、经营利益归属的混同。此外，民营企业的内部管理制度并不规范，或即使设立规范但实际经营中也未必照章执行，从而增加认定难度。例如，本案中，李某系单位负责人，但其实施的行贿行为是否经单位决策同意，事实认定中并无查证相关决策程序的表述，导致单位意志与个人意志难以区分。

第三，单位犯罪意志认定以形式审查代替实质审查。从单位犯罪案件的裁判说理来看，普遍未对单位意志进行实质审查，仅从形式上进行判断，一定程度上存在将单位犯罪作为认定自然人犯罪的一个情节，并在审查过程中还存在降低证明标准、简化诉讼程序等情况。

二、民营企业单位犯罪意志认定的四要素

单位意志在本质上具有整体性、程序性、依附性等特征，围绕上述特征可将单位意志分解为以下要素：

从外在表现看，单位意志体现单位决策机构或直接负责人意志，直接负责主管人员包括在单位中实际行使管理职权的负责人，以及对单位犯罪行为实施负有主管责任的人员。

从职权要素看，系单位成员在职务范围内的行为表示，如单位负责主管人员超越职权实施犯罪行为，不能成立单位犯罪。

从实质要素看，能够代表单位的整体意志，按照单位决策程序形成的意志，或单位负责人在其职权内做出的决策，均可视为单位意志。

从行为效果看，单位意志支配的行为能够体现单位利益，即非法获利归属单位。对于个人假借单位名义实施犯罪或为个人谋取非法利益的，以及虽经单位集体研究决定实施犯罪，但违法所得实际由个人获得的，应以个人犯罪论处。

三、民营企业单位犯罪意志的审查重点

单位犯罪意志的认定连接了刑法理论、立法目的和司法政策等多重因素，为规范裁判思路和认定标准，可结合单位犯罪意志的本质特征、具体要素确定审查重点。

首先，围绕单位意志的“整体性”，审查意志形成主体。具体可作如下区分：(1) 企业决策主体对单位整体事宜做出的决策。企业决策机构和企业法定代表人、负责人是能够形成单位意志的意思机构，其按照企业内部组织分工做出的决策，可视为单位意志。(2) 企业内部人员按照制度要求在职权范围内做出的决策，也可视为单位意志。

其次，围绕单位意志的“程序性”，审查单位意志形成过程。包括两种情形：其一，基于具体事项决策形成。在行为实施过程中，需要判断单位意志是否得到了全面执行，单位犯罪活动是单位意志的全面体现，则该行为可认定为单位犯罪。其二，基于制度规范决策形成。企业工作人员或机构遵循企业议事决策程序产生犯罪意志，并在该意志支配下实施犯罪，属于单位犯罪意志形成和实现过程，可认定为单位犯罪。

编写人：重庆市第一中级人民法院　郜志龙　黄晨　刘璐

61

行贿罪中“谋取不正当利益”的判断

——段某行贿案

【案件基本信息】

1. 裁判书字号

北京市第三中级人民法院（2022）京03刑终321号刑事裁定书

2. 案由：行贿罪

【基本案情】

2017年底至2018年初，段某任市公安局某分局×处×科调研员期间，在不符合市公安局为民警家属办理夫妻投靠落户的条件下，请求该分局人口管理大队大队长何某（另案处理）为段某之妻刘某和继女办理落户提供帮助，为此给予何某4根金条（共计价值113080元）和2箱茅台酒。2021年5月12日，区监察委员会协调市公安局纪检监察组将段某送至区监察委员会接受调查。

【案件焦点】

段某是否谋取了不正当利益，其行为是否构成行贿罪。

【法院裁判要旨】

北京市顺义区人民法院经审理认为：根据《最高人民法院、最高人民检察院关于办理行贿刑事案件具体应用法律若干问题的解释》（以下简称《解释》）第十二条第一款的规定，行贿犯罪中的“谋取不正当利益”，是指行贿人谋取的利益违反法律、法规、规章、政策规定，或者要求国家工作人员违反法律、法规、规章、政策、行业规范的规定，为自己提供帮助或者方便条件。具体到本案，根据证人柴某、何某、王某等证人证言及市公安局人口管理和基层工作总队委员会提供的材料，市公安局干警家属申请投靠在京入户确实存在内部政策，且实践中对政策内容的认知及严格贯彻执行基本一致。段某曾向某分局政治处了解夫妻投靠政策表明段某已经了解到政策要求并明知自己不符合所了解的相关要求。段某向何某寻求帮助，何某答复可以办理，其后段某给付何某财物，何某指示柴某、派出所受理申请，启动审批程序，何某为段某办理夫妻投靠提供了帮助和便利。综合上述分析，段某在不符合政策要求的情况下，请求何某提供帮助，给予何某财物，侵犯了国家机关工作人员职务的廉洁性，构成行贿罪，被告人及辩护人的相关意见本院不予采纳。据此，以行贿罪判处段某有期徒刑十个月，并处罚金人民币 10 万元。

一审判决后，被告人以自己主观上没有谋取不正当利益的目的为由提起上诉。北京市第三中级人民法院经审理认为：一审法院根据段某犯罪的事实、犯罪的性质及对社会的危害程度所作出的判决，定罪及适用法律正确，量刑适当，审判程序合法，应予维持。据此，裁定如下：

驳回上诉，维持原判。

【法官后语】

关于“谋取不正当利益”的认定一直困扰着刑法理论和司法实践。理论上，取消“谋取不正当利益”这一犯罪构成要件的主张仍然存在，认为行贿罪侵害的法益与行贿人所得利益是否正当无关，只要行为人给付国家工作人员以财物，不论谋取的是正当利益还是不正当利益，都意图以财物或者财产性利益来换取对方职务上的作为或者不作为，都侵害了行贿罪的保护法益，损害了社会公众对于公正履职的信心。对此，《中华人民共和国刑法》对受贿罪与行贿罪的犯罪构成要件的规定存在不对称性，这是充分考虑我国实际情况所作出的刑事政策的正确考量，司法实践还是应该在立法本意的基础上准确认定行贿罪中的“谋取不正当利益”。在具体认定过程中可以从主观方面、客观方面、本质层面三个维度层层推进，即需要以行贿人主观认识、客观行为为切入点，以行为是否侵犯履职正当性的法益为抓手进行综合判断。

（一）主观上甄别行为人是否具有“谋取不正当利益”的目的

“为谋取不正当利益”体现的是行为人主观上意图获取不正当利益的心理态度和主观犯意，将“为谋取不正当利益”要件解释为行贿罪的主观构成要件更加符合立法原意。只要出于“谋取不正当利益”的目的给付国家工作人员以财物，就侵害了国家工作人员的履职正当性，体现出行为人的主观恶性及社会危害性，行为人即具有刑事可罚性。具体到本案，段某辩称其仅是请托何某向上级咨询了夫妻投靠落户的政策，给予何某财物是对其帮忙咨询政策的感谢，仅是普通的人情往来，但结合在案证据，段某已经充分了解了北京市以及夫妻投靠落户的规定，在明知自身不符合相关规定的情况下，给付国家工作人员以财物明显具有请托他人违规办理夫妻投靠落户的具体目的。

（二）客观上厘清不正当利益的规范前提

《解释》第十二条对于“谋取不正当利益”作了较为明确的规定。根据《解释》的规定，不正当利益既包括实体违法利益，也包括程序违法利益以及谋取竞争优势，可以有效指导司法实践对不正当利益的认定。在具体司法实践中，要注意关于违反政策规定的理解。

地方性政策是各地党和政府为当地经济社会发展因地制宜所作的各项决策，在辖区内具有普遍实施的效力，只要不与国家层面的政策、法律法规相抵触，也应当作为认定不正当利益的前置性规范。具体到本案，市公安局干警夫妻投靠落户存在内部政策，该内部政策是对市户籍管理条例的细化，是在满足一定条件下的爱警政策，在此情况下，该单位的内部政策不违背国家及市户籍政策的相关要求，亦应该得到遵守。段某了解到单位夫妻投靠政策的具体要求，明知自己既不符合市普通公民办理夫妻投靠的条件，亦不符合单位内部的办理条件，故请托何某提供方便和帮助，从而启动了落户申请的审批程序。虽然最终审批决定权不在于何某，但何某为段某办理夫妻投靠提供了职务便利。段某所谋取的利益不论从实体上还是程序上均违反了政策规定，属于“谋取不正当利益”。

（三）本质上考量行为人是否侵害行贿罪所保护的法益之国家工作人员履职正当性

行为人谋取的利益具有多样性，在无法精准判断正当与不正当时，应回归到行贿罪的立法本意去考量。行贿罪所侵害的法益是国家工作人员履行职务的正当性，如果行贿是为了谋取国家工作人员不当履职以获取利益，此种情况不能阻却行贿罪的成立。因此，在认定行贿犯罪时，不应仅仅着眼于行为人所谋取利益的性质、属性，而应配合国家工作人员的履职行为综合进行分析，避免降低对行贿犯罪的惩治力度。根据行贿罪所保护的法益，行贿人明知自己是为了谋取不正当利益，给予公职人员以财物，即使利益没有得以实现，因其行为损害了国家工作人员履职的正当性，也应认定为行贿。

综合上述分析，段某不符合为妻女办理夫妻投靠的户籍政策要求，为办理落户给付国家工作人员财物，对方违背政策规定、违背履职要求受理申请、启动审批程序，不论最终能否成功办理，段某的行为已然构成行贿罪。

编写人：北京市顺义区人民法院　李晓丽　李贞

三、渎职罪

62

滥用职权案件中“多因一果”的因果关系认定

——康某滥用职权案

【案件基本信息】

1. 裁判书字号

福建省厦门市中级人民法院（2020）闽 02 刑终 298 号刑事裁定书

2. 案由：滥用职权罪

【基本案情】

2012 年 10 月以来，水库开始出现盗挖高岭土现象。2014 年 2 月，水库清淤工程动工，库区盗挖高岭土现象日益猖獗。2015 年 1 月，清淤工程完工后，水库库区盗挖高岭土现象持续发生，并向周边延伸。直至 2018 年 1 月，巡查组巡查发现水库及周边盗挖高岭土事件，相关盗挖行为才停止。

根据工作职能，水库管理处负责水库的工程建设、安全检查、日常维护等工作，并负责水库的水资源、水域、生态环境等的保护工作。其中，灌区管理科负责水库的日常管理和维护，定期检测、记录和报告，并负责水库的安全生产工作。2013 年 1 月、2014 年 2 月，水库管理处先后向上级主管部门去函请求协助制止水库库区的盗土行为，仍屡禁不止。2014 年 3 月至 2015 年 6 月，时任水库管理处副主任的上诉人康某，开始分管灌区管理科，负责水库清淤工程建设。2015 年 6 月至 2017 年 5 月，康某主持水库管理处党政全面工作。2017 年 5 月 10 日至 2018 年 1 月，康某不再主持工作，仍负责分管灌区管理科。在前述履职期间，康某明知水库库区内存在盗挖高岭土现场，对下属的相关报告未作明确指示和部署，亦未向上级报告，未采取措施和组织人员进行有效制止。在水库清淤工程完工验收过程中，康某作为分管领导，无视库区内某号施工地块明显因盗挖形成的深坑，未予处置，即同意通过完工验收，并申请竣工验收。2015 年 5 月始，康某结识叶某某、洪某某等人，在明知该等人系可疑盗土人员，未予检举或报告，上述人员得以趁机大肆盗挖。2017 年 3 月，水库因盗挖高岭土导致取水口淤堵，康某通知叶某某、洪某某进行清理，并劝叶某某、洪某某停止盗挖，但在劝说无效的情况下仍未采取有效措施进行制止。2018 年 1 月，盗挖高岭土事件被巡查组发现，康某再次通知叶某某、洪某某对取水口和输水涵洞的清淤及堆土围堰进行清淤整治，后被巡查组通知暂停清理。

经地质工程勘察院、价格鉴定中心鉴定：水库库区内被盗挖高岭土总价值为 1496.0235 万元。此外，填土围堰的非法采矿行为造成水土流失、库容减少，水库取水口淤堵及取水口不能安全运行，清理围堰所需费用为 123.12 万元。

【案件焦点】

被告人康某分管水库之前，水库库区就已经存在盗挖高岭土的违法现象，前任领导履职行为未见成效，康某作为接任者，明知水库库区盗挖高岭土现象持续发生，任意放弃履职，是否与损害后果具有因果关系。

【法院裁判要旨】

福建省厦门市同安区人民法院经审理认为：被告人康某的滥用者职权行为与盗挖高岭土的损害后果系多因一果，具有刑法意义上的因果关系，就滥用职权部分判决：

被告人康某犯滥用职权罪，判处有期徒刑三年。

一审判决后，康某提起上诉。

福建省厦门市中级人民法院经审理认为：上诉人康某滥用职权行为与水库库区因盗挖高岭土造成的经济损失具有因果关系，其行为应当构成滥用职权罪。

首先，上诉人康某对水库负有管理责任。

根据《水库管理处内设机构职责》，厦门市水库管理处的主要任务包含有“负责水库、溪东水库、水库的工程建设、安全检查、日常维护、除险加固、更新改造工作”“负责管理范围内水资源、水域、生态环境及工程设施的保护工作”等。水库管理处灌区管理科的职责包括，负责水库的日常管理和维护，定期进行有关检查、观测，将结果记录在案，整理存档并按规定上报。负责本部门及联系单位的安全生产工作。故康某作为水库管理处副主任，全面主持水库管理处工作期间，负有对水库及库区内水资源、生态环境等保护工作的全面管理责任；分管灌区管理科期间，作为包库领导，对水库及安全生产工作负有直接管理责任，对下属报告的问题应予处置和向上级报告。

其次，上诉人康某滥用职权。

根据任职文件，康某作为水库管理处副主任，自 2014 年 3 月 18 日起，协助分管党务、灌区管理，负责水库库区清淤工程建设，分管灌区管理科等。2015 年 6 月 2 日至 2017 年 5 月 9 日，因水库主任陈某某外出挂职，康某主持水库管理处党政全面工作。2017 年 5 月 10 日至案发，康某分管灌区管理科等。在上述履职期间，康某对下属报告的水库库区盗挖高岭土问题不作明确指示、不处置、不报告。清淤工程结束后，康某无视清淤工程期间因盗土产生的大坑，即同意通过完工验收。全面主持工作期间，康某无视水库新建放水涵洞取水口附近出现的盗土区围堰对水库库容及运行造成的影响，不处置、不报告；在明知叶某某、洪某某等人系可疑盗土人员后，未予检举或报告。可见，康某明知水库库区长期存在盗挖高岭土的违法现象，但任意放弃履职，滥用职权。

再次，上诉人康某的滥用职权行为与水库库区因盗挖高岭土造成的经济损失具有因果关系。

2013 年 1 月、2014 年 2 月，水库管理处由时任主任的陈某某签发，先后向上级主管部门去函请求协助制止水库库区的盗土行为，但水库库区的盗土现象仍屡禁不止，收效甚微。在此前提下，康某作为接任者，仍负有管理、处置、报告的职责。但康某自 2014 年 3 月负责水库清淤工程建设，分管灌区管理科，至 2018 年 1 月盗土现象停止，在长达四年的时间里，其作为水库的直接管理者，明知水库库区持续发生盗土行为，不处置、不报告，任意放弃履职，甚至基于个人目的，明知可疑盗挖人员仍不采取有效措施进行检举或报告。康某的滥用职权，致使水库的行政管理职能缺位，盗挖者得以在水库肆意盗挖，如入无人之境，造成水库库区的盗土损失不断产生和扩大，是盗土损失后果产生的重要原因，其滥用职权行为与损害后果具有因果关系。

最后，上诉人康某的滥用职权行为，情节特别严重。

根据《最高人民法院、最高人民检察院关于办理渎职刑事案件适用法律若干问题的解释（一）》第一条第二款第二项的规定，造成经济损失 150 万元以上的情形即属于“情节特别严重”。虽康某自 2014 年 3 月分管水库清淤工程开始，水库库区的盗土行为已有发生，但水库库区的盗土行为在清淤工程期间达到高峰，而后持续发生，同时，2015 年 6 月开始，盗土形成的围堰开始侵占库容，并造成取水口淤堵。经鉴定，清理围堰所需费用已达 123.12 万元，加之水库库区被盗挖高岭土价值高达 1496.0235 万元，足以认定康某的滥用职权行为造成重大经济损失，情节特别严重。原判综合康某的具体犯罪情节、损失后果、悔罪态度及本案存在多因一果的客观情况，对康某在起点刑予以量刑，并无不当。

福建省厦门市中级人民法院根据《中华人民共和国刑事诉讼法》第二百三十六条第一款第一项的规定，裁定：

驳回上诉，维持原判。

【法官后语】

因果关系是认定行为人构成犯罪的必要条件，即行为人只对自己行为所造成的后果承担刑事责任。司法实践中，危害行为与危害结果的因果关系判断通常并不难确定。然而，基于行政职权划分存在交叉的现实性，以及行政职能运行的复杂性，渎职类案件中往往出现“多因一果”的情形，使得渎职类案件中因果关系的判断较为复杂，成为案件争议的焦点和难点。本案就存在“多因一果”的特殊情况。从管理职责的履行看，康某分管水库之前，水库库区就已经出现盗挖高岭土的违法现象，前任的主管干部针对此事向上级主管部门的水利执法支队请求协助，水利执法支队虽有到场检查执法，但因未发现具体盗挖人员，故未行政立案，收效甚微。那么，康某接任后，针对库区内仍持续发生的盗挖现象，任意放弃履职，其是否与盗挖高岭土的危害后果具有因果关系？

结合渎职案件的特殊性及因果关系的理论，笔者认为，针对渎职案件中“多因一果”的情形，宜从以下几方面进行判断。一是行为人对渎职行为可能产生的危害后果具有相当性的判断。行政职能内容多样丰富，需要行为人基于一般的工作经验作为判断标准，能够对自己的渎职行为可能产生的危害后果具有相当性的判断能力。二是行为人的渎职行为与危害后果是条件关系，即两者之间存在“没有前者就没有后者”的条件关系。三是造成危害后果的其他介入原因不能阻断行为人的渎职行为与危害后果之间的条件关系。

具体到本案中，首先，康某就读水利专业，长期在水利部门任职并担任领导职务，结合水库前任分管领导在发生盗挖高岭土违法现象后，有履行报告、处置职责的情况，且康某分管前对此事是明知的，故康某对自己分管水库期间，对水库的安全生产负有的报告、处置等管理职责，以及对不履行管理职责可能造成的后果是具有相当认知的。其次，在康某分管和主管水库长达四年的时间里，水库库区持续发生盗土行为，并达到高峰，即库区盗土的损失大部分产生于其履职期间。而康某不报告、不处置，任意放弃履职，甚至基于个人目的，明知可疑盗挖人员仍不采取有效措施进行检举或报告，致使水库的行政管理职能缺位，盗挖者得以在水库肆意盗挖，如入无人之境。故虽然盗挖行为是盗土损失产生的直接原因，但是如果没有康某的上述滥用职权行为，就不会造成水库库区的盗土损失不断产生和扩大，其渎职行为是盗土损失后果产生的重要原因。最后，虽然康某的前任分管干部就盗土现场进行了相应履职，且上级主管部门的水政执法支队确有不当履职，但康某分管期间，库区盗土现象仍持续发生，前述相关人员的履职行为并未取得成效，且请求上级主管部门的协助和支持，并非针对盗土违法行为履行行政管理职责的唯一手段，故前述相关人员的履职行为不能免除康某履职期间对水库库区的管理职责。面对持续发生且日益猖獗的盗土现象，康某仍负有报告、处置等管理职责。综上，应认定康某的滥用职权行为与盗土的损失后果具有因果关系。

编写人：福建省厦门市中级人民法院　彭亚奴

63

民警出具不实情况说明导致人民法院裁判错误的构成滥用职权罪

——蒋某某滥用职权案

【案件基本信息】

1. 裁判书字号

重庆市第四中级人民法院（2022）渝04刑终50号刑事裁定书

2. 案由：滥用职权罪

【基本案情】

2018年1月15日，谢某某因醉酒驾驶机动车被某县公安局以涉嫌犯危险驾驶罪立案侦查。该案移送某县人民检察院审查起诉期间，谢某某向检察官反映其向某县公安局禁毒大队队长蒋某某检举过雷某贩卖毒品的线索，有立功行为。某县人民检察院将该案件退回补充侦查，办案民警向蒋某某核实谢某某检举的情况并要求出具材料。2019年2月18日，蒋某某在明知雷某毒品犯罪案公安机关已于2018年6月立案侦查的情况下，仍以禁毒大队的名义出具了《情况说明》，内容为“2018年10月，某县公安局禁毒大队接到群众谢某某举报，某县居民雷某涉嫌重大毒品犯罪。经初查属实，现已立案侦查，目前案件已有重大突破，正在对其犯罪团伙扩线深挖之中”，后办案民警将该份《情况说明》移交至检察院。因该《情况说明》对雷某具体信息未表述清楚，也无相关印证材料，某县人民检察院再次补充侦查，办案民警联系蒋某某核实相关情况。蒋某某在明知系其他侦查途径获取杨某某犯罪线索的情况下，又以禁毒大队的名义出具一份《情况说明》，内容较第一份《情况说明》增加了雷某的身份信息及外号‘吉狗’（名叫杨某某）某县贩卖毒品经蒋某某举报被查获的情形。后办案民警将《情况说明》及其他相关材料移交至检察院。承办检察官认定了谢某某检举杨某贩卖毒品并查证属实的事实，在起诉书中认定谢某某具有立功情节。2019年4月29日，某县人民法院作出刑事判决书，认定谢某某有立功情节，并予以从轻处罚，以危险驾驶罪对谢某某判处拘役二个月，缓刑二个月，并处罚金2000元的刑罚。

本案被揭发后，经检察机关抗诉，重庆市第四人民法院撤销某县人民法院（2019）渝0241刑初95号刑事判决，并指令重庆市黔江区人民法院再审。重庆市黔江区人民法院于2022年8月30日作出（2021）渝0114刑初461号刑事判决，撤销某县人民法院（2019）渝0241刑初172号刑事判决以谢某某犯危险驾驶罪判处其拘役三个月，并处罚金5000元。

【案件焦点】

1. 蒋某某出具不实的情况说明是否属于滥用职权行为；2. 导致法院裁判错误是否属于“致使公共财产、国家和人民利益遭受重大损失”。

【法院裁判要旨】

重庆市黔江区人民法院经审理认为：被告人蒋某某身为国家机关工作人员，利用其担任某县公安局禁毒大队大队长职务上的便利，在为他人出具检举材料的《情况说明》时，隐瞒他人检举的线索系已被公安机关掌握的重要信息，滥用职权，出具虚假的立功材料，致使他人被审判机关认定具有立功情节，从而得以从轻处罚，其滥用职权的行为破坏了国家司法秩序，严重损害了司法权威，其行为已构成滥用职权罪。遂判决：

被告人蒋某某犯滥用职权罪，判处有期徒刑六个月。

蒋某某不服，提起上诉。重庆市第四中级人民法院经审理认为：(1) 上诉人蒋某某系国家机关工作人员，其根据司法机关的要求就办理案件的侦办情况出具情况说明，属于其依法履行的职责，符合滥用职权罪的主体身份。(2) 某县公安局对杨某某案出具的《破案经过》证明，杨某某贩毒案的线索以及毒品交易的具体信息均是来自于技侦通报，而非谢某某检举。上诉人蒋某某在出具《情况说明》时，不依法正当履行职责，虚构杨某某案的侦破线索来源于谢某某检举的事实，存在滥用职权的行为。(3) 上诉人蒋某某在明知杨某某案线索并非来源于谢某某检举的情况下，违背事实出具了内容失实的情况说明，主观上存在滥用职权的故意。(4) 上诉人蒋某某不正当履行职权，出具虚假证明材料，侵害了滥用职权罪所保护的客体，即国家公务活动的正当性和有效性，造成了国家审判机关裁判错误的后果，让其他犯罪人错误得到从轻处罚，严重损害了司法权威，给国家利益造成重大损失，依法应承担刑事责任。综上，上诉人蒋某某作为国家机关工作人员，在从事公务活动时，不正当履行职责，隐瞒破案线索是通过其他途径掌握的重要信息，出具内容失实的《情况说明》，致使犯罪人员被审判机关错误认定具有立功情节，从而得以从轻处罚，损害了司法权威，给国家造成严重损失，其行为已构成滥用职权罪。遂裁定：

驳回上诉，维持原判。

【法官后语】

本案争议的焦点是：蒋某某出具不实的情况说明是否属于滥用职权行为；导致法院裁判错误是否属于“致使公共财产、国家和人民利益遭受重大损失”。

一、误导司法裁判的不正当履职行为属于滥用职权

根据《中华人民共和国刑法》第三百九十七条的规定，滥用职权罪，是指国家机关工作人员滥用职权，致使公共财产、国家和人民利益遭受重大损失的行为。司法实践中，滥用职权表现为以下几种形式：(1) 超越职权，行为人超过了自身权利的范围行使权利。包括：横向越权，行使其他国家机关的权力；纵向越权，行使具有下上级隶属关系的其他国家机关的权力；内部越权，违背

内部规定和程序行使权力；跨域越权，超出地域管辖范围行使权力。(2) 故意不履行职权，对于法律规定的职权故意不履行，或者放弃履行。(3) 不正确履行职权，在履行本职职务过程中，违反法律规定、工作制度，错误履行职权。

上诉人蒋某某在本案中的职务行为主要是对办理的雷某、杨某两起案件的线索来源和查证经过出具情况说明，在司法实践中，公安民警为其他案件被告人的检举情况出具说明在其基本工作职责范围内，虽然没有专门的法律规定对该类行为做具体要求，但《中华人民共和国人民警察法》第二十二条规定："人民警察不得有下列行为……（三）弄虚作假，隐瞒案情，包庇、纵容违法犯罪活动"，同时基于对国家机关工作人员实事求是的基本工作原则，上诉人蒋某某应当如实的在情况说明中对谢某某的检举情况和关联案件的实际侦破经过作出说明，不得违背客观事实。蒋某某在前后出具的两份情况说明中都有明显违背事实的地方，第一份说明中，雷某在谢某某检举前就已经被立案侦查，而其却在说明中称是经谢某某举报后再立案侦查，并举得重大成果，该份说明虽然最终没有被司法机关采信，但已说明蒋某某有违背事实，故意将其他案件的侦破虚假归功于谢某某检举的目的。第二份情况说明中，又称谢某某检举了杨某，后公安机关开展调查侦破了杨某贩毒案，而在案证据显示杨某贩毒案的线索是其他侦查手段获得，与谢某某的检举没有关联性，谢某某在检举中只是称在吃烧烤时听旁桌人说雷某花钱很凶，可能在贩毒，"吉狗"在跟着雷某混，并没有具体的犯罪信息，对于案件的侦破没有帮助。蒋某某作为长期从事禁毒工作的公安民警，对于刑法规定和政策有充分的了解，知道所出具的情况说明会作为证据用于人民法院判断谢某某是否构成立功，而故意出具不符合客观事实的材料，导致人民法院最终作出错误裁判。蒋某某的行为违反了《中华人民共和国人民警察法》第二十二条第三项对人民警察义务的规定，不正确履行职权，系滥用职权。

二、导致司法裁判错误属于给国家造成重大损失

滥用职权罪属于情节犯，即要给共公财产、国家和人民利益造成重大损失后才能构成本罪，这里的重大损失即包括物质的损失，也包括非物质的损失。

《最高人民法院、最高人民检察院关于办理渎职刑事案件适用法律若干问题的解释（一）》第一条规定下列情形属于“致使公共财产、国家和人民利益遭受重大损失”：(1) 造成死亡1人以上，或者重伤3人以上，或者轻伤9人以上，或者重伤2人、轻伤3人以上，或者重伤1人、轻伤6人以上的；(2) 造成经济损失30万元以上的；(3) 造成恶劣社会影响的；(4) 其他致使公共财产、国家和人民利益遭受重大损失的情形。前二项规定了造成人员伤亡和经济损失的具体标准，是对物质损失的确定，第三条规定了非物质的损失，而第四项属于兜底条款，囊括了其他物质和非物质损失的情形。《最高人民检察院关于渎职侵权犯罪案件立案标准的规定》中也将“严重损害国家声誉，或者造成恶劣社会影响的”这一非物质损失作为定罪的标准。

公正司法是建立社会主义法治国家的基石，良好的司法秩序、公信的司法权威是维护社会公平正义，构建社会主义法治社会的根本保障，破坏司法秩序、侵害司法公信力的行为必将会造成国家利益的损失。本案中，蒋某某滥用职权误导人民法院作出错误的司法判决，不仅放纵了其他犯罪人员，还严重破坏了司法秩序和公信力，浪费诉讼资源，同时作为有查禁犯罪职责的公安人员，滥用职权帮助犯罪人员逃避法律处罚，给国家机关和公职人员形象带来严重负面影响，社会影响严劣，属于给国家利益造成重大损害，依法应追究刑事责任。

综上所述，上诉人蒋某某不仅有滥用职权的非法行为，还造成了国家利益的重大损失，构成滥用职权罪，应依法予以惩处。

编写人：重庆市第四中级人民法院　侯迅

ISBN 978-7-5216-4363-3

图书在版编目（CIP）数据

中国法院2024年度案例．刑事案例．四／国家法官学院，最高人民法院司法案例研究院编．—北京：中国法制出版社，2024.5

ISBN 978-7-5216-4363-3

Ⅰ．①中… Ⅱ．①国…②最… Ⅲ．①刑事犯罪-案例-汇编-中国 Ⅳ．①D920.5

中国国家版本馆CIP数据核字（2024）第054851号

策划编辑：李小草　韩璐玮（hanluwei666@163.com）
责任编辑：白天园　　封面设计：李宁

中国法院2024年度案例．刑事案例．四
ZHONGGUO FAYUAN 2024 NIANDU ANLI. XINGSHI ANLI. SI

编者/国家法官学院，最高人民法院司法案例研究院
经销/新华书店
印刷/三河市紫恒印装有限公司
开本/730毫米×1030毫米　16开　　印张/18.25　字数/216千
版次/2024年5月第1版　　2024年5月第1次印刷

中国法制出版社出版
书号 ISBN 978-7-5216-4363-3　　定价：75.00元

北京市西城区西便门西里甲16号西便门办公区
邮政编码：100053　　传真：010-63141600
网址：http：//www.zgfzs.com　　**编辑部电话：010-63141792**
市场营销部电话：010-63141612　　**印务部电话：010-63141606**

（如有印装质量问题，请与本社印务部联系。）

中国法院 2012～2024 年度案例系列

国家法官学院　最高人民法院司法案例研究院　编

简便易用、专业实用——打造“好读有用”的案例

1. 专业的作者：国家法官学院自 2012 年起推出“中国法院年度案例丛书”，至今已有 13 年，旨在探索编辑案例的新方法、新模式，以弥补当前各种案例书的不足。自 2020 年起，丛书由国家法官学院与最高人民法院司法案例研究院共同编辑，每年年初定期出版。

2. 强大的规模：23 本含传统和新近的热点纠纷，这些案例是从全国各地法院收集到的上一年度审结的近万件典型案例中挑选出来的，具有广泛的选编基础和较强的代表性。

3. 独特的内容：高度提炼案情和裁判要旨，突出争议焦点问题，主审法官撰写“法官后语”，展现裁判思路方法。

4. 数据库增值服务：2024 年继续推出数据库增值服务，凡购买本书，扫描前勒口二维码，即可在本年度免费使用往年同类案例数据库。

《中国法院 2024 年度案例系列（全 23 册）》

1. 婚姻家庭与继承纠纷
2. 物权纠纷
3. 土地纠纷（含环境资源纠纷）
4. 房屋买卖合同纠纷
5. 合同纠纷
6. 买卖合同纠纷
7. 借款担保纠纷
8. 民间借贷纠纷
9. 侵权赔偿纠纷
10. 道路交通纠纷
11. 提供劳务者受害责任纠纷
12. 人格权纠纷
13. 劳动纠纷（含社会保险纠纷）
14. 公司纠纷
15. 保险纠纷
16. 金融纠纷
17. 知识产权纠纷
18. 行政纠纷
19. 刑事案例一
20. 刑事案例二
21. 刑事案例三
22. 刑事案例四
23. 执行案例